古有憙

長白汪亦署

『古有憙』

柳向春 著

煮雨文丛
广西师范大学出版社
·桂林·
IV

扉页题签：汪　亓
出版统筹：虞劲松　梁鑫磊
责任编辑：孟建升　梁鑫磊
装帧设计：姜寻工作室
责任技编：伍先林

GU YOU XI
古　有　意

图书在版编目（CIP）数据

古有意 / 柳向春著. —桂林：广西师范大学出版社，2020.4
（煮雨文丛. Ⅳ）
ISBN 978-7-5598-2553-7

Ⅰ. ①古… Ⅱ. ①柳… Ⅲ. ①古籍研究－中国－文集 Ⅳ. ①G256.2-53

中国版本图书馆 CIP 数据核字（2020）第 015810 号

广西师范大学出版社出版发行

（广西桂林市五里店路 9 号　邮政编码：541004）
网址：http://www.bbtpress.com

出版人：黄轩庄
全国新华书店经销
广西广大印务有限责任公司印刷
（桂林市临桂区秧塘工业园西城大道北侧广西师范大学出版社集团有限公司创意产业园内　邮政编码：541199）
开本：635 mm×965 mm　1/16
印张：18　　　字数：228 千字
2020 年 4 月第 1 版　　2020 年 4 月第 1 次印刷
印数：0 001~4 000 册　定价：78.00 元

如发现印装质量问题，影响阅读，请与出版社发行部门联系调换。

作者小传

柳向春，男，1973年8月生，陕西绥德县人。复旦大学文学博士，现为上海博物馆研究馆员，上海市文物鉴定委员会成员、上海市古籍保护中心专家委员会成员、中国索引学会理事、中国航海博物馆文物评审库专家。长期从事中国古典文献学、清代民国学术史、古籍版本目录学研究及文献整理工作，近年则主要致力于近代学人手札的整理与研究。著有《陈奂交游研究》、《笺边漫语》、《古艳遇》、《曲终雅声：熹平石经及拓片研究》，整理出版《宝礼堂宋本书目》、《文禄堂访书记》、《师友之贻：冒广生友朋书札》（合署）、《经学博采录》（合署）、《过云楼书画记·岳雪楼书画录》、《爱日精庐藏书志》、《积学斋藏书记》、《徐森玉文集》等，并发表相关论文数十篇。

序

向春把他的论文题跋文字二十三篇结集为《古有意》一册，将付出版，来信索序。昔年渠有《古艳遇》一集，尝为序之，关于向春治学之精能已言之，兹不重复。本集涉及的人物书籍大都是我熟悉的，因而也产生了一些联想。徐森玉先生是二十世纪图书文献和博物馆界的奇人，历年阅读徐先生的文章，印象深刻的是关于蜀石经的论述。那时为了查考《孟子》入经的过程，看了不少关于蜀石经的文献，感到说得最清楚的还是徐森玉先生。关于徐森玉先生的文字，印象深刻的还有《郑振铎先生书札》中抗战期间郑振铎为公家购买刘承幹嘉业堂藏书的往事。刘承幹藏书的购买很费周折，有一天张寿镛告诉郑振铎，上头派专人来上海，他就是徐森玉。其后郑振铎自言与徐森玉"几于无日不聚，聚无不长谈，奇书共赏，难疑共析，书林掌故，所获尤多，诚胜读十年书矣"（郑振铎致蒋复璁函，见陈福康《郑振铎年谱》1941年2月26日）。刘承幹藏书都是郑振铎"连日下午偕森公点查"的。刘承幹日记也有宴请的记载："席间闻森玉、西谛二公所谈所见之书，渊博极矣！"（同上1941年5月10日）可惜的是徐森玉先生没有傅增湘那样的《藏园群书经眼录》问世，大概都在肚子里带去了。

《梅花喜神谱》宋本是吴湖帆旧藏的，现存上海博物馆，影印过若干次了，不稀见。其中钤印则有"江南吴湖帆潘静淑夫妇并读同珍之宝"。徐乃昌也有夫妇藏书印"徐乃昌马韵芬夫妇印"。这也让我想到几对夫妇的藏书印，其中藏书档次较高的是韩德均夫妇，钤有两方常见的长条印："甲子丙寅韩德均钱润文夫妇两度携书避难记""松江读有用书斋金山守山阁两后人韩德均钱润文夫妇之印"。松江韩应陛读有用书斋藏书主体部分是咸丰年间从黄丕烈家得来的士礼居残剩，他的斋号似乎也是仿照黄丕烈"读未见书

— 1 —

斋"取的。一九三七年前后，松江韩氏书散出，蒋祖诒、邹百耐经手不少，有一些归了适园张氏，又经郑振铎收归中央图书馆，去了台湾。近百年间，我国的文物图书聚散，历尽坎坷磨难，而发生在上海江浙的故事尤多。向春在上海博物馆供职，出复旦吴格先生门下，耳濡目染，多见名品，眼勤手勤，往往形诸文字，传于同好，精解卓识，亦必留贻后人。收入本书的篇什，向春谦虚地认为是"大杂烩"，实则杂而不散，万变不离其宗也。余与向春有同好，因牵合琐屑书之，聊以塞责云尔。

戊戌大暑后七日滕人杜泽逊序于历城校经处

目录

001	"老韩"的合传与分流原因试析
027	"二宫""二省"及"八柱国"释义
032	《梅花喜神谱》版本经眼录
042	《古今图书集成》的编纂成书及其所用铜活字问题研究
060	康熙末年的学术与《古今图书集成》
070	《天禄琳琅研究》读后
084	《诸城金石志》解题
089	《振绮堂藏碑目》提要
096	《乐石搜遗跋语正本》提要
100	《金石诗录》解题
105	徐乃昌及其《积学斋藏书记》
120	徐乃昌旧藏张师信印钩拓片解
127	徐乃昌旧藏卫骑将军带钩解
131	南海桂文灿及其《经学博采录》
174	张金吾及其《爱日精庐藏书志》
188	《文禄堂访书记》前言

194	许宝蘅与《掌故丛编》
212	徐森玉先生与中国的文博事业
228	马衡与徐森玉
240	赵万里与徐森玉两先生交游述略
255	幕后的徐森玉
259	徐森玉先生轶事
263	博物馆古籍收藏特点及整理研究
267	附录 "有万憙"说
275	后　记

"老韩"的合传与分流原因试析

《史记》卷六十三中，司马迁将老子、庄子、申不害、韩非同置于一传。[1]老、庄同列一传，盖因二人同属道家，当无疑义。而众所周知，申、韩同为法家代表人物，太史公在此将道家与法家同列一传，依《史记》类叙的体例而言，似乎有所不当。对此，章学诚指出："纪传之最古者，如马班陈氏，各有心裁家学，分篇命意，不可以常例拘牵。如马之《老庄申韩》，班之《霍金》《元后》，陈之《夏侯诸曹》之类。《春秋》微隐，难以貌求，不有别录以总其纲，则耳目为微文所蔽，而事迹亦隐而不章矣。"[2]但司马迁这样做的原因，章氏却并未深究。对此，清末李慈铭以为："顾亭林论蔡邕之颂胡广、黄琼，几于老韩同传，即使幸成《汉书》，必为秽史。"[3]而民国时沈曾植则认为："老韩同传，匪夷所偶。"[4]可见对于司马迁处理这一问题的办法，学界历来多有不以为然者。但也有学者对此有自己的理解，如清人谭献以为："读《尹文子》，深喜其文，老子与韩非同传，通彼我之邮者在是。"[5]今人程千帆以为"先秦显学，道家阴柔流为刑名的残忍，故《史记》老子与韩非同传，故刺客、游侠与法家不无关系"[6]。张舜徽则以为："诸子之学，盛于周秦，太史公既扬榷六家短长于《自序》中矣，复各揭其旨要，为之传以表章之，俾其说不绝于后世。凡道术同源者，则合为一传。观其论申、韩之

---

[1] 按：此指《史记》通行本而言，若源出唐本者，则为尊老子，将其提为列传第一，改为与伯夷同传。
[2] 《文史通义》卷七《外篇·史篇别录例议》，辽宁教育出版社，《新万有文库》本，1998年，第216页。
[3] 《越缦堂读书记》史部"后汉书"条，上海古籍出版社，2000年，第229页。
[4] 《艺风堂友朋书札》沈曾植第10书，上海古籍出版社，1980年，第176页。
[5] 《复堂日记》卷四，范旭仑、牟晓朋整理，《近世学人日记》本，河北教育出版社，2001年，第103页。
[6] 《闲堂书简》"致张三夕"第三十通，陶芸编，上海古籍出版社，第332页。

老子伯夷傳

曲仁里人也地理志曰苦縣屬陳國也理達
　　　　　　者是曉非名老考也子孕乃
　　　　　　見五色珠大如彈九自天下而生老子
　　　　　　成聖孳乃孕八十一載道遙李母
楚苦縣厲鄉
　　　　　　故云楚苦縣至高帝十一年立淮陽國苦縣屬淮陽陳滅陳而苦又屬楚地理志誤
　　　　　　氏所引不明見苦縣在陳縣下因云苦屬陳今撿地理志
　　　　　　實屬淮陽郡苦音怙○正義曰括地志云苦縣本屬陳春秋時楚
　　　　　　發至天漢脩史苦音怙○正義曰國語曰彭城相近疑苦此時屬楚
　　　　　　地及廟中有九井尚存云苦縣在今亳州眞源縣也厲音賴晉太
　　　　　　康地記云苦縣城東有瀨鄉祠老子所生地也
姓李氏名耳字伯陽謚曰聃
　　　　　　索隱曰葛玄云李氏女所生因母姓也又云生而指李樹
　　　　　　因以爲姓許愼云聃耳曼也故名耳字聃今作字伯陽非五

老子伯夷列傳第一　史記六十一

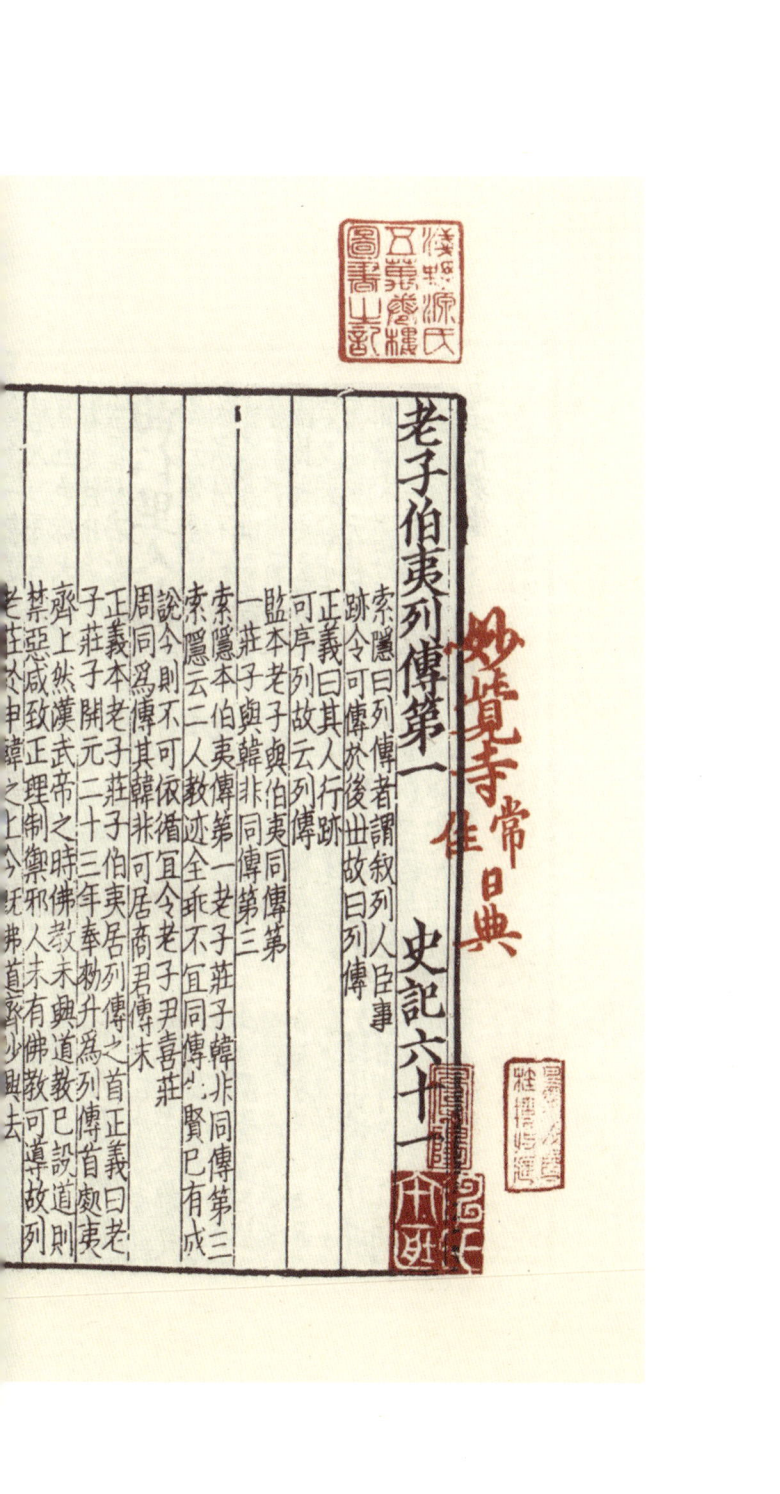

索隱曰列傳者謂敘列人臣事
跡令可傳於後世故曰列傳
正義曰其人行跡
可序列故云列傳

索隱本老子與伯夷同傳第一
老子莊子韓非同傳第三
監本老子與韓非同傳第三
索隱本伯夷同傳第一
索隱云二人教跡不全不宜同傳
說今則不依循宜令老子尹喜莊
周同為其傳其末
正義曰老子莊子韓非同傳之首
子莊子開元二十三年奉勅升為列傳首篇夷
齊上然漢武帝之時佛教未興道教已說道則
禁惡戒致正理制禮邪人未有佛教可導故列
老生於申韓之上分疏弗肯家少與去

申韓傳

諸公子也喜刑名法術之學而其歸本於黃老

〔索隱曰韓非為韓之諸公子〕

子而其歸本於黃老

〔索隱曰劉氏云黃老之法不尚繁華清簡無為君臣自正韓非為君未為得其旨於黃老斯未為得也其本旨今按韓子書有解老喻老二篇是亦崇黃老之學也〕

非為人口吃〔正義曰音訖〕不能道說而善著書與李斯俱事荀卿〔正義曰孫卿子十二卷名況趙人楚蘭陵令避漢宣帝諱改姓孫也〕斯自以為不如非見韓之削弱數以書諫韓王韓王不能用於是韓非疾治國不務脩明其法制執勢以御其臣下富國彊兵而以求人任賢反舉浮淫之蠹而加之於功實之上以

申不害韓非列傳第三　史記六十三

開元二十三年勅昇老子莊子爲列傳首故申韓爲此卷

申不害者京人也　索隱曰申子名不害按別錄云京今河南京縣也 正義曰按地志云京縣
故鄭之賤臣學術以干韓昭矦昭矦用爲相內脩政教外應諸矦十五年終申子之身國治兵彊無侵韓者　索隱曰王劭按紀年韓昭矦之世兵寇屢交異乎此言
申子之學本於黃老而主刑名著書二篇號曰申子　劉向別錄曰今民間所有上下二篇中書六篇皆合二篇已備過大史公所記也 正義曰阮孝

学本于黄老,以明法家之学源出于道,则老庄申韩同传之故不言自喻。"①

司马迁自己对这一问题的解释为"申子之学本于黄老而主刑名","韩非者,韩之诸公子也。喜刑名法术之学,而其归本于黄老"。②此言申、韩皆出于黄老。同卷之末,"太史公曰:老子所贵道,虚无,因应变化于无为,故著书,辞称微妙难识。庄子散道德,放论,要亦归之自然。申子卑卑,施之于名实。韩子引绳墨,切事情,明是非,其极惨礉少恩。皆原于道德之意。而老子深远矣"。此言老、庄、申、韩皆源于道德。可见,司马迁之所谓"道德"即指黄老而言。又《太史公自序》:"李耳无为自化,清静自正;韩非揣事情,循势理。作《老子韩非列传》第三。"③此又言老子、韩非均能依循事物的本来规律行事。从而,我们可以得出这样的结论,道、法两家在司马迁的眼里颇有相通之处,谓其均本于黄老之学。然而,从我国最早的学术分类篇《庄子·天下》中,我们并不能见到任何有关黄帝的记载,但后来的道法两家的雏形在其中却隐然已见端倪。又班固《汉书·艺文志》中所分"九流十家"中也有道法两家,他说:"道家者流,盖出于史官,历记成败存亡祸福古今之道,然后知秉要执本,清虚以自守,卑弱以自持,此君人南面之术也。合于尧之克攘,《易》之嗛嗛,一谦而四益,此其所长也。及放者为之,则欲绝去礼学,兼弃仁义,曰独任清虚,可以为治。""法家者流,盖出于理官,信赏必罚,以辅礼制。《易》曰:'先王以明罚饬法。'此其所长也。及刻者为之,则无教化,去仁爱,专任刑法而欲以致治,至于残害至亲,伤恩薄厚。"④在该《志》中,老、庄及申、韩的著作分别隶于道、法两家之下。另在《汉志》中,虽有黄帝之书五种隶属于道家,但却显系虚托之作,并不可作为黄帝之学可附属于道家的证据。由此可见在整个从先秦到东汉的学术

---

① 《广校雠略》卷五"汉唐宋清学术论十八篇",中华书局,1963年,第114页。
② 《史记》卷六十三《老庄申韩列传》,郭逸、郭曼标点,上海古籍出版社,1997年,第1666—1673页。
③ 《史记》卷一百三十,第2496页。
④ 卷三十,江建忠标点,上海古籍出版社,2003年,第1195、1198页。

分类系统中并无专门的黄老一派,道法两家也并无明显的学术承继关系。尤其是根据《汉书·艺文志》,我们可以得出这样的结论,即道法两家渊源本异,似不能也无法混为一谈。那么,老韩与黄老间究竟存在什么关系呢?司马迁的说法是否有误呢?

事实上,"黄老"作为一个独立的学术名词,它的提出约在西汉初期。现在可见最早黄老并提的著作是《史记》,共有17次。[1]但黄老实际结合成为一个学派,却可远溯于战国中期。黄老学,从《史记》所记述的那些研习"黄老之术"的战国学者的思想和行为上看,其主旨就是道法结合,以道论法,兼采百家,也就是司马谈《论六家要旨》中所概括的:"采儒墨之善,撮名法之要。"[2]而各家思想中,黄老与法家又走得更近。《吕氏春秋》卷十二《季冬纪·序意》:"文信侯曰:尝得学黄帝之所以诲颛顼矣,爰有大圜在上,大矩在下,汝能法之,为民父母。"[3]葛兆光以为:"这几句话可能就是黄帝之学的要紧处,也就是说,黄帝之学是以大圜和大矩即天地为不言而喻的依据,引申和推衍出来的一套实用技术和一套思想理论。"[4]而"把这套思路推演到社会与人,这就是所谓的'道生法',因为它来自'天道',所以法才能有不言而喻的合理性,'生法而弗敢犯也,法立而弗敢废也'"[5]。据帛书《老子》乙本卷前古逸书《经法·道法》:"道生法,法者,引得失以绳,而明曲直者也。"[6]故而,黄老之学与法的关系非常紧密。这一学派打着帝王之祖黄帝和隐者之宗老子这两面大旗,将虚托的黄帝之言与讲究柔退不争的老子之学结合起来,使得本以阐发隐逸谦退的人生哲学的老子学变为一种讲求如何富国强兵以利统治的治国之术——黄老学。黄老之学从传统的道家思想中汲

---

[1] 按:此据电子版文渊阁《四库全书》本,上海人民出版社、迪志文化出版有限公司,1999年。
[2] 见《史记》卷一百三十所引,第2479页。
[3] 《吕氏春秋注疏》,王利器注疏,巴蜀书社,2002年,第1209—1210页。
[4] 见葛兆光《中国思想史》,复旦大学出版社,2001年,第113页脚注2。
[5] 同前书第117—118页。
[6] 《老子乙本卷前古逸书释文》,文物出版社,1974年,第2页。

取的其实只是它道论的宇宙观及以此而萌发的自然无为的方法论,并将这种宇宙观和方法论作为自己施政的思想基础。这一做法,正与后来"罢黜百家,独尊儒术"后,儒学在汉帝国中所起的作用相同,只是一种施政的哲学基础而已,所实施的政策实质上与儒学的内在联系实在是微乎其微的。黄老之学就是战国时的一部分热衷为政之术的道家学者将传统的道家学说与春秋以来流行的黄帝之言结合起来并加以改造的结果,它是一种以道为核心而兼取百家之学的道家思潮。故而,老庄与黄老的联系不言自明,黄老之学实际是脱胎于原始道家的一种融合了百家思想的道家学派,它与后来魏晋时期发展为"玄学"的老庄学派一样,也只是道家的支脉而已。

"就战国时期的黄老学来看,它大致有两个形成中心,即一个是楚国,一个是齐国。前者形成了以楚国为中心的南方黄老学,后者形成了以齐国为中心的北方黄老学。"[1]北方黄老学就是在齐国稷下的特定环境中孕育的一种新学,它的代表作品如《管子》中的《形势》、《枢言》、《宙合》、《心术》上下、《白心》、《内业》、《正》、《势》、《水地》、《九守》等篇,充分体现了道法思想结合的稷下黄老学的主要特征。[2]而据《史记·孟子荀卿列传》:"齐襄王时,而荀卿最为老师。齐尚修列大夫之缺,而荀卿三为祭酒焉。齐人或谗荀卿,荀卿乃适楚,而春申君以为兰陵令。"[3]荀子在北方黄老学中心稷下学宫三为祭酒,后又在楚地为官和隐居,他的思想中势必融合了许多当时盛行于齐楚两地的黄老的观念。[4]故而,韩非首先可从其老师那儿汲取黄老学的养分;

---

[1] 丁原明:《黄老学论纲》,山东大学出版社,1997年,第41页。
[2] 《管子》与黄老的关系异常密切,前贤今人已多有论述。如清末时谭献在其《复堂日记》卷四(第98页)中即有"校《管子》二十四卷卒业。管子为道家初祖,周礼大宗,于九流为最尊"的看法。
[3] 卷七十四,第1805页。
[4] 荀学其实更准确地说是一种儒术,而非儒学。它针对当时的政治形势,充分融汇诸家之学,兼收并蓄,以增强自己的适应性。类似的观点,前人已多有论述,如蒙文通以为荀子出入于道法两家:"荀之《天论》《礼论》《性恶》,皆邻于申、商之途,而其所以立义者,又出于庄老之旨。"(《儒家哲学思想之发展》,见于《古学甄微》,《蒙文通文集》第一卷,巴蜀书社,1987年,第76—77页)又葛志毅与张惟民认为:"荀子的理想政治,实乃秦国法治而与儒家礼治之结合,荀子思想中的法治因素有相当一部分应源于商鞅的影响。"(《荀子学辨》,见于《先秦西汉的制度与文化》,黑龙江教育出版社,1998年,第210页)再郭沫若也有相似的论点,可参其《十批判书·荀子的批判》(群益出版社,1950年,第217—256页)。

又韩非进一步总结了前期法家的理论和实践，成为先秦法家的集大成者，在此过程中，他必然要吸收《管子》《申子》等法家著作中的黄老思想。[①]而《韩非子》中《解老》《喻老》等篇，正充分体现了韩非对《老子》哲学的理解和发挥。此外，《扬权》《内储说》《外储说》《主道》等篇也有受到先秦道家思想影响的痕迹。如此一来，司马迁以为韩非源出于黄老也就不难理解了。[②]

然而，将老韩列为一传的原因并不可仅仅简单地归诸老韩同黄老之渊源密切相关。西汉初期，黄老学的盛行这一背景才是司马迁将二人同传的直接动因。"汉兴，接秦之弊，诸侯并起，民失作业，而大饥馑。凡米石五千，人相食，死者过半。高祖乃令民得卖子，就食蜀汉。天下既定，民亡盖臧。自天子不能具醇驷，而将相或乘牛车。"[③]这种情况下，汉高祖刘邦"悉除去秦法"[④]，所谓"故汉兴，承弊易变，使人不倦，得天统矣"[⑤]。这种"变"就是指承乱之后，天下亟思休养生息而求助于黄老之术的"变"。黄老思想的兴盛，一方面有其深刻的政治原因，而且呈明显的道法融合的思想倾向[⑥]，另一方面刘邦集团多来自楚地，或多或少地会沾染一些南方黄老学的气息，再加上齐文化区文化人士的加盟刘邦集团（如刘敬、叔孙通等人），更使刘邦的变革具备了思想文化上条件上的可行性。故而，高祖在立国之初就基本确定了遵循黄老之学的治国之道。"在中国历史上，道家参政是从黄老开始的。总的说来，它所起的作用以积极作用居多。最突出的一次表现是在秦汉之际。"[⑦]黄老学的积极作用主要体现在"为后人提供了一种行之有效的社会

---

① 关于申不害与黄老学的关系，可参胡家聪《稷下争鸣与黄老新学》（中国社会科学出版社，1998年）及丁原明《黄老学论纲》等著作。
② 关于老子与韩非的关系，又可参李泽厚《孙老韩合说》，见于《李泽厚十年集：中国古代思想史论》，安徽文艺出版社，1994年，第80—106页。
③ 见《汉书》卷二十四上《食货志上》，第747—748页。
④ 见《史记》卷八《高祖本纪》，第249页。
⑤ 见《史记》卷八《高祖本纪》，第271页。
⑥ 这一观点，可参金泰峰《汉代思想史》之《自序》及《汉初黄老思想的政治实质及其在学术领域的影响》章（中国社会科学出版社，1997年，第49—56页）或林聪舜《西汉前期思想与法家的关系》之第二章《汉初黄老思想中的法家倾向》（台北大安出版社，1991年，第25—60页）。
⑦ 刘蔚华：《黄老所完成的历史性过渡》，见丁原明《黄老学论纲》序。

拨乱反正的模式和思维方式,每当中国社会面临这种状态时(按:指承乱之后),这种模式就会以不同的形式再现。所以黄老学的存在及其影响的价值,在于它能够引导社会完成由乱而治的过渡"①。因此,高祖之后,无论君臣皆以无为相尚。"孝惠皇帝、高后之时,黎民得离战国之苦,君臣俱欲休息乎无为,故惠帝垂拱。高后女主称制,政不出房户,天下晏然。刑罚罕用,罪人是希。民务稼穑,衣食滋殖。"②"参为汉相国,清静极言合道。然百姓离秦之酷后,参与休息无为,故天下俱称其美矣。"③此即曹参所谓:"高帝与萧何定天下,法令既明,今陛下垂拱,参等守职,遵而勿失,不亦可乎?"④又《史记会注考证》卷十《孝文本纪第十》"谦谦未成于今"条下云:"礼书序云,孝文即位,有司议欲定仪礼,孝文好道家之学,以为繁礼饰貌,无益于治,躬化谓何耳。"⑤又《史记·外戚世家》:"窦太后好黄帝老子言,(景)帝及太子诸窦不得不读《黄帝》《老子》,尊其术。"⑥这一时期的朝廷,正如王鸣盛所评:"汉初,黄老之学极盛,君如文景,宫闱如窦太后,宗室如刘德,将相如曹参、陈平,名臣如张良、汲黯、郑当时、直不疑、班嗣,处士如盖公、邓章、王生、黄子、杨王孙、安丘望之等皆宗之。东方朔戒子,以首阳为拙,柱下为工,是亦宗黄老者……"⑦整个朝野,都弥漫着极浓厚的黄老的气息。

大概以武帝建元元年为界,黄老学至上的权威性开始受到了挑战,丁原明认为:"从汉武帝建元元年(前140)到窦太后死(前135),黄老学开始由盛转衰,其标志就是汉武帝通过举贤良方正对策将董仲舒以目的论为支撑的新儒学确立为官方正统封建意识形态。从此,黄老学因失却封建当权者的支

---

① 刘蔚华:《黄老所完成的历史性过渡》,见丁原明《黄老学论纲》序。
② 《史记》卷九《高后纪》,第285页。
③ 《史记》卷五十四《曹参世家》,第1582页。
④ 《史记》卷五十四《曹参世家》,第1581页。
⑤ 《史记会注考证》,泷川资言会注考证,北岳文艺出版社,1999年,第783页。
⑥ 卷四十九,第1540页。
⑦ 《十七史商榷》卷六"司马氏父子尚异"条,黄曙辉点校,上海书店出版社,2005年,第43页。

持而逐渐走向了衰微。"①关于黄老学衰微的原因,阎步克先生也提出了自己的看法,他以为:"道家'撮名法之要'且主张'应物变化',但其固有性质与反朴取向,划定了其变的限度。这就意味着,当社会从凋敝中恢复了元气而导致政治上更为积极的举措出台之时,黄老政治就不能不丧失其最初的显赫地位了。"②而在这近八十年间,朝廷的是是非非、得失利弊,几乎无一不与黄老相关。故司马迁将与黄老学极有渊源的韩非与黄老学的灵魂人物老子同传,可谓顺理成章。

汉武帝建元六年,长期影响政务的窦太后辞世,以此为转折点,黄老学在朝廷的影响力也急转直下。"及窦太后崩,武安侯田蚡为丞相,绌黄老、刑名、百家之言,延文学、儒者数百人。"③这表面上似乎是独尊儒术、道法皆废,可事实上朝廷奉行的却是儒法结合、阳儒阴法的荀子之学。此即所谓"汉家自有制度,本以霸王道杂之,奈何纯任德教,用周政乎!"④这正如谭嗣同所称:"故当以为二千年以来之政,秦政也,皆大盗也;二千年以来之学,荀学也,皆乡愿也。惟大盗利用乡愿,惟乡愿工媚大盗,二者交相资……"⑤因此,作为荀子及门弟子的法家韩非,其实或明或暗、或虚或实地一直活跃在中国古代的政治舞台上,不论其地位是高是低,只要时机一旦成熟,其学说便会大行其道。

道家学说内部其实略有分别,各有侧重,大致可以分为两个流派,"如果说老子主要提倡了政治自由,那么杨朱追求的则主要是个性自由,而庄子所倡导的'逍遥'的境界就更侧重人的精神自由"⑥。即老子重治国,杨庄重治身。而事实上,老子思想本身涵盖极广,"老子的思想包含着正与反、消

---

① 《黄老学论纲》,第77页。
② 《秦汉之际法、儒、道之嬗替片论》,见于《阎步克自选集》,广西师范大学出版社,1997年。
③ 《史记》卷一百二十一《儒林传》,第2353页。
④ 《汉书》卷九《元帝纪》,第182页。
⑤ 《谭嗣同全集·仁学一》,蔡尚思、方行编,《中国近代人物文集丛书》本,中华书局,1998年增订本,第327页。
⑥ 刘蔚华:《黄老所完成的历史性过渡》,见丁原明《黄老学论纲》序。

极与积极两方面内容。这样它便可有两个方面发展的可能性，即或者像庄子那样，由强调人和自然的绝对对立而否定社会性价值，并从中引出崇拜自然和追求精神逍遥的出世意义；或者面向政治和社会，由否定文化、道德、教育的价值和作用，全力倾注于成败、祸福、得失的研究，发展出一套入世的社会、政治、军事思想"①。这也就是说，"治身与治国是道家的两个重要的组成部分。老子主要谈治国，兼论治身；庄子承杨朱而谈治身，尤重于个人精神境界的提升"②。道家的这种分别，事实上就在于以"内圣"还是"外王"为重的问题上。"外王"为重，即讲黄老，"内圣"为重，即讲老庄。自西汉武帝始的两汉，虽说基本上都是儒学占有绝对统治地位，但黄老也时时活跃于政坛，演变为黄老道。这一状况一直延续到东汉末期，随着"清议"的兴起，老庄学逐渐占据了上风，正如陈澧《东塾读书记》中所述："自汉兴，黄老之学盛行，文景因之以致治。至东汉末，祖尚玄虚，于是始变黄老而称老庄。"③今人刘泽化亦云："党锢之祸将汉末政坛上的士大夫精英殄灭殆尽，海内涂炭二十余年，使汉代统治阶级的精神支柱——传统经学走向衰落，士人干政的势头亦由此转向，取代清议而起的是魏晋士人口不臧否人物的清谈。"④从此之后，黄老时代基本结束，而老庄玄学则登上了历史舞台。

如果说黄老之学讲的是"君无为而臣有为"的话，老庄之学则更前进一步，人人皆标榜冲淡、清静、返璞归真。老庄之学到了魏晋，开始独立发展起来，与道教徒假托的黄老分道而驰，成为了学术界的主流，一跃而成为人们关注的焦点，出现了"户咏怡旷之辞，家画老庄之像"⑤的状况。此时的老庄之学在后来被称为玄学，或许，正如《列子·杨朱》所言："从心而动，

---

① 《黄老学论纲》，第77页。
② 陈鼓应：《关于先秦黄老学的研究》，见丁原明《黄老学论纲》序。
③ 卷十二《诸子》，商务印书馆，1935年第2版，第4页。
④ 《中国政治思想史》，浙江人民出版社，1996年，第354页。
⑤ 《晋书》卷八十九《忠义·嵇含传》，中华书局，1974年，第2302页。

不违自然所好","从性而游，不逆万物所好"。① 它的主流思想是何晏与王弼所持的"贵无论"。贵无论哲学在精神和行为上给世人以极大的冲击，加以司马氏代魏后，以高压治国，故朝野内外无不竞尚玄虚，人人以清远自高。"(阮籍)言必玄远，不评论时事，不臧否人物，被司马昭称为'天下之至慎'，则不独用此以免杀身之祸，并且将东汉末年党锢名士具体指斥政治表示天下是非的言论，一变而为完全抽象玄理的研究，遂开西晋以降清谈的风派。然则所谓清谈，实始于郭泰，成于阮籍。"② 由此而始，清谈之风开始泛滥。"加以朝寡纯德之人，乡乏不贰之老，风俗淫僻，耻尚失所，学者以老庄为宗而绌六经，谈者以虚荡为辨而贱名检，行身者以方浊为道而狭节信，进仕者以苟得为贵而鄙居正，当官者以望空为高而笑勤恪。"③ "他们不婴世务，偏重玄理，在谈玄中绌质实、尚虚胜；在行止上，放荡标举，不落凡尘，悠悠然有凌云之意；在对待名节的态度上，一改汉人之风，只图一晌之欢，不较今世功名、来生勋德。成了一批空谈家，飘飘欲仙的准仙客，不食人间烟火的出世者。"④ 在这样的社会思想背景下，"论经礼者，谓之俗生；说法理者，名为俗吏"⑤。以韩非思想为代表的那种务实务、重功业的治国之道则被渐渐抛置，而谈空论玄的名士却充斥朝野，唯清高是务。然而，"道家之言，高则高矣，用之则弊，辽落迂阔，譬犹干将不可以缝线，巨象不可使捕鼠，金舟不能凌阳侯之波，玉马不任骋千里之迹也。"⑥ 西晋的灭亡，清谈可谓责任重大。王衍在西晋末总掌朝廷军事，而他却一贯"妙善玄言，唯谈老庄为事。"⑦ 至死方悔，"顾而言曰：'呜呼！吾曹虽不如古人，向若不祖尚

---

① 《列子集释》卷七，中华书局，1985年，第220页。
② 《陈寅恪魏晋南北朝史讲演录》，黄山书社，1987年，第55页。
③ 《晋书》卷五《孝愍帝纪》"史臣曰"引干宝言，第135—136页。
④ 朱良志：《道家中兴和中古美学风气的转移》，见于《道家文化研究》第八辑，上海古籍出版社，1995年，第52页。
⑤ 《文选》卷四十九《史论·晋纪总论》注引王隐《晋书》，中华书局，1977年版1981年第2次印本，第692页。
⑥ 《抱朴子外篇》卷一《用刑卷第十四》，《百子全书》本，岳麓书社，1993年，第4806页。
⑦ 《晋书》卷四十三《王戎传》附衍传，第1236页。

浮虚，戮力以匡天下，犹可不至今日。'"①就此，桓温亦言："遂使神州陆沉，百年丘墟，王夷甫诸人不得不任其责。"②

有鉴于此，东晋立国于江左之初，士族上层也曾欲奋力图强，相互以"当共戮力王室，克复神州"③为勉。另外，"五马渡江，宗室零落，毫无实力。晋元帝几乎是孑身处于南北士族之间。他所以能够君临江南，是由于晋王朝已是汉族政权的象征，北来侨姓只能在晋朝旗号下才能在江南立足，南方士族也只能在晋朝旗号下才能抗拒来自北方的各种势力。曾经是一统皇朝帝室的司马氏所具有的影响当时没有一个家族能够代替他，但是作为凌驾于所有士族之上的帝室权威是带有象征性的，朝廷宰辅、地方都督全没有司马氏的份。"④故而，"为了改变这种主弱臣强的形势，元帝抛弃了司马家族'本诸生家传礼教'的儒学传统，忽然推重申韩"⑤。且两次下诏整饬吏治，并任用低级士族刘隗、刁协等人，试图以"刁玄亮之察察，戴若思之岩岩，卞望之之峰距"⑥来对抗王氏等实力高门，加强君权。然而，这种触动侨姓、吴姓既得利益的改革却受到了南北士族的一致抵制，并终于引发了王敦之乱。⑦承乱之后，本着"镇之以静，群情自安"⑧的原则，江东政权事从简易，政务宽恕，即顾和所谓："明公作辅，宁使网漏吞舟，何缘采听风闻，以为

---

① 《晋书》卷四十三《王戎传》附衍传，第1238页。
② 《世说新语》下卷下《轻诋第二十六》第十一条，《世说新语笺疏》本，上海古籍出版社，1993年，第834页。
③ 《世说新语》上卷上《言语第二》第三十一条，第92页。
④ 唐长孺：《王敦之乱与所谓刻碎之政》，见于《魏晋南北朝史论拾遗》，中华书局，1983年，第151页。
⑤ 唐长孺：《王敦之乱与所谓刻碎之政》，第152页。按：唐氏此说又可参《晋书》卷四十九《阮孚传》（第1364页）："时帝（元帝）既用申韩以救世。"同书卷七十三《庾亮传》（第1915页）："时帝（元帝）方任刑法，以《韩子》赐太子。"
⑥ 《世说新语》中卷下《赏誉第八》第五十四条，第452页。
⑦ 王敦之乱其实并不仅是皇族与士族争权夺利的体现，它更有其深刻的思想内涵，即是一场以何种理论来指导为政大纲的斗争。卞望之等人处处以礼法来约制士族人士（可参《世说新语》下卷上《任诞第二十三》第二十七条，第743页），故士族势必反其道而行之，黜礼法，行老庄。
⑧ 《晋书》卷六十五《王导传》，第1751页。

察察之政!"①故而才有"(王)丞相末年,略不复省事,正封箓诺之。自叹曰:'人言我愦愦,后人当思此愦愦。'"②所谓上行下效,清谈之风依旧弥纶于江左政权。而申韩的思想也因之而更进一步引起了士大夫们的普遍恶感,成了破坏他们既定利益和苟安生活的象征,于是他们越来越远离质实,申韩思想已隐然成为一种禁忌。③皇族、士族乃至寒门皆以言论、风神的超粹绝伦自期,蹈虚逐无,谈空说玄,"芒然彷徨乎尘垢之外,逍遥乎无为之业"④。尤其是高门士族,因为可以"平流进取,坐致公卿"⑤,他们于是愈来愈远离庶务,崇敬玄远,长久以往,于是就出现了"是以立言籍于虚无,谓之玄妙;处官不亲所司,谓之雅远;奉身散其廉操,谓之旷达"⑥的局面。

《老子》有云:"朴散为器,圣人用为官长。"⑦《论语》亦有"君子不器"⑧的说法,而《礼记》则云:"君子大德不官,大道不器……"⑨孔疏:"大道不器者,大道亦谓圣人之道也。器谓物堪用者。夫器各施其用,而圣人之道弘大,无所不施,故云不器,不器而为诸器之本也。"元代陈澔《礼记集说》释此为:"不官,不拘一职之任也;不器,无施而不可也……皆以本原盛大,而体无不具,故变道不拘,而用无不周也。"⑩而德国学者马克斯·韦伯(Max Weber,1864—1920)对这一问题则讲得更为透彻,他说:"'君子不器'这个根本的理念,意指人的自身就是目的,而不只是作为某一有用之

---

① 《世说新语》中卷下《规箴第十》第十五条,第565页。
② 《世说新语》上卷下《政事第三》第十五条,第178页。
③ 但也有部分统治者和士族试图将礼法、事功等纳入统治秩序之中,如南齐武帝、王融等人,此种举措可由今本《文选》卷三十六中的三篇策秀才文(第507—514页)中得到反映。
④ 《庄子集解》卷二《大宗师第六》,《新编诸子集成》本,中华书局,1987年版2006年第4次印本,第65页。
⑤ 《南齐书》卷二十三《褚渊王俭传》"史臣曰",中华书局,1972年版1987年第4次印本,第438页。
⑥ 《晋书》卷三十五《裴秀传》附子𬱟传,第1045页。
⑦ 第二十八章,《新编丛书集成》本《老子校释》,朱谦之撰,1984年,第114页。
⑧ 《为政篇第二》,《论语译注》本,中华书局,2007年,第22页。
⑨ 《礼记正义》卷三十六《学记》篇,《十三经注疏》本,上海古籍出版社,1997年,第1525页。
⑩ 卷六《学记第十八》。

目的的手段。"①于是，形而上层次的共通之处，使得儒道在魏晋之际开始大规模地互相融合，六朝时的士大夫或即所谓君子，大多皆为儒道合修，同时游弋于儒道两界，而原来的儒士也必须先行修玄，甚至须故作旷达之态，由儒入玄才能为上流社会所接纳。②在这样的"君子不器"的思想基础上，《世说新语》中所载的王子猷不知马数③与《资治通鉴》所载之左仆射王敬弘不解讯牒④，才会为当世人所见谅。类似的事例在西汉初也曾有过⑤，但二者之别在于前者是纯粹不谙事务，唯虚玄是务；而后者则是本于官有其人、人务其职的法家秩序之说。务虚则本职不修；各任其责则可致天下大化，出现"文景之治"。前者尚玄学，后者本黄老。这正可说明为什么整个主流社会，无论是由儒入道者、伴道实儒者或是本来就是老庄信徒，均对这种"居官无官官之事，处事无事事之心"⑥的作风习若常态、无动于衷了。

晋孝武帝时，尤其是刘宋代晋之后，立意重振乾纲，恢复君权，实行"主威独运，官置百司，权不外假"⑦的政策。打破东晋时那种"朝权国命，

---

① 《儒教与道教》第六章《儒教的生活取向》第八节"经济思想对专家的排斥"，洪天富译，《海外中国研究丛书》本，江苏人民出版社，1997年，第187页。
② 可参谢鲲、桓彝、庾敳等人的经历。又唐长孺先生以为，东晋以后的学风是礼玄双修，玄学家往往深通礼制，而礼学家往往兼注三玄。见于氏《魏晋玄学之形成及其发展》，生活·读书·新知三联书店，1955年版1978年第4次印本，第311—350页。
③ 下卷上《简傲第二十四》第十一条："王子猷作桓车骑骑兵参军，桓问曰：'卿何署？'答曰：'不知何署，时见牵马来，似是马曹。'桓又问：'官有几马？'答曰：'不问马，何由知其数？'又问：'马比死多少？'答曰：'未知生，焉知死？'"第773页。
④ 卷一百二十《宋纪二·太祖文皇帝上之上》："左仆射王敬弘性恬淡，有重名，人署文案，初不省读。尝预听讼，上问以疑狱，敬弘不对。上变色，问左右：'何故不以讯牒副仆射？'敬弘曰：'臣乃得讯牒读之，正自不解。'上甚不悦，虽加礼敬，不复以时务及之。"北岳文艺出版社，1995年，第813页。
⑤ 《史记》卷五十六《陈丞相世家》："居顷之，孝文皇帝既益明习国家事，朝而问右丞相勃曰：'天下一岁决狱几何？'勃谢曰：'不知。'问：'天下一岁钱谷出入几何？'勃又谢不知，汗出沾背，愧不能对。于是上亦问左丞相平。平曰：'有主者。'上曰：'主者谓谁？'平曰：'陛下即问决狱，责廷尉；问钱谷，责治粟内史。'上曰：'苟各有主者，而君所主者何事也？'平谢曰：'主臣！陛下不知其驽下，使待罪宰相。宰相者，上佐天子理阴阳、顺四时，下育万物之宜，外镇抚四夷诸侯，内亲附百姓，使卿大夫各任其职焉。'孝文帝乃称善。"第1604页。
⑥ 《晋书》卷七十五《刘惔传》，第1992页。
⑦ 《宋书》卷九十四《恩幸传序》，中华书局，1974年版1987年第3次印本，第2302页。

递归台辅；君道虽存，主威久谢"①，即所谓的王与马、庾与马、桓与马、谢与马、刘与马共天下的局面。于是，从刘宋而始，特别是宋、齐两朝的统治者，对士族尤其是高门士族，采用了软中有硬的特殊政策。②所谓软，是充分授予特权，譬如享有免役特权，还可以按官品的高低侵占山田及佃客。并对士族的身份和地位尽量予以保护，不轻易侵夺他们的利益。所谓硬，是尽量剥夺这些高门甲族的政治、军事实权，起用寒人执掌机要。通过这些政策的实施，逐步达到抑制门阀士族从政特权的目的，从而逐渐由门阀政治过渡到皇权专制。从此之后，"东晋门阀制度终于为南朝皇权政治所代替。南朝皇帝恢复了绝对权威，可以驾驭士族，而士族纵然有很大的社会政治优势，却绝无凭陵皇室之可能"③。关于宋齐以来皇权代替士族高门成为政权主要操持者的问题，祝总斌所述最为简明扼要："宋齐王朝为了争取高级士族之支持，名义上依然让他们充任尚书令、仆、丞、郎，可或是对他们存有戒心（特别对令、仆），或是出于对他们统治才干的轻视。在实际上，皇帝处理政务，上面主要依靠的是佞幸参与议政，下面则主要指望令、史有效地具体贯彻执行，对士族要求并不高。"④"它说明在高级士族腐朽无能之后，由于社会影响大、基础厚，王朝为了笼络他们，争取其支持，仍不得不以他们的代表人物担任高官要职，直到宰相。但可以听任其'文义自逸'，在治国经邦上对之不抱过高要求，而把保证统治质量的希望寄托在另一些有才干、敢负责的人身上，由这些人来真正履行宰相职责。"在这种形势下，一方面为远离是非，免受猜忌；再一方面也因重玄虚、轻质实风气之流弊及自身的局限，高级士族即使仕致宰相，也仍忽视政务。据《陈书·后主纪》"史臣论"曰："自魏正始、晋中朝以来，贵臣虽有识治者，皆以文学相处，罕关

---

① 《宋书》卷三《武帝纪下》"史臣曰"，第60页。
② 此论点详参刘跃进《门阀士族与永明文学》，生活·读书·新知三联书店，1996年，第68—69页。
③ 田余庆：《东晋门阀制度》，北京大学出版社，1989年，第355页。
④ 《魏晋南北朝宰相制度研究》，中国社会科学出版社，1998年，第211—212、第209页。

庶务，朝章大典，方参议焉。文案簿领，咸委小吏，浸以成俗。"①而南齐武帝则云："学士辈不堪经国，唯大读书耳。经国，一刘系宗足矣。沈约、王融数百人，于事何用！"②这些高门甲族，恰如《南史·谢举传》所论："虽履居端揆，未尝肯预时政，保身固宠，不能有所发明。"③而与此相反，广大庶人寒族出身者，则勤勤恳恳、兢兢业业，政权的正常运行完全依靠他们的劳作而得以运行。《梁书·何敬容传》记载："自晋宋以来，宰相皆文义自逸。敬容独勤庶务，为世所嗤鄙。"④出身甲族而勤于政事，竟反为世人所鄙夷，当日世风可窥一斑。而这正是因为，种种庶务在当时人眼中均应是寒人所为，正如《盐田论》中所言："能言而不能行者，国之宝也；能行而不能言者，国之用也。"⑤国之宝的地位理当远远高出国之用者。而士人们这种远离庶务的做法，也自有其理论渊源："然而儒生务忠良，文吏趋理事。苟有忠良之业，疏拙于事，无损于高。"⑥从事庶务，已成为寒人身份的象征。高门士族所看重的，不是政绩如何，高尚、风流才是他们的志向。正如王恭所言："名士不必须奇才，但使常得无事，痛饮酒，熟读《离骚》，便可称名士。"⑦政务上如此，文章方面亦然："江左篇制，溺乎玄风，嗤笑徇务之志，崇盛亡机之谈。袁孙已下，虽各有雕采，而辞趣一揆。"⑧"自中朝贵玄，江左称盛，因谈余气，流成文体。"⑨由此一来，必然形成了"诗必柱下之旨归，赋乃漆园之义疏"⑩的状况。在士族所掌握的政权、军权逐步被寒人侵夺后，

---

① 卷六，中华书局，1972年版1987年第3次印本，第120页。
② 《南史》卷七十七《恩幸传·刘系宗》，中华书局，1975年版1987年第3次印本，第1927页。
③ 卷二十，第564页。
④ 卷三十七，中华书局，1973年版1987年第3次印本，第532页。
⑤ 《能言第四十》，《盐铁论简注》本，中华书局，1984年，第299页。
⑥ 《论衡》卷十二《程材第三十四》，上海人民出版社，1974年，第190页。
⑦ 《世说新语》卷下之上《任诞第二十三》第五十三条，第763页。
⑧ 《文心雕龙》卷二《明诗第六》，《文心雕龙注》本，人民文学出版社，1958年版1978年第6次印刷本，第67页。
⑨ 《文心雕龙》卷九《时序第四十五》，第675页。
⑩ 《文心雕龙》卷九《时序第四十五》，第675页。

他们唯一可聊以自慰的就是凭借累代源流的文化素养以及在此基础上形成的谈玄务虚的风尚。一切与庶务有关的人、事，均受到他们极大的轻视。就连认为"虚谈废务，浮文妨要"①的王羲之也以为："中兴之业，政以道胜，宽和为本。力争武功，非所当作。"②更有甚者，一些人对于因事功而所获的赐封，竟也敬谢不纳，如南齐时的张岱，"兄子瓌，弟恕，诛吴郡太守刘遐。太祖欲以恕为晋陵郡，岱曰：'恕未闲从政，美锦不宜滥裁。'太祖曰：'恕为人，我所悉。且又与瓌同勋，自应有赏。'岱曰：'若以家贫赐禄，此所不论；语功推事，臣门之耻。'"③礼学大师南齐太尉"(王俭)常谓人曰：'江左风流宰相，惟有谢安。'盖自比也"④。而谢安正是东晋时的谈玄领袖。据《世说新语》："王右军与谢太傅共登冶城。谢悠然远想，有高世之志。王谓谢曰：'夏禹勤王，手足胼胝；文王旰食，日不暇给。今四郊多垒，宜人人自效，而虚谈废务，浮文妨要，恐非当今所宜。'谢答曰：'秦任商鞅，二世而亡，岂清言致患邪？'"⑤此处谢安所表现的，正反映了他所奉行之老庄清静无为的政策，而王羲之则本着他一贯所尊崇的黄老之术的立场来规劝谢安⑥，这一点正是黄老与老庄的重要分歧所在。老庄在任何时候都讲清静无为，消极自化；而黄老虽也讲清静无为，尤其是在国泰民安时，在政治领域与老庄的表现分别不大，但它毕竟是种入世的政治哲学，当无为可能危及统治时，它就转入另外一种状态，以一种坚决地重实崇务的态度以求天下得"治"。故而黄老所讲的无为，其实是一种遂实之后的崇虚，是一种达到"治"的目的之后的使"治"的状态得以保持的姿态。然而"治"在魏晋以下已不再是当朝士君子们的最高理想，他们所追求的只是如何在政治斗争中保持家族的长

---

① 《晋书》卷七十九《谢安传》，第2074页。
② 《六朝事迹编类·总序门第一》"六朝保守"条，张忱石点校，上海古籍出版社，1995年，第26页。
③ 《南齐书》卷三十二《张岱传》，第581页。
④ 《南齐书》卷二十三《王俭传》，第436页。
⑤ 上卷上《言语第二》第七十条，第129页。
⑥ 《晋书》卷六十七《郗鉴传》附愔传："与姊夫王羲之、高士许恂并有迈世之风，俱栖心绝谷，修黄老之术。"第1802页。

多欲態色與淫志是皆無益於子之身吾所以告子者是而已孔
子去謂弟子曰鳥吾知其能飛魚吾知其能游獸吾知其能走
者可以為罔游者可以為綸飛者可以為矰至於龍吾不能知其
乘風雲而上天吾今日見老子其猶龍邪老子脩道德其學以自
隱無名為務居周久之見周之衰遂去至關關令尹喜曰子將
隱矣強為我著書○索隱曰李尤國谷關銘云尹喜要老子曾於
是老子迺著書上下篇言道德之意五千餘言而去莫知其所終
○索隱案列仙傳關令尹喜者周大夫也善內學星宿服精華隱德行
仁時人莫知老子西游喜先見其氣知真人當過候物色而跡之
果得老子老子亦知其奇為著書與老子俱之流沙之西服巨勝
寶莫知其所終亦著書九篇名關令子○索隱曰列仙傳是劉向
所記物色而尋跡之又按列異傳老子西遊關令尹喜望見有紫氣浮關而老子果乘青牛而過也或
曰老萊子亦楚人也著書十五篇言道家之用與孔子同時云蓋

老子韓非列傳第三○索隱曰二人教迹全乖不宜同傳先賢已有成說今則不可依循宜令老子尹喜楚

周同爲傳其韓非可居商君傳末

史記六十三

老子者楚苦縣厲鄉曲仁里人也○索隱按地理志苦縣屬陳國○陽春秋時楚滅陳而苦又屬楚故云楚苦縣至高帝十一年立淮陽國陳縣苦皆屬焉裴氏所引不明見苦縣在陳縣下因云苦屬陳今檢地理志苦縣屬淮陽郡苦音怙姓李氏名耳字伯陽諡曰聃○索隱曰按葛玄云李氏女所生因母姓也又云生而指李樹因以爲姓許愼云聃耳曼也故名耳字聃有本字伯陽非正也然老子號伯陽父此傳不稱也又張湯寶藏室之史也○索隱按藏室史乃周藏書室之史也又張湯傳云湯爲長安吏史即周之柱下史也周

守藏室之史也

孔子適周將問禮於老子○索隱亦云然老子曰子所言者其人與

骨皆已朽矣獨其言在耳且君子得其時則駕不得其時則蓬累

而行○索隱曰劉氏云蓬累猶扶持也累音六水反說者云頭戴敝笠而行謂之蓬累也蓬蓋也累隨也以言若得明

君則駕車服冕不遇時則自覆蓋相攜而去也

吾聞之良賈深藏若虛君子盛德容貌

弟子曰鳥吾知其能飛魚吾知其能游獸吾知其能走走者可以為罔游者可以為綸飛者可以為矰至於龍吾不能知其乘風雲而上天吾今日見老子其猶龍邪老子脩道德其學以自隱無名為務居周久之見周之衰迺遂去至關關令尹喜曰子將隱矣彊為我著書於是老子迺著書上下篇言道德之意五千餘言而去莫知其所終

或曰老萊子亦楚人也著書十五篇言道家

老子韓非列傳第三

史記六十三

老子者楚苦縣厲鄉曲仁里人也，姓李氏，名耳，字伯陽，諡曰聃。周守藏室之史也。

孔子適周，將問禮於老子。

老子曰：子所言者，其人與骨皆已朽矣，獨其言在耳。且君子得其時則駕，不得其時則蓬累而行。

吾聞之，良賈深藏若虛，君子盛德容貌若愚。

盛不衰,而那种对于"治"的追求,则必须要以牺牲现有秩序为代价。尤其是以任用陈平所谓的"各有主者"的纯职能化、技术化官僚为手段而达到的"治",更不能为门阀士族所接受。因为由此一来,他们再也不能凭借冢中枯骨傲人,而他们的政治、经济地位也将无法得到保障。故而,他们宁愿选择放弃"治"而转而去追求保持精神层次上的绝对优势。然而,这种所谓的优势也只能是种自我陶醉和自我满足的遮羞布而已。事实上,这些士族们也十分清楚地知道,往日的辉煌与权势已与自己渐行渐远了。①可以说,国家机器的正常运转、对"治"的追求,决定了君主对寒人掌握政务的必然选择,只有谙习吏事的寒人才能发挥正常的统治效应。在此过程中,寒族势力逐步高攀,渐而达到和获得了前所未有的高位和权势。王俭以谢安自期,故谢安的言行——其实也是当时的风尚,显然在他身上留下了极深的烙印。而尤其是自身的出身,决定了王俭的思想意识。因此,据《南史》所载:"(敬则)后与王俭俱即本号开府仪同三司,时徐孝嗣于崇礼门候俭,因嘲之曰:'今日可谓连璧。'俭曰:'不意老子遂与韩非同传。'人以告敬则,敬则欣然曰:'我南沙县吏,徼幸得细铠左右,逮风云以至于此,遂与王卫军同日拜三公,王敬则复何恨。'了无恨色。朝士以此多之。"②在此,王俭显是以老子自况,老子自然用其本意无疑。而所谓韩非,在此的意义则大可深究。周一良先生以为:"至于世所习闻之老子与韩非同传一语,则兼地域、门第两事而言。

---

① 事实上,高门士族从来都没有放弃对政权控制的努力,他们也竭尽所能来为自己的阶层争取利益。他们强调"平定天下,谋功为高"(《三国志·魏志》卷十四《郭嘉传》,中华书局,1982年第2版,第435页),故意贬低攻城略地之功,以此来提升自己阶层的地位。此类议论如《汉魏六朝百三家集》卷二十三《魏武帝集》所载《请封荀彧为万岁亭侯表》(文渊阁《四库全书》本,上海古籍出版社,1987年,第1413册)云:"臣闻虑为功首,谋为赏本。野绩不越庙堂,战多不瑜国勋。是故曲阜之锡,不后营丘;萧何之土,先于平阳。珍策重计,古今所尚。"再如《艺文类聚》卷五十一《封爵部·总载封爵》所引《袁子》(上海古籍出版社,1999年新2版,第914—915页写道:"今有卿相之才,居三公之位,修其治政,以宁国家,未必封侯也。今军政之法,斩一牙门将者封侯。夫斩一将之功,孰与安宁天下者乎? 夫斩一将之功者封侯,失封赏之意也。"这些论集中体现了大族名士对于"功"的看法,在这种压力之下,君王有时也不能不作出让步。而之后南朝时的"无爵而谥",据杨光辉分析,其实质也在于维护当朝权贵,排斥武将。参杨著《汉唐封爵制度》,学苑出版社,1999年,第178页。
② 卷四十五《王敬则传》,第1130页。

王敬则临淮射阳人,侨居晋陵,遂土断为晋陵南沙人。加之出身县吏,南朝士庶之别綦严,自非俭所屑于比拟。敬则自称'南沙小吏'①,明言渠与王卫军不惟有南北之异,且有士庶之别也。"②今细考二王之别,敬则与王俭固然有"南北之异",而王俭的确于南人有相当的歧视,但在此处,在王俭将自己与敬则分别比作老子和韩非时,这一解释却不甚妥帖。众所周知,老子为楚国苦县人,于今为河南鹿邑东,或说为安徽涡阳;而韩非为韩国诸公子,当是今河南新郑人。从地域上讲,二者于江左而言均属北人,且苦县或涡阳较新郑更南,因此,以南北之异来解释王俭此话似不确。我们只有从王俭服膺谢安,以法家为劣和韩非已成为寒人象征及黄老与老庄的分歧这些方面来探求,才可真正理解当时的社会风尚。据葛洪所言:"世人薄申韩之实事,嘉老庄之诞谈。"③故而,韩非在此意义一则是与谢安所述之商鞅为同流人物;一则则是更多地脱离其自身阶级、已虚化为从事庶政,汲汲俗务的寒士象征;再则是依旧因作为黄老核心思想的代表人物而遭到排斥。至此,老子与韩非的分流已成定局。而王俭的愤激之言,也不必定是针对王敬则本人,而是出于对敬则所属阶层的痛恨。宋齐以来,"主威独运",重吏事、重寒人,高级士族在政权中的地位非但不能如王、谢时那样举足轻重,甚至连挂名的虚职也是朝不保夕。尤其是南朝齐武帝即位以来,励精图治,注重农战,多次就耕战问题下诏④,正如《南齐书·武帝纪》"史臣曰"所说:"世祖南面嗣业,功参宝命,虽为继体,事实艰难。御衮垂旒,深存政典。文武授任,不革旧章。明罚厚恩,皆由上出。义兼长远,莫不肃然。"⑤他对高门士族虽然虚与委蛇,授其高官重爵,但内心则对这一阶层深不以为然,认为

---

① 按:当为"南沙县吏"之讹。
② 《〈南齐书·丘灵鞠传〉试释兼论南朝文武官位及清浊》,见于《魏晋南北朝史论集》,北京大学出版社,1997年,第102—126页。
③ 《抱朴子外篇》卷一《用刑卷第十四》,第4806页。
④ 参《南齐书》卷三《武帝纪》,第43—63页。
⑤ 卷三,第63页。

"学士辈不堪经国"①,以至于在《永明十一年策秀才文》中指出:"今农战不修,文儒是竞,弃本徇末,厥弊滋多。"②又指出:"周官三百,汉位兼倍,历兹以降,游惰寔繁。若闲冗卑弃,则横议无已。冕笏不澄,则坐谈弥积。"这些言论在国家的抡才大典上毫无忌惮地向臣民表达出来,在南朝这个崇尚玄虚的社会中不啻是枚重磅炸弹,虽然现在对这些策文所引起的反响没有留下记载,可它带给士族们的心理压力可想而知。王俭之语虽是讲于永明五年正月戊子,且他也早在永明七年五月乙巳过世,但武帝登基以来的各种举措不会不对他形成刺激,且此策文中又有:"今欲专士女于耕桑,习乡闾以弓骑",更是将士族们最看轻的武备与庶务着意提出,这不能不说是武帝对南朝以来士族以家族文化为精神寄托、为立身之道、为进身之阶的那种重文史的人才评价标准的反动。王俭之语或许正是对自己阶层的衰落和寒人阶层的崛起而发出的愤懑之词。在王俭的眼中,敬则已成为向传统士族挑战的寒人代表。

  如上所述,老、韩的合传是因黄老之学的兴盛,而老、韩的分流则是因为老庄玄学的盛行。其间的分合,无一不与统治上层的好恶息息相关。此即所谓"盖上有所好,下必有甚焉尔。上好之,则下从之如风之偃草"③。

  后记:这篇小文写于2000年左右,之后一两年之内陆续又稍有补充修改。文中参考学界各先进的著作多种,虽多已出注,但时日既久,或者仍有暗袭者未曾明言,谨此致歉。六朝之学,捐弃已久,故而对于文中某些观点的看法或许已为学界所舍弃,但这对本文所探讨的主要问题影响不大,故此次将本文录入计算机时,仅就个别措辞、字句稍事修改又略改数注而已。

2007年8月6日于浦东竹园

---

① 《南史》卷七十七《恩幸·刘系宗传》,第1927页。
② 《文选》卷三十六,第510—512页。
③ 《尚书全解》卷三十六《周书·君陈》,林之奇撰,文渊阁《四库全书》本,第55册。

"二宫""二省"及"八柱国"释义

二宫:《汉语大词典》释为"帝与太子"。并引《文选·沈约〈齐故安陆昭王碑文〉》"二宫轸痛,遐迩同哀"吕向注"二宫,天子、太子也"、《南齐书·何敬容传》"敬容接对宾朋,言词若讷,酬答二宫,则音韵调畅"等为例。[一]第129页

《资治通鉴》卷135·齐高帝建元元年胡三省注曰:"二宫,谓上宫及东宫。上宫,诸王皇子也;东宫,诸王皇孙也。"又,卷138·永明十一年:"文惠太子每禁其起居,节其用度……师史仁祖、侍书胡天翼相谓曰:'若言之二宫(胡三省注:"二宫,谓上宫及东宫也。")则其事未易也……'数日间,二人相继自杀,二宫不知也。"

按:二宫一词,语义多变,但在南朝即指东宫太子而言,《汉语大词典》及诸注恐皆误。今考《南齐书·高帝下》:"六月辛未,诏相国骠骑中军三府职,可依资劳度二宫。"升明三年,萧道成为相国、骠骑大将军,萧赜为中军大将军,故在齐立国后,将三府职僚悉转为东宫僚属。卷4《郁林王纪》:"二帝姬嫔,并充宠御,二宫遗服,皆纳玩府。"此"二帝",系指高帝与武帝;二宫显系指文惠太子,郁林王之父萧长懋。卷22《豫章文献王嶷传》:"吾所乘牛马,送二宫及司徒。"时司徒为子良,则二宫当指其兄文惠太子方与情合。再本引文中,"二宫""诸王"并举,时诸王均为高帝诸子,故"二宫"亦系指太子萧赜。又,《王琨传》:"坐在郡用朝舍钱三十六万营饷二宫诸王及作绛袄奉献军用,左迁光禄大夫。"亦是"二宫"与"诸王"并提,系指太子。沈约《齐故安陆昭王碑文》中,上引文之后,又分别叙及明帝及武帝,昭王缅卒于永明九年(491),时太子为长懋,故沈约分别叙次以示此三

人对昭王缅之深情厚义。若"二宫"系指皇帝与太子,则下文不容再赘述武帝与缅之情。若《资治通鉴》卷138·永明十一年所涉及之"二宫",细玩上下文义,即可知所指为文惠太子无疑。又,《文惠太子传》:"永明中,二宫兵力全实,太子使宫中将吏更番役筑。"《资治通鉴》卷138·武帝永明十一年作:"(太子)启于东田起小苑,使东宫将吏更番筑役。"更系二宫即为太子之明证。故,《南齐书》中之"二宫"多系专指太子而言。另,《南齐书》中并无《何敬容传》,《汉语大词典》系将《梁书》误作《南齐书》。又,周一良先生《魏晋南北朝史札记》有"二宫"条可参阅。

二省:《汉语大词典》释为"指中书省、尚书省"。并引《南齐书·明帝纪》"东西二省犹沾微俸,辞事私庭,荣禄皆谢"等为例。

[一]第129页

按:《汉语大词典》此解误。东西二省,分别指东省和西省,《南齐书·百官志》:"自二卫、四军、五校以下,谓之'西省';而散骑谓之'东省'。"《汉语大词典》中另收"东省"条,其释义并不误,称"古代中央官署之一。南朝齐指集书省,为皇帝的侍从顾问机构。以散骑常侍为长官"。又《南史·张瓌传》:"齐建元元年,改封平都侯,迁侍中,与侍中沈文季俱在门下⋯⋯瓌止朝服而已。时集书每兼门下,东省实多清贫,有不识瓌者,常呼为散骑。"亦可证当时东省系指集书省,与尚书省无涉。西省,《汉语大词典》释为"中书省的别称"。《中国古代职官大辞典》(张政烺主编,河南人民出版社,1990年)释为"东晋门下三省之一,设于禁中,为禁军值宿之所,亦常以它省郎官入值,代中书掌诰命。南北朝为禁军将领、文学侍从之臣值宿之所"。《南史·王韶之传》:"晋帝自孝武以来,常居内殿,武官主书于中通呈,以省官一人掌诏诰,住西省,因谓之西省郎⋯⋯义熙十一年,宋武帝以韶之博学有文辞,补通直郎,领西省事,转中书侍郎。"此可知,晋宋以来，西省为武官中书值宿之所，因中书典诏诰，职权重大，故多以中书领西省，由此西省乃成中书省的别称。但以现存文献而言，南齐时，中书已不再值卫西省，故西省至少在南齐时已不复为中书省的别称。南齐一朝，"省内舍人四人，所直四省……天下文簿板籍，入副其省，万机严密有如尚书外司"。（《幸臣传·序》）又，"出法亮为大司农，中书势利之职，法亮不乐去，固辞不受，既而代人已致，法亮垂涕而出"。（同上）又，《南史·吕文显传》："四方守宰饷遗，一年咸数百万。"此可知，中书省职绝非清贫之处，且权责极大。如王俭所谓"我虽有大位，权寄岂及茹公！"（《南史·恩幸传》）即是明证。再以郁林王永明十一年（493）癸丑诏："东西二省府国，长老所积，财单禄寡，良以矜怀。选部可甄才品能，推校年月，邦守邑丞，随宜量处，以贫为先。"（《郁林王纪》）又同本文之诏文，亦言东西二省"仅沾微俸"，许以铨叙，可证东西二省均为冗官挂名之所。故，中书省非复西省，此其一。卷40《武十七王传附昭胄传》："晋安王宝义及江陵公宝览等住中书省，高、武诸孙住西省。"则明示中书、西省非一，此其二。《南史·萧子恪传》："始安王遥光劝上并诛高武诸子孙，于是并敕竟陵王昭胄等六十余人入永福省……"而据上文及《梁书·萧子恪传》、《资治通鉴》卷141·齐明帝永泰元年均以昭胄等入西省，由此，胡三省曰："西省，永福省也。"（《资治通鉴》卷141注）此其三。由上所述，再结合《南齐书·百官志》所云"自二卫、四军、五校以下，谓之'西省'"，可知南齐时，西省已仅是禁卫值宿之所，与中书省无关矣。（又可参周一良先生《魏晋南北朝史札记·南齐书·东西二省》条、祝总斌先生《两汉魏晋南北朝宰相制度研究》第334—339页。）

八柱国：《汉语大词典》释为"北朝西魏最高官职为柱国大将军，位在丞相之上。大统十六年以前，计有宇文泰、李虎、王元欣、李弼、独孤信、赵贵、于谨、侯莫陈崇等八人曾任此职，时称八柱国"。[二] 第10页按：柱国，当源于战国时楚国之上柱国。楚制，立覆军杀将战功者，官为上柱国。战国时楚有上柱国子良、柱国景翠，赵有柱国韩向。(可参见《战国策·东周策》、同书《楚策二》、《赵策四》。)秦末陈涉起义时，以上蔡人房君蔡为上柱国，项梁、陈婴也曾有上柱国的名号。北魏时置柱国大将军，北周增置上柱国大将军。唐宋以上柱国为武官的最高勋级，柱国次之。历代沿用，至清废。而西魏所设的八柱国，理应还受中国古代神话传说的影响。(考西魏前后所设柱国大将军，原不止八人，然而"今之称门阀者，咸推八柱国家云"[见《周书·侯莫陈崇传》]，且此八人所获柱国称号也并非同时，而是分布在十数年间，故云。)《楚辞·天问》："八柱何当？东南何亏？"王逸注："言天有八山为柱。"洪兴祖补注："《河图》言，昆仑者，地之中也，地下有八柱，柱广十万里，有三千六百轴，互相牵制，名山大川，孔穴相通。"故后来亦以"八柱"比喻能为国家扶颠持危的栋梁之材。而西魏以八柱国并称，当是结合了上述两个源流而形成。《资治通鉴》卷163《梁纪十九·简文帝大宝元年》："初，魏敬宗以尔朱荣为柱国大将军，位在丞相上；荣败，此官遂废。大统三年，文帝复以丞相泰为之。其后功参佐命、望实俱重者，亦居此官，凡八人。曰安定公宇文泰、广陵王元欣、赵郡公李弼、常山公于谨、彭城公侯莫陈崇，谓之八柱国。……泰任总百揆，督中外诸军；欣以宗室宿望，从容禁闼而已。"另，又可参《周书·侯莫陈崇传》所列，亦为魏宗室之广陵王元欣，而非王元欣。广陵王元欣，《北史》《魏书》均有传。《北史·献文六王》："恭兄欣，字庆乐，性粗率，好鹰犬。孝庄初，封沛郡王，后封淮阳王。孝武时，加太师、开府，复封广陵王，太傅，司州牧，寻除大司马。孝武入关中，欣投托人使达长安，为太傅、录尚书事。欣于中兴宗室，礼遇最隆，自广平诸王，悉居其下。又为大宗师，进大冢宰、中军大都督。大统中，为柱国大将军、太傅。文帝谓欣曰：'王三为太傅，再为太师，自古人臣，未闻此例。'欣逊谢而已。后拜司徒。恭帝初，迁大丞相。薨，谥曰容。欣好营产业，多所树艺，京师名果皆出其园。所汲引及僚佐咸非长者，为世所鄙。"《汉语大词典》显系将"广陵王元欣"断为广陵人王元欣而误。

此文原载《辞书研究》，2003年第4期

《梅花喜神谱》版本经眼录

现在提起宋本《梅花喜神谱》，从事古代文献研究和喜好收藏古籍的没有不知道的，它是国内留存至今最早的木刻版画图籍，无论是历史文物性、学术资料性还是艺术代表性任何一个方面，这部书都是当之无愧首屈一指的。所谓"梅花喜神谱"，其实意思就是梅花的画像，这一点钱大昕说得很清楚，他在本书的题跋中写道："谱梅花而标题系以喜神者，宋时俗语谓写像为喜神也。"

黄丕烈曾跋《梅花喜神谱》云："读画斋所刻《群贤小集》，皆南宋时人，内有《雪岩吟草》一卷，为苕川宋伯仁器之叟著……卷后叶绍翁跋，作于嘉熙二年。即《吟草》中，有'嘉熙戊戌家马塍稿'、'嘉熙戊戌复游海陵稿'、'嘉熙戊戌己亥马塍稿'（按：《吟草》有此三稿）。稿中《岁旦》一首，注云'己亥嘉熙三年'，则嘉熙二年为戊戌。此谱之作，当在侨居西马塍后，以闲工夫作闲事业，意盖有所感尔。"推测了《梅花喜神谱》的创作年代当在嘉熙二年（1238），即此书最早的版本为宋嘉熙二年所刻，但这个本子早已失传。我们现在所说的宋本，其实就是嘉熙本的景定二年（1261）金华双桂堂重刻本。双桂堂大概是个民间书坊，目前我们仅知它刻行过此书。这个双桂堂重刻本迭经名家收藏，从明代开始，有文徵明，进入清代之后，则以曾为钱曾《读书敏求记》著录而名声更显（述古堂旧藏本今不传）。在此之后，据黄丕烈跋云，此书曾经五柳居售于王府，但到了嘉庆间，此书又从王府散出，归黄氏士礼居。荛圃及身而书散，此书曾入藏汪士钟艺芸精舍，但不久又流落书肆。道光三十年（1850），书贾金顺甫以数十种百宋一廛旧藏售予文登于昌进，昌进又转赠其弟昌遂，故此书又归于青棠红豆庐珍藏。但此书在于氏手中时，也曾稍起波澜，据他的跋文云，他在得到此书之后不久，就被画师蒋仲蔾攫去,屡索不得。到咸丰元年(1851),又重新从金顺甫手中购回。虽然于氏对此书珍若拱璧,"非交深十年不得阅此书",但不数年则又经转手到了吴县滂喜斋了。

潘祖荫本人没有留下对此书的记载,不过此书大概是潘氏在同治年间购入的。祖荫没有后代,逝后长物全归胞弟祖年。民国辛酉(1921),祖年女静淑女史树春欣逢三十虚龄,祖年遂将《梅花喜神谱》作为贺礼赠与,静淑婿吴湖帆记此事因缘云:"自南宋理宗景定二年至今历十二辛酉凡六百六十年,后茇翁所得二周甲。"夫妻二人喜不自胜,遂将所居改名为"梅景书屋",以示珍重(所谓"景",则是指吴湖帆所藏宋米芾《多景楼帖》,现亦藏上海博物馆)。从王府而士礼居而艺芸精舍而青棠红豆庐而滂喜斋,《梅花喜神谱》所入者都是令人艳羡的大家巨族,但都宝藏未久,就又辗转易手。而至吴氏梅景书屋,则藏弆时间最长,直至解放后才转入公藏,现在则安居于上海博物馆保管部的文物库房之中。

关于《梅花喜神谱》编刊者宋伯仁的生平,向来多采用黄丕烈所作小传,其实在黄氏之后,归安陆心源的《湖州府志人物传》中,也收有宋氏小传,虽与茇翁所作大同小异,但其中都标注了材料来源,具可覆按。陆传又引《渔溪乙稿》载钱塘俞桂赠伯仁诗有"诗与梅花一样清,江湖久矣熟知名"之句,可见伯仁诗名也为一时所盛赞。

这一宋本的宝贵与珍奇,为向来藏家和世人所交口赞誉,如黄丕烈《茇圃藏书题识》卷五有云:"雨窗岑寂,书前跋毕,因用《雪岩吟草》中《瓶梅》《问梅》二诗韵作二绝句,以补跋语所未备云:王府遗编费护持(此书为王府中散出,其签题尚是王爷笔),重搜故纸付装池(装工有宋纸条,今取之以副四围。书林佳话传闻得,尚说长安担米时(此书原由五柳居归于王府,赠以京米十挑、鱼肉一车云)。神物无端去又来,百窗楼畔卷重开(书为文氏旧藏,百窗楼在高师巷,与余居相近)。更奇雕板年辛酉,喜得相逢笑满腮(此为景定辛酉重雕本,与余收藏之岁适合)。"

从经眼的角度来说，自然应该首先介绍现藏上海博物馆的这一存世孤本，但此本向来为人瞩目，已经有很多前贤做过详细研究，自不需词费了。唯一可说的就是，此书在梅景书屋期间，为主人吴湖帆拆散另裱为册页，仍为两册，外则用吴氏一贯之华丽樟木盒盛放，上镌阴文篆字，髹以绿色，放眼望去，即惊心摄目，确属不同凡响。现在我们能看到的很多影印本，其实都是以上海博物馆所藏的这一宋本为底本的。

又据黄丕烈对此书的另一题跋："是谱之副本有二，皆余姻袁寿阶从此影钞者，一赠浙江阮芸台中丞，一藏五砚楼。寿阶作古，余向其孤取付云间古倪园沈氏翻行……癸酉岁初三日……"而叶德辉《书林清话》卷八记载："松江沈绮云所刻宋本《梅花喜神谱》颇为博雅君子所赏鉴。沈氏家本素封，有池亭园林之盛，改七芗尝居停其处，《谱》中梅花，皆其一手所临，印本今尚之。"这一本子，其实就是《梅花喜神谱》最早的翻刻本了。黄裳认为，沈氏这一刊本，"为沈绮云倩黄荛圃用袁寿阶手摹宋本重刊，刻手精妙，然终未能与原书毫发悉合，版心题字亦各不同，影摹收藏图记亦有朱白文之异。然系此书重刊之第一本，初印用开花榜纸，墨色晶莹，由士礼居黄氏为之经营，遂成精本"。这一嘉庆十七年（1812）的刊本，卷末的题词有云："五砚楼主人手模《梅花喜神谱》，松江古倪园为镌新本。"其原刊本，现在流传较稀，不过，一九二八年中华书局的影印本就是以沈本为底本的。沈本原藏家高野侯有跋叙述得书经过云："宋椠之《梅花喜神谱》宋刻孤本，为述古秘籍，黄荛圃得之，珍如拱璧，题咏至再，又以袁寿阶影摹本付古倪园沈氏翻雕，由是著闻于世。咸丰中归斥山于氏，既为吴县潘氏所有，什袭而藏，遂不复觏。古倪园影摹本雕印绝精，红羊劫后，流传亦极尠，值兼金未易得也。比来藏家旧籍转鬻于肆，中有是谱，沈刻初印也，亟论值购之。不数月，晤窭斋中丞文孙湖帆公子，谓是谱宋椠本已为梅景书屋长物，装潢甫竟，跋尾有素纸，坚嘱写梅花一枝，以记雅韵。因逐录诸家跋识于此册别叶间中，省览如睹庐山真面目矣。"此跋文显然是沈本藏者高野侯题写于自藏

梅花喜神譜目錄

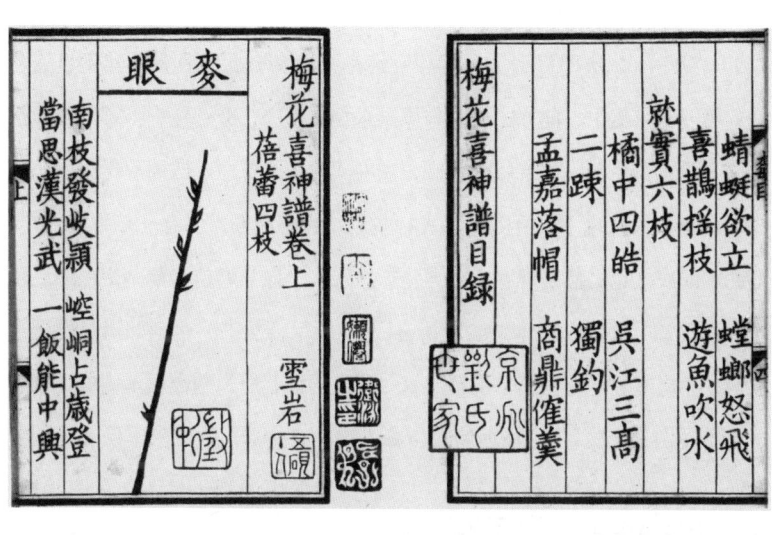

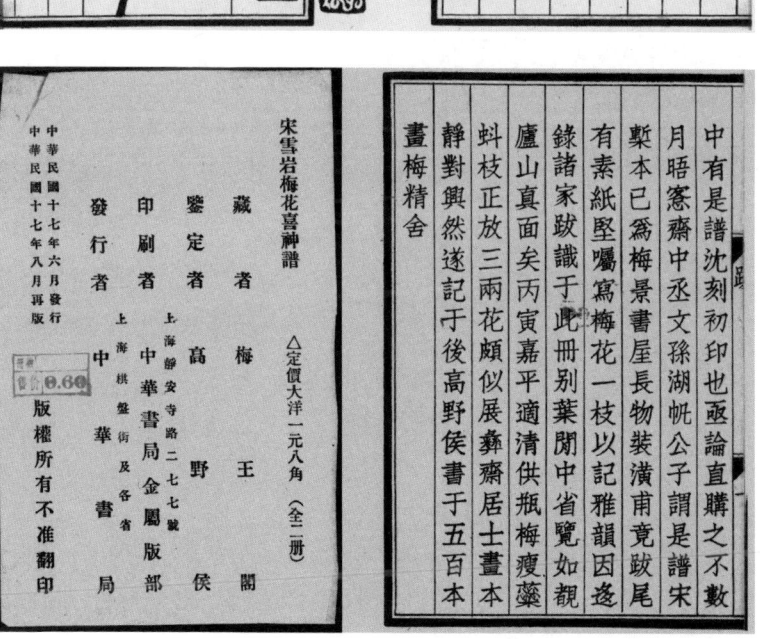

蜻蜓欲立 螳螂怒飛
喜鵲搖枝 遊魚吹水
就實六枝
橘中四皓 吳江三高
二疎 獨釣
孟嘉落帽 商鼎催羹

梅花喜神譜卷上
蓓蕾四枝
雪岩

麥眼
南枝發岐穎 崆峒占歲登
當思漢光武 一飯能中興

中有是譜沈刻初印也亞論直購之不數
月晤憲齋中丞文孫湖帆公子謂是譜宋
槧本已為梅景書屋長物裝潢甫竟跋尾
有素紙堅囑寫梅花一枝以記雅韻因逐
錄諸家跋識于此冊別葉閒中省覽如覩
廬山真面矣丙寅嘉平適清供瓶梅瘦蘂
蚪枝正放三兩花頗似展彝齋居士畫本
靜對興然遂記于後高野侯書于五百本
畫梅精舍

宋雪岩梅花喜神譜

藏者 梅王閣
鑒定者 高野侯
印刷者 上海郵安寺路二七七號
中華書局金屬版部
發行者 上海棋盤街及各省
中華書局

△定價大洋一元八角（全二冊）

中華民國十七年六月發行
中華民國十七年八月再版

版權所有不准翻印

高野王翻印本

本上的，故而，此跋不见于宋本之上。至于跋中所云吴湖帆请其于宋本别叶上绘梅花一枝以记雅韵之梅，则在今宋本的下册之首。

与这一刻本大约同时或稍后，长塘鲍廷博又刻此书收入《知不足斋丛书》第二十六集中，此本一册，与原宋本相较而言，分别较大，不似其他翻本，几乎全是影刻。此本版框较小，左右双栏，不似原本四周双栏。而正文之梅花形象，则也不如原刻本之古朴多姿、线条流畅。但有一点可以肯定，即此本的底本也仍然是现存上海博物馆之宋本，以其卷前有摹刻文徵明之藏印，不仅如吴湖帆在原本跋文中所言"《知不足斋丛书》所刻此谱易题眉于画旁，卷尾摹刻'绍兴旌忠襃节之家'印，可证此册为鲍氏祖本，更证书经翻镌不复旧观之失"。上海博物馆所藏本中亦有此本，为原宋本藏者吴湖帆箧中旧物，封面有吴氏手题："吴氏梅景书屋所藏副本　鲍刻"，下钤"某景书屋"小朱文方印一方、"吴湖颿"朱白文小方印一方。卷末亦有题识云："宋刻原本今藏吾家，'绍兴旌忠襃节之家'一印钤于原本，盖亦元人物也。"

以此书的珍罕，不数年后，又有翻刻本行世，即道光六年（1826）的七十二夫容仙馆刊本。此本两册，卷前有长方牌记一方："大清道光岁在丙戌／七十二夫容仙馆刊"，

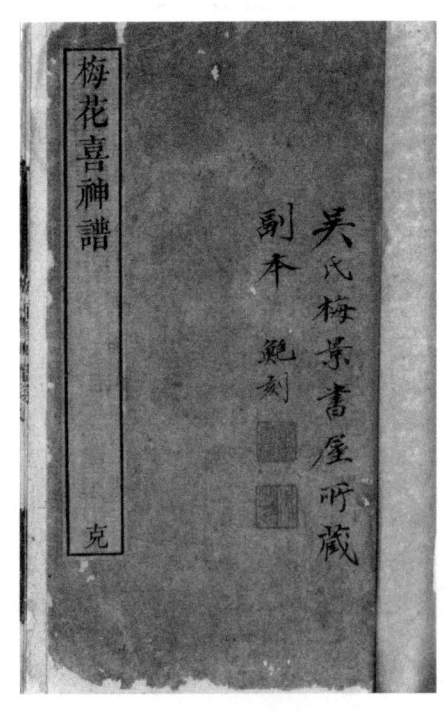

知不足斋丛书本

又其书名页下也刻有"七十二夫容/仙馆珍藏"字样，除此之外，别无其他版本信息。今以当时情事核之，道光五年八月，黄丕烈已先卒，而其弆藏之物前此已尽数售归三十五峰园主人汪士钟。故道光六年之时，此谱原本当归艺芸精舍珍藏。但此本则似非汪氏所刻，也并非直接据此本翻刻，想来为前述两本之翻本而已。又其谱中梅图线条较《知不足斋丛书》本精雅整饬，故亦疑此本当据古倪园沈氏本所翻。

到了清室既屋、民国肇建，《梅花喜神谱》也如上文所云入藏于吴氏梅景书屋之中了。1938年，商务印书馆乃商借于吴湖帆，遂据原宋本影印收入涵芬楼所出《续古逸丛书》中，为第四十六种。卷前牌记云："上海涵芬楼影/印吴县吴氏梅/景书屋藏宋本。"此本一函一册，以照相技术用原本摄影制版而成。全书墨色烂然，与原本同大，可传宋本神韵。但可惜的是，这一印本仍不能完全写实此书存世原貌，除其印章全用墨印之外，又将咸丰元

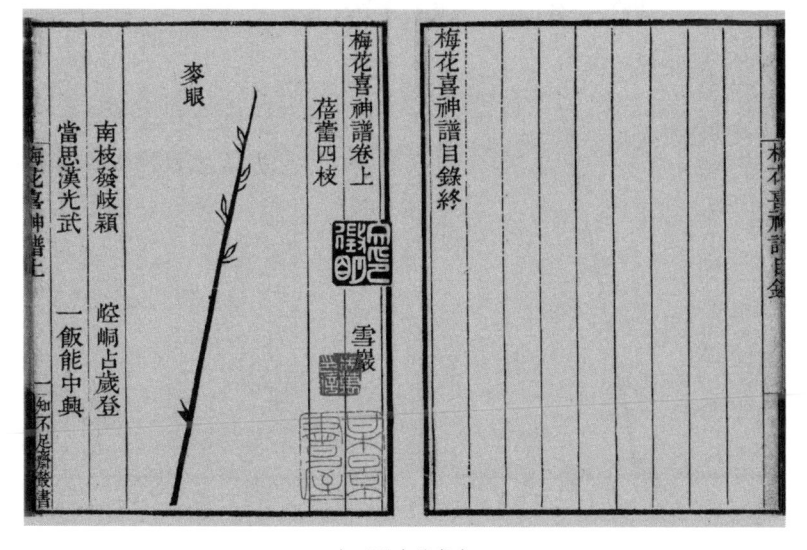

知不足斋丛书本

梅花喜神譜目錄

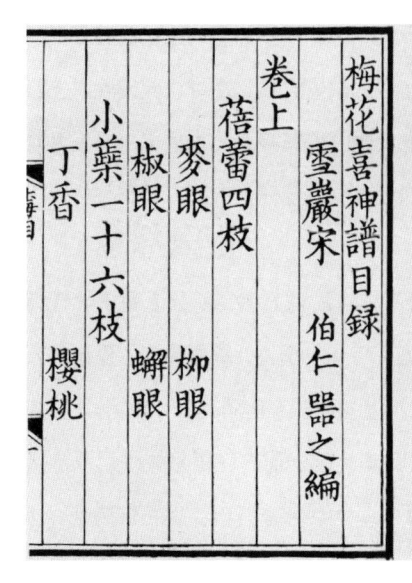

卷上

雪嚴宋 伯仁器之編

蓓蕾四枝
　麥眼
　椒眼　柳眼
小蘂一十六枝
　　　　蠏眼
　丁香　櫻桃

梅花喜神譜目錄

蜻蜓欲立　螳螂怒飛
喜鵲搖枝　遊魚吹水
就實六枝
橘中四皓　吳江三高
二疎　獨釣
孟嘉落帽　商鼎催羹

梅花喜神譜卷上 雪岩

蓓蕾四枝

麥眼

南枝發岐穎　崆峒占歲登
當思漢光武　一飯能中興

清道光歲在丙戌
七十二夫容僊館刊

七十二夫容仙館本

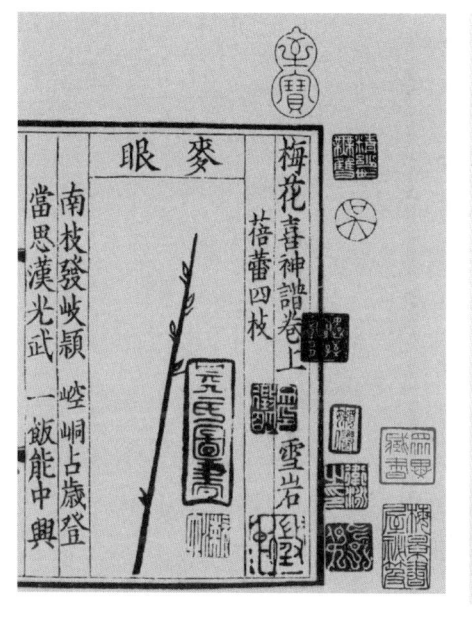

续古逸丛书本

年包世臣以下之题跋、观款尽行删除了。虽如此，这一料半纸印本装潢、印制均极精好，颇可作原书之虎贲中郎视之。当年定价即国币六元，也算高昂之极了。

到了1981年，此书又有新本问世，即文物出版社所出影印本。此本一册，较前此所出诸本，最为显著之特色为书中之收藏印章全以朱色套印。但此本的缺点也非常明显，一则为非原大原样：较原本稍有放大，又改原本之册页为线装；再则为只印正文，原书前后所附观款、题跋、题图等通通芟除。故此本如涵芬楼本虽同可传谱之真貌，但就此书之整体面貌而言，仍未可餍读者想见之情。

从21世纪初开始，文化部、财政部共同主持实施"中华再造善本工程"规划，其目的是将那些久已绝版而又传世孤罕的珍稀善本复制影印，化

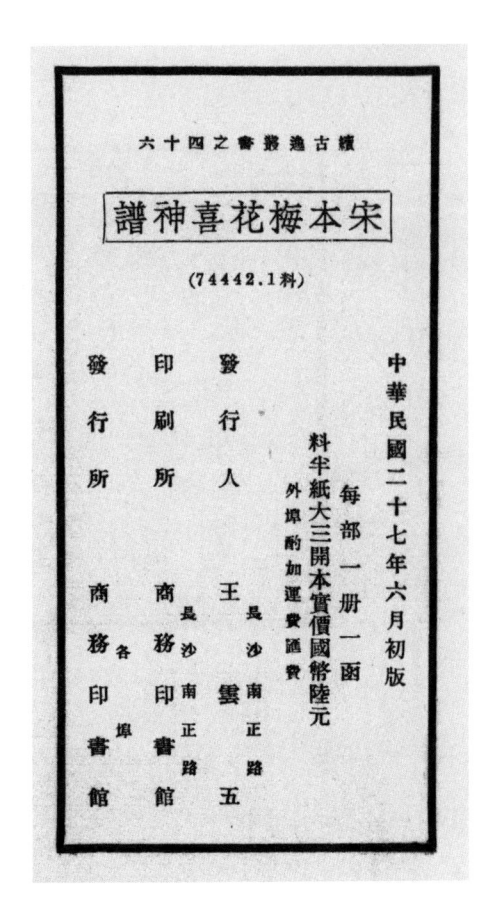

身千百,传诸久远,嘉惠学林,荫及子孙,从而确保文献的传承安全。上海博物馆也为这一历史性工程提供了孤本宋刊《梅花喜神谱》和元刊足本《宣和博古图》以为襄赞。其中之《梅花喜神谱》全以原书摄影制版,一函二册,原大、原色、原貌影印,为迄今为止各方面最接近原书之复制本。与原来诸本相较,不惟全本完全原色印出,且亦保存原本之册页形式,最大程度反映出原本之存世特色,令人嗟叹再三。当然,此本亦非全无瑕疵,如若求全责备,则此本与原本并观,纸色、印色高下立见,原书纸色柔和爽目,而《再造》本纸虽经做旧,但其斧凿之痕迹显然可见。再者,原书开本为30.4厘米×18.2厘米,而《再造》本之开本则稍大,虽然书中原书开本亦有迹可循,然仅以外观而言,显然又与原本不同。

除此之外,近年以来《梅花喜神谱》又曾多次翻印,如1985年中华书局《丛书集成初编》中、1994年上海古籍出版社《中国版画丛刊二编》第一辑中、2000年山东美术出版社《中国古画谱集成》第一集中，都曾收入此书，但正如上文所言，其来源皆为现在上海博物馆所藏这一存世孤本。

又可补充的是，当日五砚楼所钞两本中，一赠扬州阮元者，后为阮氏进呈内府，收入"宛委别藏"之中，然此本仅录原本之内容而已，若云传原本之真，则尚有待耳。

原载于《藏书家》，第14辑

《古今图书集成》的编纂成书及其所用铜活字问题研究

在康熙统治的前中期，满族政权的合法性问题尚未得到全民公认，各地多有以明裔为号召，以恢复汉家衣冠相鼓噪者，故圣祖玄烨于明末清初间的书籍颇为留意，于满汉之辨更是瞩目。而以修纂书籍为名，借以查核文献，一则收拢人心，再则寓禁于征，一举解决民族、思想两大障碍，实在有事半功倍之效。[①] 故而，在康熙年间，各种官修之书竟有六十余种之多，数量、种类，都是极为可观的。但整个康熙时期，乃至清代前期，最为人瞩目的，却是另一部大书：《古今图书集成》。作为一部集大成的类书，《古今图书集成》无论在内容上，还是在质量上，都是首屈一指的，较诸同是开始编纂于康熙四十年的类书《渊鉴类函》，无疑更能代表这一时期的文化高度。雍正和乾隆时期的重臣张廷玉在其《澄怀园语》卷三中曾论《古今图书集成》云："自有书契以来，以一书贯串古今，包罗万有，未有如我朝《古今图书集成》者也。康熙年间，圣祖仁皇帝广命儒臣，宏开书局，搜罗经史诸子百家，别类分门，自天象、地舆、明伦、博物、理学、经济，以至昆虫、草木之微，无不备具，诚册府之巨观，为群书之渊海。历十有余年而未就，世宗宪皇帝复诏虞山蒋文肃督率在馆诸臣重加编校，正其伪讹，补其阙略，经三载而始厘定成书。图绘精详，考定切当，御制序文弁其首，以内府铜字联缀成版，计印六十余部，未有刻本也。"[②] 提纲挈领，最能道出此书的大要。

---

① 就连燕行使者朝鲜朴思浩在道光八年（1828）也能深刻体会此意，他曾于其《燕蓟纪程》中记录他的观感："康熙时，天下初定，人心未服，海内豪杰之士扼腕而谈愤，开口而咏叹，无非摛撑之义也。海可蹈也，山可隐也，剃发在衽，投帽而抵地曰：甚么物也。于是乎康熙大忧之。开文渊阁，集天下文学之士，靡以美衔，厚其气养，裒辑书籍，（尽）【昼】夜考校。向所谓豪杰之士，埋头蠹鱼之间，不知老之将至，而愤叹之心，如雪遇阳。此乃赚得英雄之术，非但出于右文之意。"转引自杨雨蕾兄《燕行与中朝文化关系》，上海辞书出版社，2011年，第136页。
② 乾隆间刻《澄怀园全集》本。

关于《古今图书集成》的研究，其实已经是蔚为大观了，不仅有一本专著《古今图书集成研究》[①]，还有以此为核心的一百多篇文章，这还仅仅是"中国期刊网"上的。而相关研究中，涉及《古今图书集成》的，如内府刻书研究、如活字研究、如出版史研究等方面，则更是浩若烟海，难以遍读了。另外，对陈梦雷本人的研究，也是铺天盖地，以"陈梦雷研究"为名的，至少有硕士论文一篇。[②]因此，想要在这个领域写出点新意来，想要有些突破，那真是有些不容易。不贤识小，所以只能在些小问题上，对一些前人的提法，做一点补订而已。

一、《古今图书集成》的成书及编纂

1. 关于《古今图书集成》的编纂缘起

《古今图书集成》编纂的发端者，无疑是陈梦雷。在其《重修郑夹漈先生草堂序》中，他就说道："余幼年不自揣量，谬思合三书（指《通典》《通志》《通考》）之长，更为之标纲区目，绘图立表，以扩其所未备而续其余。"[③]此文的写作时间，大概是在康熙四十年（1701）之前，也就是说，陈梦雷想要编纂一部大类书的想法，早已有之，并非始自康熙四十年其着手编纂《古今图书集成》之时，也并非始自康熙三十八年（1699）由辽东返回京师之时。

康熙四十五年（1706）四月，陈梦雷将已经编竣的《古今图书集成》前身《汇编》进呈于府主皇三子允祉，在其《进〈汇编〉启》中，说起编纂此书的缘由："愚读书五十载，而技能无一可称；涉猎万余卷，而记述无一可举。深恐上负慈恩。惟有掇拾简编，以类相从，仰备顾问。而我王爷聪明睿

[①] 裴芹著，北京图书馆出版社，2001年。
[②] 石海英著，指导老师张善文教授，福建师范大学2007年硕士论文。
[③] 《松鹤山房文集》卷十，康熙晚期铜活字印本。

禮儀典第八十九卷

喪葬部總論九

杜佑通典

未踰年大喪不立廟議

後漢許慎五經異義曰未踰年之君有子則書葬立廟無子則不書葬不殤羊說云未踰年君若有子則書葬立廟無子則不殤恩無所錄也或議曰許君按禮一臣不殤君子不殤父君無子而不爲立廟是背義棄禮罪之大者也鄭元駁云未踰年君稱子殷子惡是也皆不稱公

元駁云昔武王卒父業旣除喪出至孟津之上猶稱太子者是爲孝也今未除喪而出稱爵是與武王義反矣春秋僖九年春三月丁丑宋公禦說卒夏公會宰周公齊侯宋子衛侯鄭伯許男曹伯于葵丘宋子卽踰年君也出與大子大夫會是非王事而非子耶父晉里克殺其君之子奚齊是也左氏說未踰年之君繫於父不公羊說云未踰年之君繫於次時父殺其君舍父未葬雖未踰年稱君未葬繫於父不繫於父子商人殺其君舍父未葬雖未踰年稱子成於君不繫於父子商人殺其君舍父已葬

人臣之心不可一日無君也緣終始之義一年不可有二君故踰年卽位所以繫人臣之心也三年然後受爵者緣孝子之思未忍吉也故魯僖公十二月乙巳薨於小寢文公元年春正月公卽位四月丁巳薨韓詩外傳曰諸代子之爲代子何言代代不絕也何以知天子之子亦稱代子也春秋傳曰會王代子於首止或曰天子之子亦稱太子尚書傳曰太子發升於舟代子之年喪畢上受爵命於天子之所有無自

明爲繼體君也緣於終始之義一年不可有二君故尚書曰王釋冕反喪服晃服吉冕服受同稱王以接諸侯明繼體爲王也釋晃反喪服卽位改元以名年不可嚏年無君故踰年乃稱卽位明未稱王以統事也年以紀事矣而未發號令稱卽位也何以知天子踰年卽位也春秋傳曰諸侯年位也又曰天子三年然後稱王亦事發號施令也尚書曰高宗諒闇三年是也論語曰君薨百官總己以聽於冢宰三年故三年除喪乃卽位統事踐阼所爲主

古今圖書集成

智,于讲论经史之余,赐之教诲,谓《三通》《衍义》等书详于政典,未及虫鱼草木之微;《类函》《御览》诸家,但资词藻,未及天德王道之大。必大小一贯,上下古今,类列部分,有纲有纪,勒成一书,庶足大光圣朝文治。雷闻命踊跃,喜惧交并,自揣五十年来无他嗜好,惟有日抱遗编,今何幸大慰所怀。不揣蚁力负山,遂以一人独肩斯任。谨于康熙四十年十月为始,领银顾人缮写。蒙我王爷殿下颁发协一堂所藏鸿编,合之雷家经、史、子、集,约计一万五千余卷。至此四十五年四月内,书得告成,分为汇编者六,为志三十有二,为部六千有零。凡在六合之内,巨细毕举,其在十三经、二十一史者,只字不遗。其在稗史子集者,亦只删一二。以百篇为一卷,可得三千六百余卷……"①又康熙四十五年秋,陈梦雷以其所纂《汇编》一书告终,于是托其府主皇三子允祉代上《告假疏》云:"臣今年五十六岁……向以进京涓埃未报,不敢遽及私情。而臣本资性愚下,加以日夜痛心之故,凡事多至昏忘,虽读书五十余年,阅历不止万卷,而十不能举其一二,深恐上负皇子贝勒使令。是用竭力于数年之内,皆自黎明以至三鼓,手目不停,将家中所有书籍万余卷,自上古至元明,皆按代编次,共分类为六千余,约计可及三千六百余卷。臣以独立检点,所抄写之人字画粗率,未及校正舛误

---

① 《松鹤山房文集》卷二。又裴芹《陈梦雷〈进《汇编》启〉探疑》(见http://blog.sina.com.cn/s/blog_446e04120100ns5y.html),以为此文应该撰于康熙四十八年,但其说恐不可凭,文中明确有"至此四十五年四月内书得告成"和"雷自康熙十八年入京师,至今共二十八载"的说法,不容置疑。且此书本来就是为了报答皇三子对他的特恩所编,再加上系"领银"纂修,故成书之后,其第一要务就是要报告允祉其完工的状况,没有理由在三年之后才有进呈之举。至于裴文所疑的"王爷"的称谓,则恐怕不能以此为定论。因为"王爷"本为俗称,大致上说,皇子、宗室都可用此称呼,并非一定要爵封郡王或亲王。允祉当时虽为贝勒,但他本为皇子,又曾封郡王,称其为王爷,并无不妥。如《世宗宪皇帝上谕内阁》卷八十四(雍正七年闰七月十七日上谕,文渊阁《四库全书》本):"宗人府府丞蔡嵩奏折内称王子为王爷。伊由翰林历任中外,服官多年。从古来,曾在本君前奏对,称呼王爷之文理乎?"又《世宗宪皇帝上谕八旗》卷三(雍正三年七月二十九日上谕,文渊阁《四库全书》本):"(允䄉)从前诈取明珠家银百万余两,将应赔钱粮抗不还项,携带数万金前往西宁,要买人心,所以地方人等俱有九王爷之称。伊不过一贝子耳,何尝一日得居王位?尚未及贝勒职分,又安得漫称之为王?无耻卑污之至,情甚可恶,洵属不识臣大义悖乱之人。允䄉着革去贝子,撤其佐领属下。并行文陕西督抚,嗣后仍有称允䄉为九王爷者,定行提拿,从重治罪。特谕。"这两个虽然都是不许称"王爷"的例子,但正可见"王爷"之称,并非只有拥有王爵的人的专属称呼。又王钟翰先生有《满族贝子称王考》中曾比较详细地讨论过这个问题,可参看,文见《王钟翰清史论集》,中华书局,2004年,第1336—1344页。

之字尚多，然此书规模大略已定。先将凡例、目录誊写进呈皇子贝勒，其中或存或删，或分或合，俟贝勒裁定之后，聚集多人，细加雠校誊清，进呈御览，得蒙我皇上指示，方可成书。"[1]对比两篇中所言，可知陈梦雷所以编纂《古今图书集成》，从他的意愿来看，只是为了报恩，当然，同时可以借机实现他"幼年"的心愿，也是其中原因之一。从陈梦雷编纂的初衷来考察这部大书，其实与当时的国政完全不相干涉，但事实上，《古今图书集成》一书，因其编纂者所处的环境以及其所追求的成书效果，的确能够做到像玄烨所希望的那样[2]："学者或未能尽读天下之书，观于此而得其大凡。因以求尽其始终，条理精义之所存，其于格物致知之功、修辞立诚之事，为益匪浅鲜矣。"[3]

2. 关于《古今图书集成》的成书

关于《古今图书集成》的编纂，虽然过去有御纂之说、蒋廷锡编纂之说等，但经过诸如裴芹等先生的研究，现在大都认为是陈梦雷所编纂的。这一说法，可由陈氏康熙四十二年（1703）孟秋所作《题扇头读书图》八首[4]中的两首得到证实，其四云："腰拳齿豁一经生，雠校编摩岁月赢。俯首不知秋色老，任他杂树乱蝉声。"其五云："坐啸行吟历岁年，何须瀛海觅神仙。个中丘壑悠然意，掉臂凌风一洞天。"但《古今图书集成》的前身《汇编》虽然可以说是陈梦雷所编，而《古今图书集成》的编纂，则只能说是由他来主持，而非如之前一样，由他来独立完成的。

从前引两段陈梦雷之文可以知道，在康熙四十五年（1706）《汇编》完

---

[1] 《松鹤山房文集》卷一。
[2] 《渊鉴类函》玄烨御制序，文渊阁《四库全书》本。事实上，真正应该能够代表康熙时期学术政策的，就是与《古今图书集成》同年开始编纂的官修《渊鉴类函》。不过，《渊鉴类函》主要是以明代《唐类函》为蓝本增补扩充而成，虽然从方方面面来说，更能体现康熙朝的学术水平和学术眼光，但在集大成这一点上来说，却较逊于《古今图书集成》。关于《渊鉴类函》的详细情况，可参戴建国《〈渊鉴类函〉研究》，华东师范大学2009年博士论文，指导老师刘永翔教授。
[3] 关于《古今图书集成》与康熙时期学术的关系问题，可参拙文《康熙末年的学术与〈古今图书集成〉》。
[4] 《松鹤山房诗集》卷八。

工之时,其卷数约计为三千六百余卷。而至四十八年,奉天李炜序《松鹤山房诗文集》云:"(先生)所学浩浩无涯,往古之书皆已读之矣,凡有关于道统治化、象纬典制者,悉考订为《汇编》,为卷三千六百有奇。"①还是三千六百多卷。又其《水村十二景》之小引有"其下书室三楹,贮所著《汇编》三千余卷,校阅之暇,泛艇渡河"②云云,此诗后附陈氏自识云"此题拟于壬辰之春,诗成于癸巳之秋",壬辰系康熙五十一年(1712),故其小引亦当作于此时。而此时,还是三千六百多卷。又娄江王揆序云:"省斋先生……侍诚亲王殿下辅导先后,以文章为职业。先生于是研精覃思,撰集类书三千余卷,牢笼三才,囊括万有。此书成,于以藏之名山,传之其人,洵不朽之盛业矣。"③长白能吉图序所言大致相似。两序未署时间,但大概也在康熙四十八年到五十二年间所作,所言《汇编》也都是三千余卷。众所周知,现在的《古今图书集成》是一万卷,可见,自从康熙四十五年完工后,陈梦雷于《汇编》一书,即使不是完全束之高阁,其修正也是有限的,如果说有,恐怕也仅仅停留在文字校勘等细节方面。当然,据前引《进〈汇编〉启》"以百篇为一卷,可得三千六百余卷……"而现在的成书,显然并非每卷百篇,即分卷是万卷还是三千六百余卷其实并非部头改变的关键。但无论如何,这个分卷的改变,应该不是在进呈之前完成的,也就是说,恐怕不是陈梦雷自己的主张。否则,从康熙四十五年至少到五十二年的数年中,这一分卷的变化不会完全没有体现的。再据雍正元年蒋廷锡、陈邦彦所上折云:"其修书人员,陈梦雷所取八十人,今除陈圣恩、陈圣眷已经发遣,周昌言现在缉拿,汪汉倬、金门诏已经黜革,其陈梦雷之弟陈梦鹏、侄陈圣瑞、陈圣策,应驱逐回籍。林镡、方侨、郑宽、许本植四人,皆福建人,系陈梦雷之亲,林在衡、林在莪二人,系已革中书林佶之子,亦应驱逐,李莱已先告假,王

---

① 《松鹤山房诗集》卷前。
② 《松鹤山房诗集》卷五。
③ 与能吉图序同见于《松鹤山房诗集》卷前。

之杖从未到馆,亦应除去外,存六十四人。"①可知在"古今图书集成馆"成立之后,人员大为充实。这些人中,相当部分应该只是校对人员,但其中一些,对于《古今图书集成》的编纂,显然也是颇有贡献的,如金门诏就是其中的典型。据裴芹研究:"顾悖量《东山文集序》中称:'圣祖朝,命大臣开馆辑《古今图书集成》,(招)[召?]试辇下诸生。见先生首列,独纂《经籍》,书成五百卷……'五百卷正与《古今图书集成》的《经籍典》相符合。《经籍典》里收有《辽金元史艺文志》,未署编撰者姓名,其实即出自金门诏之手,今亦收录在《二十五史补编》中。"②也就是说,《汇编》在进呈之后,不仅书名被改为"古今图书集成",而且在内容上也有了大量的扩充,而这些工作,虽然应该还是在陈梦雷的指导下进行的③,但毕竟已经不再是他个人的事业了④。

3.关于《古今图书集成》的进呈

如上所述,《汇编》一书,康熙四十五年修成之后,陈梦雷曾接连给允祉上《进〈汇编〉启》和《告假疏》,两文中均详述《汇编》成书之事,并以此为由,希望能够批准他告假南归。这两次告假,显然都没有得到许可。⑤而其后康熙四十八年、四十九年,陈梦雷又曾为告假一事上疏两次⑥,但这两次疏文与前两次显著不同的是,文中并无只言词组提及《汇编》一书。陈梦雷作为钦犯,他的一举一动都要有所限制,诸如出京南归等大动作,肯

---

① 《清内府刻书档案史料汇编》,翁连溪编,广陵书社,2007年,第95—96页。
② 见《古今图书集成研究》之《古今图书集成编纂考》,第37页。
③ 《世宗宪皇帝上谕内阁》卷二(文渊阁《四库全书》本)康熙六十一年十二月十二日上谕有"陈梦雷处所存《古今图书集成》一书……"云云,则陈氏必为此"古今图书集成馆"实际主持人,才会有"陈梦雷处所存"之说。
④ 据金门诏《明史经籍志小序》:"圣祖朝,集天下儒生修《古今图书集成》一万卷,令各分任一二百卷。门诏以经籍素所熟谙,遂独任《经籍典》五百卷,而以所增辽金元三史艺文志附入其中。"(见于金门诏《金东山文集》卷一,乾隆间刊本。)可知当时参与《古今图书集成》编纂时,分纂诸人的大概工作情况。
⑤ 《松鹤山房文集》卷一《告假疏》末陈氏自注云:"此疏修于丙戌之秋。再三哀恳吾王,未蒙赐允,竟未得达天听。从此遂患心痛之疾。"
⑥ 即《四十八年二月请假疏》和《四十九年请假疏》,均见《松鹤山房文集》卷一。

定是要得到皇帝本人批准的。因此,现在《松鹤山房文集》中的三篇请假疏,其实是请皇三子允祉代呈玄烨的。四十五年疏,现在可以肯定,玄烨一定不曾见过。而后两次得曾经御览,应该是可以肯定的。①但问题的关键不在此,而在于后两次疏文中,为何不再言及《汇编》一书呢?依我的愚见,之所以不再提及,是因为允祉的指示,是允祉希望能找到一个更恰当的时机,再来报告此书的成功,以谋取较大的利益。而这,也就是提及《汇编》的四十五年疏未被代呈的原因。直至康熙五十二年十月朔,钱塘乔逸人序《松鹤山房诗文集》依然云:"(陈梦雷)诗文在闽中作者,多余所鉴定。其在留都及京邸之作与夫《汇编》之纂,余亦尝寓目焉,大抵字字根于子臣弟友血诚,非独扬镳艺苑、树职骚坛而已。"②可知至少在康熙五十二年十月,此书尚在陈处,未经呈进。③那么,此书到底是何时进呈御览的呢?

康熙六十一年(1722)十二月十二日,也就是胤禛嗣位刚刚一月,就有上谕内阁云:"谕内阁九卿等,陈梦雷原系从耿逆之人,皇考宽仁免戮,发往关东。皇考东巡,念其平日稍知学问,带回京师,交诚亲王处行走。累年以来,不思改过,招摇无忌,不法甚多。朕以皇考恩免之人,不忍加诛,然京师断不可留。皇考遗命以敦睦为嘱,陈梦雷若在诚亲王处,将来必致有累。九卿等知陈梦雷者颇多,或其罪有可原,不妨直言,朕即赦免。如朕言允当,应将陈梦雷并伊子远发边外。或有陈梦雷之门生,平日在外生事者,亦即指名陈奏……陈梦雷处所存《古今图书集成》一书,皆皇考指示训诲,钦定条例,费数十年圣心,故能贯穿今古,汇合经史,天文、地理,皆有图记,下至山川草木、百工制造、海西秘法,靡不备具,洵为典籍之大观。此书工犹未竣,著九卿公举一二学问渊通之人,令其编辑竣事。原稿内有讹错

---

① 陈梦雷特意于四十五年疏后说明未被上呈,则未注明的《四十八年二月请假疏》和《四十九年请假疏》理应是曾被允祉代呈于皇帝的。
② 《松鹤山房诗集》卷前。
③ 如已进呈,则序文中势必会言及。

未当者,即加润色增删,仰副皇考稽古博览至意。"①正是这一上谕,引发了日后《古今图书集成》是否玄烨钦定的争议。但即使是在如此痛恨主持者的胤禛眼里,此书依旧价值非凡,故而有改派蒋廷锡、陈邦彦为正副总裁,以接续此事的后命。此书虽然没有因人而废,但对于主持人陈梦雷的痛恨却深刻得令人出奇。至雍正元年(1723)二月初十,上谕内阁云:"如陈梦雷罪大恶极,朕尚询问九卿大臣云:'陈梦雷如应宽宥,尔等秉公具奏。'佥云:'陈梦雷罪大恶极,断不可留,应行正法。'朕犹免其死罪,将伊一切恶款俱未详究,止坐以发遣之罪,系狱待遣。孰知陶赖、张廷枢竟将陈梦雷二子擅自释放,陶赖、张廷枢之罪甚大,朕犹欲保全大臣,免其治罪,止以降级结案。"②而据《清史编年》雍正元年正月二十二日:"因审拟陈梦雷一案徇纵,刑部尚书陶赖降四级调用,张廷枢降五级调用,侍郎王景曾降二级留用。"③从道理上讲,陈梦雷虽然是"从逆"之人,但既经玄烨赐其回京,以其一介书生的能量,不会引起皇帝如此的重视,虽然有"据允祉府中术士周昌言供:曾于礼斗时,祝愿保佑诚亲王沐帝欢心,传继大位。陈梦雷有一木牌,上面画一人像,旁边写有两行字'天命在兹,慎秘无泄,敕陈梦雷供奉'。他说这是甲午年(康熙五十三年,1714)拜斗之夜,风雨雷电,一声大响,木梁上凭空降下此牌,令我供奉,必是要我辅佐之意"的说法④,但这种事后的供认,多半是难以取信的。那么,究竟是什么原因,让胤禛竟悍然置"子三年不改父道"⑤的古训于不顾,对于这位年过七旬的老书生如此痛恨,乃至于连仅仅是依据惯例对其出关一事稍加宽限的两位尚书就加以如此严惩

---

① 《世宗宪皇帝上谕内阁》卷二。
② 《世宗宪皇帝上谕内阁》卷四。
③ 第四卷(雍正朝),中国人民大学清史所编,中国人民大学出版社,2000年,第5页。
④ 《清史编年》雍正元年正月二十二日条注,第5页。
⑤ 见于《汉书》卷二十七下之上《五行志七下》之上。

呢？①根据陈梦雷一生的行迹，无疑，只有《古今图书集成》一书，才是他晚年苦难的源泉。而正如前面所说的，胤禛对此书也是异常重视，那么，问题的症结就不在书的本身，而在与书相关的事情之中了。

据杨珍《清朝皇位继承制度》中分析，玄烨的十四子允禵以上的十一位成年皇子中，皇三子允祉、皇五子允祺、皇七子允祐、皇十二子允祹四人，属于非反太子党的中立派。②但中立派并非意味着对于储位没有幻想，而这四人之中，尤其以年长的皇三子允祉较有竞争力。

康熙晚年，尤其是在经历了第二次废太子事件之后，诸子对于皇位的争夺日趋激烈。但事实上，其中真正有实力来争取储位的，只有皇三子允祉、皇四子胤禛、皇十四子允禵三人而已。而其中三、四子两人，不但年龄相近，且都得晚年康熙的欢心。③皇三子允祉文化素养极高，且骑射、书法俱佳，尤其值得一提的是，他还是玄烨诸子中，算学水平最高的一位，与其父的共同兴趣颇多。这些，都是他在储位竞争中的有利因素。而尤其为其父所嘉许的，则为允祉洁身自好这点，据康熙四十七年九月庚辰上谕："至于三

---

① 胤禛对于陶赖和张廷枢两人，直至数年之后仍旧余怒未消，据《世宗宪皇帝上谕内阁》卷七十二雍正六年八月二十二日："上谕，陈梦雷系皈附耿逆之人，蒙圣祖仁皇帝宥其重罪，从宽发遣。后又开恩赦回京师，令其在诚郡王处行走。乃伊事招摇，交结邪党，意欲扰乱国政，其种种不法之处，朕知之甚悉。此诚国家之逆贼，不可一日姑容者也。本欲明正其罪，置之重典，因伊迹多关系诚郡王，若声张究问，则牵累匪轻，朕心实为不忍。是以于雍正元年仍令将伊发遣，不使留住内地，煽惑人心。似此重罪之犯，而刑部尚书陶赖、张廷枢于朕初登极之际，徇情枉法，故意宽纵，二人之罪，实不可逭。本应将陶赖、张廷枢实时正法，因陶赖等疏纵之案系隆科多参奏者，且在朕前极言陶赖平日贪赃妄行之处。朕知隆科多与陶赖、张廷枢原有嫌隙，意欲假公济私，是以特宽二人之罪，止令降职闲居。此朕莫大之恩，伊二人当深知感戴，省愆改过。昨陶赖藏匿勒什布赃私数万两，始初，该旗王大臣询问时，尚敢傲慢不恭，咆哮狂肆，不肯承认。及至奉加刑讯，始一一据实供出。目今此案尚未审结，将来陶赖自有应得之罪，另有谕旨。至于张廷枢名下应迫银两，皆贪婪不法之赃款，自当遵奉法度，速行完纳，何以抗廷被参？伊子张缙又称病家居，不肯供职效力，显系父子心怀怨望，又复倚仗声势，荡检逾闲，聚敛营私，剥削乡里，甚属可恶。张廷枢、张缙着革职拿问，交与该督抚严审，定拟具奏。若云士可杀而不可辱，伊等便应依律正法也。"又对于陈梦雷的严惩，可与同为胤禛政敌门客（皇八子允禩之门客）的何焯遭遇相较（何死后胤禛为其官复原职），也可与同因事获罪而以修书受到褒奖的方苞遭遇相较（何焯、方苞事可参《永宪录》相关部分），可见胤禛对于陈梦雷的痛恨，必有特别原因。
② 见该书第三章《嫡长子皇位继承制度（上）》，学苑出版社，2001年，第213—214页。
③ 可参冯尔康《康熙朝的储位之争和胤禛的胜利》五《胤禛结党图位》相关部分，见于《康雍乾三帝评议》，紫禁城出版社，1986年，第274—275页。

贝勒允祉，平日与允䄉甚相亲睦。所以诏允祉来者，因有所质问，并非欲拘执之也。伊虽与允䄉相睦，未尝怂恿为恶，且屡曾谏止允䄉，允䄉不听。此等情节，朕无不悉知。"①字里行间，无不透露出玄烨对于这位成年皇子的好感。正因为如此，所以虽然允祉的夺位活动较为平和，依旧受到了他的政敌如皇四子胤禛的强烈瞩目。因此，他们互相之间的防范，也就更加严密。康熙五十二年六月丁丑日，玄烨于热河行宫"谕和硕诚亲王允祉：律吕、算法诸书，应行修辑。今将朕所制律吕、算法之书发下，尔率领庶吉士何国宗等，即于行宫内立馆修辑"②。至八月甲子日返回畅春园后，又"谕和硕诚亲王允祉等修辑律吕、算法诸书，着于蒙养斋立馆并考定坛庙、宫殿、乐器，举人照海等四十五人，系学习算法之人，尔等再加考试，其学习优者，令其于修书处行走"③。据萧奭《永宪录》："（畅春）苑在京师西北，上时驻跸，计一岁之中，幸热河者半，余驻畅春者又三之二。"④故而，在蒙养斋编书⑤，可以与玄烨时时沟通，不仅方便父子间讨论算学、律吕，对于允祉而言，能够更方便地接触到皇帝，恐怕是其尤为看重的一点。而且，据我的个人看法，五十二年蒙养斋算学馆的这一设置，正是日后数年允祉集团用以谋取储位的大本营⑥，也正是这一机构的设置，让允祉本人对于储位的谋求，可以按部就班，逐步下手，之后的几种书籍的编纂、摆印以及《汇编》的进呈，无不

---

① 《圣祖仁皇帝实录》卷二百三十四，《大清历朝实录》本，日本大藏出版公司据沈阳崇谟阁本影印，1936年，第6B页。
② 《圣祖仁皇帝实录》卷二百五十五，第13B页。
③ 《圣祖仁皇帝实录》卷二百五十六，第8A页。
④ 卷一，《清代史料笔记丛刊》本，中华书局，1959年版2007年第3次印本，第7页。
⑤ 蒙养斋，据王兰生《交河集》卷一《恩荣备载》："康熙五十二年九月二十日。诚亲王、十六阿哥奉旨：尔等率领何国宗、梅毂成、魏廷珍、王兰生、方苞等编纂，朕御制历法、律吕、算法诸书并制乐器，着在畅春园奏事东门内蒙养斋开局，钦此。"（道光十六年家刻本）则蒙养斋的位置也可确知。
⑥ 韩琦以为蒙养斋是因历算书籍编竣，所以撤销，从而导致康熙时代的科学活动最终偃旗息鼓。但我个人意见则是因其中涉及允祉与胤禛对于储位的争夺，所以蒙养斋才在胤禛继位之后被撤。韩说见其《康熙时代的历算活动：基于档案资料的新研究》，见于《史料与视界——中文文献与中国基督教史研究》，张先清编，《人文社科新论丛书》本，上海人民出版社，2007年，第60页。

与之相关①。

康熙五十五年（1716）九月，以皇八子允禩病伤寒一事，胤禛处置不当，引起玄烨不快。②这在当时表面上势均力敌的允祉、胤禛两兄弟之间，无疑都会产生此消彼长的感觉。而后此事虽然波澜不惊③，但在向来忌刻的胤禛眼里，未必不是一件深以为憾的事情。九月二十八日，玄烨驻跸畅春园④，与允祉的熙春园和陈梦雷所居松鹤山房近在咫尺⑤，如果允祉选择在此时进呈《古今图书集成》，结合当时的情势，无疑是对胤禛一个沉重的打击，也是允祉展现自己特长，借以引得康熙更加重视自己的一步好棋。晚年的康熙，本来就与允祉父子之情尤其深厚，往来密切，在其生前的最后十年中，除五十七年在皇太后的百日服孝期内，命停止朝贺筵宴外，其他的九次寿辰，有七年八次是在允祉的熙春园中庆贺的。另外两年，则是在胤禛的圆明园中度过。⑥在这种情势之下，允祉将陈梦雷负责编纂的《汇编》进呈，无疑可使一贯重视文化的玄烨龙颜大悦。从这个角度来说，过去那种认为此书为五十五年进呈的说法⑦，应该是有其根据的。而如果此说成立，则此书的进呈，更可以确认在九月下旬左右。这次的风波，虽然不曾发生最终的效用，表层上的高下未见分晓，但对于睚眦必报的胤禛而言，允祉在其张惶失措之际出此一招，实在是令其痛恨之至。这也就是他继位不久，就将陈梦雷迅速处理的原因所在，即陈梦雷作为允祉的替罪羊，必须在第一时间就

---

① 但与陈梦雷不同的是，算学馆众人受到允祉的牵连较小，这或许一则因为算学馆所修《律历渊源》全书是康熙全力扶持，"每成一卷，皇上复字字斟酌，使无遗蕴"（《清内府刻书档案史料汇编》，第86页），确属康熙御纂，且其随成随进，并未对胤禛形成落井下石印象的缘故。
② 《圣祖仁皇帝实录》卷二百六十九，九月十八日至二十七日。
③ 杨珍认为，此事说明玄烨仍然将胤禛视为与允禩关系密切之人。参《清朝皇位继承制度》第四章《嫡长子皇位继承制度（下）》，第314—316页。
④ 参《康熙起居注》，中国第一历史档案馆整理，中华书局，1984年，第2312页。
⑤ 《松鹤山房诗集》卷前诸葛瑞序："辛卯孟夏，乃得谒先生于松鹤山房，斋联王宫，离畅春苑五里许。"
⑥ 参《圣祖仁皇帝实录》相关年份。详参苗日新《康乾盛世的熙春园》一文，见http://www.tsinghua.org.cn/alumni/messageshtml/6101/1158720795793.htm。
⑦ 参裴芹《古今图书集成研究》之《古今图书集成编纂考》，第35页。

要受到清洗。而这一清洗，同时又是作为一个信号，借以传递给他当年的政敌——包括允祉在内的那些同样参与储位竞争的兄弟们，这就是对立的下场。

二、《古今图书集成》所用铜活字

清代内府铜活字印书，大概存世八种[1]，即《御定星历考源》六卷，康熙末年印本[2]；《御制钦若历书》上编十六卷下编十卷表十六卷[3]，康熙末年印本；《律吕正义》，康熙晚期印本[4]；《御制数理精蕴》五十三卷，康熙末年铜活字印本[5]；《古今图书集成》一万卷目录四十卷，雍正初年印本；《妙圆正修智觉永明寿禅师心赋注》四卷，雍正初印本；《御制宝筏菁华》二卷，雍正初印本；《金屑一撮》不分卷，雍正初印本。这些铜活字印书，现在研究界

---

[1] 参翁连溪《清代内府刻书图录》之《清代内府刻书概述》七《清代内府铜活字印书》相关部分，北京出版社，2004年，第42—43页。需要说明的一点是，活字印刷在中国古代并不被重视，一般情况下只是权宜之计，这有很多文献和事实可以证明。内府铜活字同样如此。在玄烨、胤禛眼里，这批铜活字恐怕难逃"奇技淫巧"之讥，所以并不十分在意。这也就是为何耗资巨大的这批活字，在制成之后仅仅刷印了寥寥数种书籍的原因，也是在短短二十余年中，便被窃不少的原因。据康熙六十一年"臣何国宗、梅毂成、王兰生等谨奏为恭请颁发《御制律历渊源》序文事"："（《律历渊源》）共成书一百卷……现在缮写校算，付武英殿刊刻，约计明春告成。"（《清内府刻书档案史料汇编》，第86页）这个刊成于雍正二年的《律历渊源》，其实在此之前已经分为《御制钦若历书》《御制数理精蕴》和《律吕正义》三个部分，都有铜活字印本问世了。而此时又重新刻板印刷，最能说明以上所述现象。
[2] 此书各家都著录为康熙五十二年印本，但并未说明著录依据。据《四库全书总目提要》卷一百九子部十九·术数类二"御定星历考原六卷"条（文渊阁《四库全书》本）："康熙五十二年圣祖仁皇帝御定。初，康熙二十二年，命廷臣会议修辑《选择通书》，与《万年书》一体颁行。而二书未能画一，余相沿旧说，亦多未能改正。是年因简命待臣明于数学、音学者，在内廷蒙养斋纂辑算法、乐律诸书，乃并取曹振圭《历事明原》，诏大学士李光地等重为考定，以成是编。"则所谓康熙五十二年印本者，大概就是以此为依据的。但此处仅说是此年编就，并未说明为此年印成。
[3] 此书又名《历象考成》。
[4] 康熙五十三年十二月二十三日梅毂成奉上谕（转引自《梅勿庵先生年谱》，见于《李俨钱宝琮科学史全集》第九卷《钱宝琮论文集》，辽宁教育出版社，1998年，第135页）："汝祖留心律历多年，可将《律吕正义》寄一部去今看，或有错处，指出甚好。"则此时《律吕正义》的铜活字印本当已面世。但此书铜活字印本有四卷、五卷、六卷三版（参曹红军《康雍乾三朝中央机构刻书研究》第五章《清代中央机构之铜活字印书研究》第二节《清内府其他铜活字印本概述》，南京师范大学2006年博士论文，指导老师赵生群教授，第63—64页），未知此处所言为几卷本？
[5] 范景中以为此书为铜活字套印本，参其《铜活字套印本〈御制数理精蕴〉》，见于《故宫博物院院刊》1999年第2期，第88—91页。而翁连溪则以为此非套印本，其中朱色句圈均为手工钤印。

基本上已经达成共识,其所用为同一套活字。①那么这些活字到底是何时何处雕制的呢?②

康熙四十二年(1703)之后,朝廷采取以保证洋铜进口等多种措施,来扩充和稳定铜斤来源,并在一定时期内使得长期以来的铜荒问题基本得到解决。③而至康熙五十三年(1714)后,则因日本限制向中国出口,再度引起铜荒问题。到了五十五年,则已经到了"令京局暂行收买旧铜以充鼓铸"④的地步。因此,如果说《古今图书集成》馆成立于康熙五十五年,那么,此时以正值内外铜荒困境的情况下,是绝无可能再铸造铜字来从事印刷书籍等不急之务的。那么铜活字的镌刻,究竟始于何时呢?现在因为没有切实的文献资料,还很难断言。但康熙年间铸钱数量的变化,或许可以引为参照。康熙四十九年,铸钱二万九千七百九十六万三千四百有奇,而至次年,则已突飞猛进到了三万七千四百九十三万三千四百有奇,突然增额近七千七百万之多。⑤这一剧增,虽说与当时的经济状况息息相关,但是当时铜源充足,也是这一增长的必备条件。故而,将铜活字的镌刻时间大致断定为始于康熙五十年左右,应该是比较符合事实的。

另外值得一提的是,与这些内府铜活字印书相关的,还有一部铜活字印书,即陈梦雷的《松鹤山房诗集》九卷、《松鹤山房文集》二十卷。此书为铜活字本,绝无异议。但关于它的印制时间,也存在争论。过去的著录,都将其视为康熙五十二年本,而裴芹则认为:"从书内作品推断,五十二年是它出版工作的开始时间。《诗集》《文集》中都有少数康熙五十二年以后的作品。《诗集》'七言绝句'末有'补遗',其中收有康熙五十四年的诗作。

---

① 参范景中、翁连溪、曹红军文相关部分。
② 关于这批铜活字是镌刻而非铸造,已为学界共识,详参裴芹、翁连溪等相关研究成果。
③ 参《清朝文献通考》卷十四《钱币二》相关部分,《万有文库》第二集《十通》第九种,商务印书馆,1937年,第4977—4978页。
④ 同上,第4979页。
⑤ 铸钱数量参王先谦《东华录》"康熙八十六""康熙八十八",光绪十年长沙王氏刻本。

《文集》最晚的作品写于康熙五十六年三月或稍后。这反映，五十二年《诗集》《文集》都还没有最后编定。五十四年时《诗集》已基本编好，为了方便，采取'补遗'的办法来处理遗漏和新写的诗作。《诗集》中还有写于康熙五十六年的识语。由以上所述，我们可以判断，《诗集》的竣工最早不过康熙五十六年，《文集》竣工可能还要晚一点。"①这些说法，基本都不成问题，值得重视。但显而易见的是，《松鹤山房诗文集》所用铜活字与其他内府铜活字形制并不完全相同。所以，过去大家都将其视为两套完全不同的活字，认为二者之间并无关系。可事实上，正如裴芹研究发现的那样，《松鹤山房诗文集》的铜活字大概可以分为三种，一、粗壮方正型；二、细弱修美型；三、典型的宋体字，酷似《集成》字体。裴芹对此的解释是："《松鹤山房诗文集》的三类铜活字，第一种数量最多，第三种最少。组织铜活字的官员怎么会让技术低的人刻制多数字呢？所以，我认为，三类字反映了总体刻制水平和提高的轨迹。印刷书籍必得有一定数量的基本用字，因此第一类的字占了绝大多数。活字可以临时增刻，避免大量贮存活字造成铜材的浪费，又不必一次刻制太多的字，无谓地占用过多的铜材。多次刻制铜活字，每次总希望制作得美观一些，而刻制技术因此不断提高，就产生了《松鹤山房诗文集》活字多规格、多风格、同一字的字迹有细微差别的特殊现象。"②裴氏的说法，自然不错，可惜的是，他并没有将这第三种类型的活字与内府铜活字联系起来考察。

正如上文已经谈及的，康熙年间，曾经经历过数次铜荒风潮，但事实上，即使不存在铜荒问题，铜作为贵金属，其资源也是极其有限的。因此，若说在康熙晚期同时曾经存在过两套铜活字，实在是有些不可思议。据《四库》馆臣介绍："梦雷字省斋，闽县人。顺治己丑进士。官翰林院编修。缘

---

① 参其《〈松鹤山房诗文集〉的版本、铜活字问题》，见于http://blog.sina.com.cn/s/blog_446e04120100ide4.html。
② 裴芹关于《松鹤山房诗文集》所用铜活字的看法，均见其《〈松鹤山房诗文集〉的版本、铜活字问题》。

事谪戍，后蒙恩召还，校正铜板。"① 这里的陈梦雷在返京后"校正铜板"的说法，值得重视。即在距离这段时间不久后的《四库》馆臣眼里，陈梦雷在这一段时间的主要工作应该是"校正铜板"②。联系到康熙四十九年之后，陈梦雷再未有过告假之举，再结合前文所述康熙五十年前后，铜斤来源较充足的情况，那么，我们基本上可以从另外一个角度证实，大概就在康熙五十年前后，陈梦雷开始了铜活字的制作和试印工作。用来实践铜活字印刷效果的，就是他本人的《松鹤山房诗文集》。这也就是这部部头不算大的别集印刷会持续好几年的原因所在。而这，也就是《松鹤山房诗文集》中那些相对较少的宋体字部分与《古今图书集成》等内府铜活字本高度相似的原因③，因其本来就是同一套活字。而其他两种类型的活字未见的原因也很清楚，就是早就熔化重新利用了。而这批铜活字的制作地点，如果不出意外的话，也就在允祉的熙春园或者蒙养斋中了。

又有人认为清代宫廷铜活字的镌刻，是与意大利传教士马国贤及其传授的铜版画技艺有关，但这一点恐怕值得怀疑。虽然马国贤其人深得玄烨喜爱，且其后来制作的铜版画《避暑山庄三十六景图》（康熙五十一年至五十二年）也精良美观，但他初次制作版画，已经是康熙五十一年，而真正做到技艺纯熟，则已经到了次年。④ 而此年，陈梦雷主持的铜活字镌刻工作应该早已开始了。⑤ 所以，虽然马国贤的确为中国培养了第一批版画人才，

---

① 《四库全书总目提要》卷六经部六·易类六"周易浅述八卷"条。
② 因《古今图书集成》被胤禛上谕定为康熙御纂之书，所以馆臣在行文时不可能提及此事。
③ 如可以断定印刷较晚的《松鹤山房诗集》卷四《孙思哉邀登月峰》一诗，就是典型的宋体字。该诗作于陈梦雷二十七岁时，而其后的识语则是"偶检旧篇，四十年如一梦"后加上去的。这里的"四十年"即使是虚指，那也不会距离康熙五十六年太久。另外值得一提的是，即使在康熙五十五年《汇编》进呈之后，铜字的镌刻工作并未完全完成，这点不仅可由《松鹤山房诗文集》中印刷较晚的这些实物可以证明，也可参康熙五十五年十一月二十八日允祉奏："皇父览后，样子定准，再命一面缮写，一面镌刻。"见于《清内府刻书史料汇编》，第82页。
④ 参马国贤《清廷十三年：马国贤在华回忆录》，李天纲译，上海古籍出版社，2004年，第58页，第62—63页，第71页。
⑤ 更何况，康熙当时所以开蒙养斋算学馆，其目的就是要扶持中国自己的科技人才，排除西洋传教士的影响力。所以蒙养斋中，西洋人寥寥可数。若是再依靠马国贤来指导活字的镌刻工作，则完全违背了其消除西洋人影响的初衷。关于康熙此期对于传教士的态度，可参韩琦等相关研究成果。

但他们的作用，主要是发生在日后乾隆时期的铜版画战图上[1]，如《平定伊犁回部战图》《平定两金川战图》《平定台湾战图》《平定安南战图》等，并不能对同时已经镌刻精美的铜活字发生多大的影响力。且马国贤及其受业的徒弟们，采用的版画制作方法，都是线蚀法，与铜活字的镌刻，完全是两种方法。

辛德勇《重论明代的铜活字印书与金属活字印本问题》："铜是贵金属，与同一重量的铜钱差相等值。"[2]这个说法虽然有很大问题[3]，但二十余万铜活字中蕴藏的经济价值相当可观，确是事实。这批被雕为宋体的铜活字，具体价值如何，已经很难考究，但可以参考的是道光年间福建林春祺以私人之力镌刻铜活字的情形："岁乙酉捐费兴工镌刊，时春祺年十八。至丙午而铜字板告成，古今字体悉备，大小书籍皆可刷印，为时二十载。计刻有正韵、笔划、楷书铜字大小一各二十余万字。为之实难，成更不易，中间几可而不成者屡矣。今幸成此铜板，则古今宿儒硕彦有所著述无力刻板与夫已刻有板而湮没者，皆可刷而传之于不朽。是春祺不惜耗费二十余万金，辛苦二十年，半生心血，销磨殆尽，岌岌乎黾勉成此，庶亦勿忘夫祖与父之夙志云尔。"[4]也正是因为这个原因，至乾隆九年"奏准，将铜字库所贮铜字、铜盘交该处销毁。"[5]但这批铜活字是否仍有劫余留存，也需深入探究，如北京瀚海拍卖

---

[1] 参阎辉《清代战图类宫廷版画研究》，见于《美术研究》，2006年第3期，第50页。
[2] 见于《燕京学报》，新第二十三期，北京大学出版社，2007年，第99—154页。
[3] 铜活字的材质、质量怎样，现在很难断定。但就铜钱而论，除去它本身作为货币的附加价值之外，不仅各局所铸的质量不同，就连材质，都有黄铜、红铜等差别，所以泛泛而言同一重量即价值相近，实在不可靠。即使仅就黄铜铸钱而论，其各时期及各地的成分都有所不同，其概可参周卫荣《中国古代钱币合金成分研究》第三部分《中国古代钱币合金成分的特点与意义》第二章《黄铜铸币》第一节《黄铜铸币合金成分的分布及其特点》二"清代"2"康熙通宝"部分，《中国钱币丛书》甲种本之十三，中华书局，2004年，第436页。
[4] 《音论》卷前《铜板叙》，道光末年福建侯官林氏福田书海铜活字印本。
[5] 《钦定大清会典事例》卷九百六《内务府》"武英殿库作"条，嘉庆刊本。又可参乾隆帝《御制题武英殿聚珍版十韵》："埏泥法似疏，毁铜悔悔彼。"自注："康熙间，编纂《古今图书集成》，刻铜字为活版。排印藏工，贮之武英殿。历年既久，铜字或被窃缺少，司事者惧干咎。适值乾隆初年京师钱贵，遂请毁铜字供铸，从之。所得有限，而所耗甚多，已为非计。且使铜字尚存，则今之印书，不更事半功倍乎？深为惜之。"见于《钦定武英殿聚珍版程序》卷前，乾隆间武英殿聚珍版印本。

有限公司在其2001年春拍"古籍善本"专场中，即曾推出所谓乾隆铜活字一盒，计四百三十六枚，并介绍说其中"弘"字不避讳。但众所周知，乾隆帝时避讳极其严格，如果真是乾隆年间活字，断无不避讳的道理。因此，如果这批活字确是清代中前期的留存，那它很有可能就是当年曾经刷印过《古今图书集成》的部分活字。[①]

综上所述，本文主要说明的问题有以下几个点：一、虽然《古今图书集成》是清代初期最重要的也是最大部头的一部类书，但它的缘起，完全是与陈梦雷自己的经历有关，是他早年的构想与他的报恩心态的驱使，才使得这部大书得以成型。虽然此书恰好能够与康熙年间的文化学术政策与趋向相吻合，成为这一时期文化学术发展的代表，却不应该反过来以之作为这一时期文化学术政策的成果而对其进行研究和探讨。二、《古今图书集成》的初稿《汇编》，我们在没有发掘到进一步的数据之前，可以姑且认为它是陈梦雷以一己之力完成的。但在此书进呈之后，已经有很确切的证据可以表明，陈梦雷此时的身份已经转化为一位主持人，而非身体力行的编纂者。三、《古今图书集成》的进呈，在陈梦雷的府主皇三子允祉眼中，是一个能够加重他在争夺储位斗争中地位的筹码。何时进呈以使得此一筹码发挥最大作用，才是重点。而康熙五十五年的进呈，虽然不至于使允祉的愿望实现，却使得其政敌皇四子胤禛怀恨在心，必欲报此一箭之仇。这也是胤禛继位伊始即将陈梦雷再次流放的原因所在。四、《古今图书集成》所用铜活字，就是陈梦雷《松鹤山房诗文集》所用铜活字的改良品。这批铜活字应该是在康熙五十年前后开始镌刻的，而其工艺恐怕也并非受到西洋人马国贤的指点。

原载于《中文古籍整理与版本目录学国际学术研讨会论文集》，2013年

[①] 按：此文写成良久，偶遇宋平生教授于复旦大学，据宋先生云，这批活字肯定与《古今图书集成》无关。虽然如此，但类似的古代铜活字的留存仍然偶见于市，也不能完全否定均与这批活字无关。

康熙末年的学术与《古今图书集成》*

一

作为一位庞大的专制国家的统治者，康熙皇帝的一言一行、一举一动，在很多方面，无疑都会深刻地影响到整个国家，所谓"上有好者，下必甚焉"，说的就是这个道理。法国传教士白晋（J. Bouvet，1656—1730）认为："现在康熙皇帝渴望复兴灿烂的文化，而达到这一目的的最好方法，则是着手重视各种学问。康熙皇帝为在国内重新发展科学和艺术，从而使自己统治的时代成为太平盛世，除以勤奋钻研学问和艺术的行为垂范于万民，并宣传这种精神，此外别无良策。"②白晋的说法，其实有些似是而非。事实上，康熙皇帝对于学术方面的兴趣，自始至终，从没有完全扩及整个国家。这个状况，与其说是人民的懈怠，倒不如说是康熙皇帝自己有意的选择。③康熙皇帝继位很早，勤勉好学，兴趣极广，而且天资很高，所以他的所好，基本上都还能达到一定的水平。而他着意限制其流布范围的，则并非其一般的爱

---

* 本文写作过程中，承复旦大学图书馆古籍部主任眭骏博士多次代为查找、传递相关文献，又承北京大学历史系博士候选人乔志勇先生、复旦大学古籍所副教授季忠平博士、厦门大学历史系副教授李智君博士多方攻错，特此致谢！

② 见《康熙皇帝》，赵晨译，黑龙江人民出版社，1981年，第39页。

③ 参法国传教士张诚（Gerbillon, Jean Franois, 1654—1707）《张诚日记》："他（康熙皇帝）告诫我们，不要在我们所去的衙门里翻译任何关于我们的科学的东西，而只在我们自己家里作。"陈霞飞译，商务印书馆，1973年，第72页。又据韩琦文，康熙对法国传教士安多（Antoine Thomas, 1644—1709）也有过类似的指示，见其《康熙时代的数学教育及其社会背景》（见于《法国汉学》第八辑"教育史专号"，中华书局，2003年，第434—448页）再如，康熙曾于《圣祖仁皇帝庭训格言》（雍正六年内府刻本）中夸耀道："朕凡所试之药与治人病愈之方，必晓谕广众。或各处所得之方，必告尔等共记者，惟冀有益于多人也。"但对于法国传教士巴多明（D. Parrenin, 1665—1741）向其传授的西方解剖学等先进的医学知识，他却认为："此乃特异之书，不可与普通文籍等量观之，亦不可任一般不学无术之辈滥读此书。"转引自潘吉星《康熙与西方科学》，见于《自然科学史研究》第三卷第二期，1984年，第184页。

好，而基本上都是与当时传入的西学有关。而他之所以要限制这些知识的传播，则或许与他内心深处所深藏的西学中源说相关①，这一点，可以从其以下言论中窥见端倪："《书经》者，虞夏商周治天下之大法也。《书传》序云，二帝三王之治本于道，二帝三王之道本于心，得其心，则道与治固可得而言矣。盖道心为人心之主，而心法为治法之原，精一执中者，尧舜禹相授之心法也。建中建极者，商汤周武相传之心法也。德与仁也，敬与诚也，言虽殊而理则一，所以明此心之微妙也，帝王之家所必当讲读。故朕训教汝曹，皆令诵习。然《书》虽以道政事，而上而天道，下而地理，中而人事，无不备于其间，实所谓贯三才而亘万古者也。言乎天道，《虞书》之治历明时可验也；言乎地理，《禹贡》之山川田赋可考也；言乎君道，则典谟训诰之微言可详也；言乎臣道，则都俞吁咈、告诫敷陈之忠诚可见也；言乎理数，则箕子《洪范》之九畴可叙也；言乎修德立功，则六府三事、礼乐兵农历历可举也。然则帝王之家，固必当讲读，即仕宦人家有志于事君治民之责者，亦必当讲读。《孟子》曰，欲为君，尽君道；欲为臣，尽臣道。二者皆法尧舜而已矣。在大贤希圣之心言必称尧舜，朕则兢业自勉，惟思体诸身心，措诸政治，勿负乎天佑下民、作君作师之意已耳。"②即天、地、君、臣、理及德与功，均可从儒家典籍《书经》中找到其依据。那既然如此，则人民只需认真领会中国固有的经典即可立功立业，又何必外求于传自西洋的这些微末小技呢？

康熙皇帝涉猎的西学范围很广，如天文学、数学、地理学、医学、测量学、音乐、逻辑等方面的知识，他都曾加以重视并学习。但他真正学有所得

---

① 关于西学中源说在清代的兴起与流布，可参《试论清代"西学中源"说》，见于江晓源、钮卫星《天文西学东渐集》，上海书店出版社，2001年，第175—387页。当然，会有人认为如律历、舆图之类的学问可能是因会危及皇权的统治而在传播方面受到刻意限制。但这种限制在康熙的后代子孙那里却表现得不是很明确，这又反过来证明康熙时期的这种局面是康熙帝出于别的缘故而有意促成的。
② 《圣祖仁皇帝庭训格言》。

的，则只是天文、数学和地理这几个方面。①但即使是对于这几个特别用力的学科，他也未曾将其兴趣推广于整个国家的人民，而只是以是否具备这些知识，来作为判别是非和鉴别汉人高级官员的依据之一而已。②因此，虽然西学曾经在朝廷上下盛极一时，却始终未能真正与整个国家的人民亲近过，而最终发生实质性的影响。③正如美国史景迁（Jonathan D. Spence, 1936—）在其《中国皇帝：康熙自画像》（*Emperor of China: Self-Portrait of K' ang-Hsi*）中所说的那样："历史该由大臣写，但皇帝应最终对所写的本朝历史负责。"④这些知识传播的有限性，无疑该由康熙自己来负责。

二

《古今图书集成》最终印刷完成时，康熙帝已经过世。所以，他对于这

---

① 康熙自己也曾说法过："朕尝习算法、天文、地理，靡不详究。"（《圣祖仁皇帝圣训》卷五，康熙四十九年三月己巳，文渊阁《四库全书》本）又云："朕于地理，从幼留心，凡古今山川名号，无论边徼遐荒，必详考图籍，广询方言，务得其正。"（《圣祖仁皇帝圣训》卷五十二，康熙五十九年十一月辛巳）但这些说法只是相较而言，事实上，意大利传教士马国贤（Matteo Ripa, 1682—1745）认为："皇上认为自己是个大音乐家同时还是一个更好的数学家。但是尽管他在科学和其他一般认识上的趣味都不错，他对音乐却一窍不通，对数学的第一因也所知甚少。"见于马国贤《清廷十三年：马国贤在华回忆录》第十一章，李天纲译，《域外汉学名著译丛》本，上海古籍出版社，2004年，第56页。
② 这一点，除了可参下引康熙帝自述所以学习算术之故外（见《圣祖仁皇帝庭训格言》第一八〇条），还可参熊赐履、李光地等人的遭际，见李光地《榕村续语录》卷十七"理气"中有关熊赐履一条（陈祖武点校，《理学丛书》本，中华书局，1995年，第814—815页）及韩琦《君主和布衣之间：李光地在康熙时代的活动及其对科学的影响》（见于台湾《清华学报》新26卷第4期，1996年12月，第421—445页）。
③ 这或许也与康熙的治理理念有关，他曾说过："为君之道，要在安静，不必矜奇立异。"（见《圣祖仁皇帝圣训》卷五，康熙五十六年十一月丙子）又曾说："孔子曰，民可使由之，不可使知之，诚为政之至要。"（见《圣祖仁皇帝庭训格言》）又，在江南民间，实际上数学科学（指广义的数学，包括天文、历算等诸方面）的教育和学习一直不绝如缕，其大概情形可参阮元《畴人传》为首的几种"畴人传"。但这种主要以书院和私人传授为主的教育方式，与康熙时期官方的教育范围和着眼点不尽相同，前者主要是基于对儒家经典的诠释和理解，后者则更偏重于适用性。
④ 《远东海外中国学研究——史景迁系列》，吴根友译，上海远东出版社，2001年，第128页。

部书的成就或者功用，完全未曾置评。①但康熙帝曾为官修的类书《渊鉴类函》作序，中云："学者或未能尽读天下之书，观于此而得其大凡，因以求尽其始终条理精义之所存，其于格物致知之功、修辞立诚之事，为益匪浅鲜矣。然则类书之作，其亦不违于圣人立言之意与？"②大概可以反映出他对于类书这种工具书的功用的认识深度。而其中尤其值得注意的是，他认为类书应该"不违于圣人立言之意"。这其实是等于在说，类书的编纂，也要遵循朝廷的意旨，反映朝廷的意志。③

《古今图书集成》作为一部完成于康熙晚年的巨型类书，以万卷的篇幅，成为这一时期最负盛名的学术成果。据该书卷前雍正帝的御制序云："（此书）成册府之巨观，极图书之大备。"④又云："是书亦海涵地负，集经史诸子百家之大成。前乎此者，有所未备。后有作者，又何以加焉！"可见当时对于此书所赋予的期望。既然如序言所说，那《古今图书集成》本该在诸多方面能更深入地体现出这一时代的特色学术的。但详细考察此书，却发现其中所反映的特色学术的比重，与当时事实上所呈现的，还是有所差距。而之所以如此，如前所述，是与康熙皇帝自己的心态分不开的。⑤但即便如此，由康熙的皇三子允祉全力资助而完成的这部《古书图书集成》，因其背景关系，人们不可能不会从其中窥见康熙末年朝廷学术发展的趋向。

---

① 或许曾发表过若干看法，但现在已经完全找不到相关记录了。不过，此书的编纂，本来就是皇三子允祉为了投合父亲的意旨，用以增加自己争夺储位的筹码之一（说见拙文《〈古今图书集成〉的编纂成书及其所用铜活字问题研究》），所以此书的收录范围和收录原则，一定完全以康熙本人的喜好为去取标准的。
② 文渊阁《四库全书》本卷前。
③ "圣人"一词，虽然一般来说是孔孟等先贤的专指，但在这里的语境下，将其理解为朝廷或者皇帝的代称，也不存在任何问题。更何况，以圣人来称呼皇帝，在古代中国本来就有此传统。而康熙帝自视为圣人之事，则更是为人所周知，不待辞费以为证明者。
④ 《古今图书集成》卷前，中华书局、巴蜀书社影印本，1985年。
⑤ 但御纂的《渊鉴类函》中不曾记录这些特色学术的原因却与此无关，因此书的编纂目的与《古今图书集成》不同，这一点，也可见诸康熙自己的言论。据康熙三十三年五月甲寅，"上谕翰林院：朕浏览载籍，见分类诸书虽各有所长，尚多未备。《唐类函》可谓详赡，然唐以后典故艺文，亦未采录。可依《唐类函》体例，自唐迄明，辑成完书，以资观览。"可知《渊鉴类函》的编纂，主要是为了寻章摘句，彰显艺文。

《宋史》卷六十八《律历志一》云："古者帝王治天下,律历为先,儒者之通天人,至律历而止。历以数始,数自律生。"律历一直是统治者所要操心的第一要务。再加上康熙帝幼年时的经历[①],所以康熙时期对于律历的重视可以说是空前的[②]。但即便如此,在《古今图书集成》中所反映出来的,却仅仅是康熙前期的成果而已,对于康熙二十二年之后的律历方面的研究进展,并没有任何记载。不过,《历象汇编·历法典》第五十卷《历法总部汇考》第五十中,虽然收录的康熙时期的内容仅仅十则,时限也只是到康熙二十二年为止,但其中所蕴含的意味,却很有象征意义。如其中康熙七年条记载:"《大清会典》康熙七年,命大臣会集西洋人及本监官质辩,复令礼部堂官与西洋人至午门测验正午日影。"[③]又康熙八年条:"又特遣大臣二十员于观象台测验,遂令西洋人治理历法。"这两条记载,显然就是康熙帝当年开始学习律历的动因。而《历象汇编·历法典》的第五十一至七十二卷、七十七、七十八、七十九、八十五至八十八卷、第一百三至一百七卷、第一百二十六卷,所收则为日耳曼传教士汤若望(Johann Adam Schall von Bell,1592—1666)于顺治二年进呈的《新法历书》及所附的《历法西传》《新法历引》《新法表异》等书。此书虽然较诸崇祯末年的《崇祯历书》稍有删改,但却基本上继承了其中的菁华。汤若望此书的编撰刊印,标志着欧洲天文学理论已被国家所吸取和利用,它是当时最主要、最全面地介绍和引进西方天文学的著作,而之后所编纂的《律历渊源》中的《历象考成》等,就是在此基础上修成的。《历象汇编·历法典》的第八十九卷至九十五,为比利时传教士南怀仁(Ferdinand Verbiest,1623—1688)的《灵台仪象志》。该书较多地涉及了西方近代早期的物理学知识和地学知识、光学知识、气象

---

① 《圣祖仁皇帝庭训格言》第一八一条:"尔等惟知朕算术之精,却不知朕学算术之故。朕幼时,钦天监汉官与西洋人不睦,互相参劾,几至大辟。杨光先、汤若望于午站外九卿前当面睹测日影,奈九卿中无一知其法者。朕思已不知,焉能断人之是非?因自愤而学焉。"
② 《圣祖仁皇帝圣训》卷五,康熙五十年十月辛未:"上谕大学士等曰:天文历法朕素留心。"
③ 第3429页。

学、热学知识等,并对西方的天文仪器等方面做了一定的介绍。虽然依旧是局限于明末《崇祯历书》的框架之内,但《古今图书集成》收录此书,即可说明当时的学术兴趣所在。另外,在《古今图书集成》的这一部分中,还收录了如《周髀算经》、《数术记遗》、谢察微《算经》、《梦溪笔谈》、《算法统宗》等古代传统算书,也是这一时期重视算学的一个反映。虽然当时实际上讲求的更为先进的能够代表欧洲算学发展水平的最新成果,如收录于《数理精蕴》中的《几何原本》《算法原本》等,在《古今图书集成》中并未得到揭示,但这正说明了康熙帝对于这些知识的认知态度,即只是以自己的兴趣为满足,了解以"断人之是非",而不是希望将其推广、普及于整个国家的民众中。

康熙末年的地理学,成就最卓著的,无疑就是《皇舆全览图》的编绘。康熙皇帝自己,对此成果实际上也相当重视,如他曾"上谕内阁学士蒋廷锡曰:《皇舆全览图》,朕费三十余年心力始得告成,山脉水道俱与《禹贡》相合。尔将此全图并分省之图与九卿细看,倘有不合之处,九卿有知者,即便指出,看过后面奏"①。这样做的目的很明确,显然是希望此图能够更加准确、实用。此图的测绘,发端于康熙四十六年,完成于康熙五十七年②,代表了当时世界范围内地图测绘学的最高水平,其质量正如李约瑟(Joseph Terence Montgomery Needham, 1900—1995)所说:"它不但是亚洲当时所有地图中最好的一幅,而且比当时的所有欧洲地图都更好、更精确。"③但这样显赫的成就,在《古今图书集成》中并未得到明显的揭示,如《方舆汇编·坤舆典》第三卷中,仍然只是收录了南怀仁的《坤舆图说》。而此书是为解说与之同年所刻的《坤舆全图》而作,据《四库全书总目》卷七十一:

---

① 《圣祖仁皇帝圣训》卷五,康熙五十八年二月乙卯。
② 这一时间段,是指该图的实际测绘时间而言。
③ 《中国科学技术史》(*Science and Civilisation in China*)第五卷第一分册,科学出版社,1976年,第235页。

"是书上卷,自坤舆至人物分十五条,皆言地之所生。下卷载海外诸国道里、山川、民风、物产,分为五大州,而终之以西洋七奇。《图说》大致与艾儒略《职方外纪》互相出入,而亦时有详略异同。"①其中所包含的地理知识的深度和精确度,显然与《皇舆全览图》所达到的高度不可同日而语。再如《坤舆典》第一百三卷《舆图部汇考》卷四十三至六十一,收录了从上古至明的相关坤舆文献。但事实上,即使是明代部分的文献,恐怕也没有被完全收录,这一点,可以从其标目止于"明一"而没有后续上得到证明。所以,更不用说是想借此来反映清代的成就了。所有的这些事实,都似乎说明了《古今图书集成》在收录这一领域成果时的局限与不足。不过,仔细考察《古今图书集成》,却发现《皇舆全览图》的成果在此书中实际上是有所体现的,其全国和各行政区的216幅地图,都在被删除原有的经纬线、泯灭了西学影响的痕迹之后,保存在《方舆汇编·职方典》所收的各行政区之前。这种事实上吸取皇家最新成果而不大肆宣扬的原因,恐怕也就是如上所说的康熙帝本人意旨的体现了。②

康熙时期,乃至其子孙的统治时期,朝廷所始终着力提倡的并奉为官方哲学的,非宋明理学莫属。③康熙帝曾说道:"学问无他,惟在存天理、去人欲而已。天理乃本然之善,有生之初,天之所赋畀也。人欲是有生之后,因气禀之偏,动于物,纵于情,乃人之所为,非人之固有也。是故闲邪存诚,所以持养天理,堤防人欲。省察克治,所以辨明天理,决去人欲。若能操存

---

① 文渊阁《四库全书》本。
② 一般来说,引用御制图书,即使不特别宣扬,至少也会如引用其他典籍一样,需要说明出处。事实上,《古今图书集成》对于引用的诸书,绝大部分都会标明其出处的。而引用的这些地图上,却不作任何标识,来说明其来源,这个现象,只能用编者是在刻意隐晦这一原因来解释。
③ 如清宗室昭梿《啸亭杂录》卷一"崇理学"云:"(康熙时期)宋学昌明,世多醇儒者学,风俗醇厚,非后所能及也。"又乾隆帝《清高宗御制文初集》卷十六《文庙碑文》:"钦崇至道,敷政教以淑群黎,法祖隆师,俾溥海内外无一夫不与被圣人之泽,朕志也。"

涵养，愈精愈密，则天理常存而物欲尽去矣。"①又据《圣祖仁皇帝实录》揭示，康熙帝认为："惟宋儒朱子，注释群经，阐发道理，凡所著作及编纂之书，皆明白精确，归于大中至正。经今五百余年，学者无敢疵议。朕以为孔孟之后，有裨斯文者，朱子之功最为弘巨。"②这些夫子自道，从中都可以看出康熙的思想倾向及尊奉的对象。作为统治工具的有机组成部分，宋明理学这一学问的传播和推广，在康熙时期，从来没有像之前所讨论的那些科学新知识那样，在传播方面受到阻滞。不但没有受到阻滞，反而是被不遗余力地大肆提倡。这一点，在《古今图书集成》中，也可以得到证实。如在《理学汇编·学行典》中，即收录了《周子通书》、《张子正蒙》、《近思录》、《朱子全书》、《性理大全》、邵子《皇极经世》、《朱子大全书》等大量理学方面著作的部分内容。可见，在对待何种知识在何种范围内传播这个问题上，康熙帝的分寸把握得极好，而包括其子允祉和陈梦雷在内的臣下也对这点心领神会，故而绝无逾越。

但《古今图书集成》的编者在对于不包括在康熙意欲限制传播范围之内的那些学科方面，却也能表现出不同寻常的学术眼光，如其对于字书等的收录方面，就是如此。当然，事实上，字学也是康熙帝所留心的一门学科，如他曾在述及《康熙字典》的编纂缘起时候说道："朕自幼留心典籍，比年以来所编定书约有数十种，皆已次第告成。至于字学，所关尤切。《字汇》失之简略，《正字通》涉于泛滥。兼之各方风土不同，语音各异。司马光之《类篇》，分部或有未明。沈约之声韵，后人无不訾议。《洪武正韵》，多所驳辩，迄不能行，仍依沈韵。朕参阅诸家，究心考证。如我朝清文，以及蒙古、西域、洋外诸国，多从字母而来。音虽由地而殊，而字莫不寄于点画。两字合作一字，二韵切为一音。因知天地之元音发于人声，人声之形象寄于字体。

---

① 《圣祖仁皇帝庭训格言》。再如康熙十二年九月甲戌："上曰：讲明道理，乃为学切要功夫，修己治人，方有主宰。若未明理，一切事务于何取则？又谕曰：学问之道，毕竟以正心为本。"《圣祖仁皇帝圣训》卷五，文渊阁《四库全书》本。

② 卷二四九，康熙五十一年。

故朕酌订一书，命曰《康熙字典》，增《字汇》之阙遗，删《正字通》之繁冗，务使详略得中，归于至当，庶可垂示永久云。"①而或许正是基于康熙帝对于字学的这种关注，在《古今图书集成》中，收录了不少在此之前数百年间沉寂已久的一些字书。如《理学汇编·字学典》第十一卷开始至卷三十五，又卷三十七至四十一，以三十卷的篇幅，分别收录了《尔雅》（释诂、释言、释训部分）、《方言》（杂释）、《说文解字》、《博雅》（释诂、释言、释训、释亲、释室、释器部分）、《干禄字书》、《佩觿》、《六书正讹》等书。尤其值得一提的是，后来因清人群起蜂拥加以研究，而成为一时显学的《说文解字》，也进入了《古今图书集成》的收录范围。而在此之前的明清之交，虽然已经有了方以智《通雅》、王夫之《说文广义》及顾炎武等对于《说文解字》的研究和推崇，但总体而论，《说文》及其研究在这一时期，还处于隐晦阶段。但也正因为这一点，才能说明《古今图书集成》编者的学术眼光，使得此书不仅能够总结过去的知识，成为当时集大成的一部学科总汇，也能尽量地反映当代学术发展，且能开拓学术途径，为将来的学术发展开辟新的领域。

三

如上所述，《古今图书集成》作为诞生于康熙末年的一部著作，无疑会留下很多康熙时代的烙印，对于当时的学术成果，也有着不少的记录和描述。但因康熙帝自身的兴趣等方面的缘故，事实上，当代的学术动向并没有在此书中得到很好的反映。尤其是在其实真正属于康熙时代特色学术的西学方面，《古今图书集成》的记录不仅严重滞后，而且很不全面。但是对于康熙帝积极提倡的宋明理学，书中则不遗余力，大肆搜罗。凡此，都是专制时代以帝王一己之好恶而影响到整个社会学术发展的恶劣后果的体现。除此之

---

① 《圣祖仁皇帝庭训格言》。

外，书中收录的一些文献还具有一定的前瞻性，对日后的学术发展能够产生指向作用。而无论是其反映不全面的如天文、历法、数学等学科，还是其颇具只眼而得以揭示的文字音韵学，虽然从来没有在民间学者的学术视野中消失，但真正要较为广泛地为学界所重视，还得等到十八世纪的晚期乾隆帝的时候。就这样，整整的一个世纪，绵延三代帝王的统治，而这些学术其实并没有得到充分的发展，甚至在天文、算学、地理等方面，就算没有大幅度的退步，至少也是在原地徘徊，踯躅不前。这些，都不能不说是专制时期，学术作为统治附庸的恶果。

原载于《韩国文化》，2012年第3期

《天禄琳琅研究》读后

这几十年来，国内的经济、文化基本上都处于一个稳定的上升时期。于是，收藏逐渐成为一个新的社会热点，很多人也因此而热议"盛世藏书"。但是不是盛世才利于藏书？其实完全是另外一个问题。不过，说到盛世藏书，就不能不提到清代乾嘉时期的天禄琳琅藏书了。

存放天禄琳琅藏书之清宫昭仁殿

民国时期昭仁殿内"天禄琳琅"陈设（选自《盛世文治——清宫典籍文化》）

天禄琳琅的创意，应该是在乾隆四年的时候，这年的二月，弘历亲笔题写了"天禄琳琅"的匾额和联句。到了九年，正式下旨清点宫中藏书，选择其中宋元明本中的善本，移储于昭仁殿中。这个工作应该是持续进行了多年，所以，随着昭仁殿积书越来越多，到了乾隆四十年，弘历便命于敏中等人，将其中藏书编成了《钦定天禄琳琅书目》十卷，并收入《四库全书》之中。从此之后，这一皇家善本特藏的基本状况始得渐渐为人所知。但这部分藏书很不幸，在二十多年后的嘉庆二年，因乾清宫大火的殃及，都被付之一炬。应该是为了慰藉已经年迈的弘历，嘉庆皇帝颙琰下令搜集宫内收藏，重新建立天禄琳琅。仅仅七个月之后，由原来的主编之一彭元瑞主持编纂的《钦定天禄琳琅书目后编》即已问世，新的天禄琳琅藏书，也在昭仁殿再次建成。《天禄后编》所收这部分图书，实际上就是一般所说的"天禄继鉴"了，虽屡次遭逢兵燹战祸及动荡时局，竟然大部分都安然留存至今。

根据人民网2013年1月24日的报道："中新社北京1月23日电（陈小愿 蒋涛）台北'故宫博物院'院长冯明珠一行23日在北京参访国家图书馆，向国图商借《天禄琳琅书目》的部分书籍，以促成年内在台湾合璧出版并展出。"报道中还引述冯明珠女士的话说："希望台北'故宫'和北京故宫、国图一起合作，把天禄琳琅的联合书目编出来，进而做出图录、书志，最后实现再造古籍。让这批分别典藏于两岸的书合璧出版，对整个文化界是莫大的贡献。"报道又说："据悉，台北'故宫'2013年10月将以'乾隆的艺术品位'为主题办展，囊括收藏、鉴赏、制作以及艺术生活等主题。冯明珠表示，此次向国图商借书籍，除希望能合璧出版外，也希望能在'乾隆的艺术品位'活动中展出。"台北"故宫"的这一举措，不仅彰显了两岸文化合作的广阔前景，更使得天禄琳琅这一中国古代最大的善本收藏进入了普通民众的视野之内。

但是，天禄琳琅藏书影响很大，历来都受到藏书家的珍视，因此也就产生了很多伪冒现象。伪冒，是从两个方向进行，一则是为了消弭窃书证据，

南豐曾子固先生集卷第一

詩

古詩

靖安縣幽谷亭

橫江捨輕檝對馬見青山行盡車馬路谷見水石處地氣芳以潔崖聲落潺潺誰為千家縣正在清華間風標凛凛人世慮自可刪況無詼諧得有觸詠閒常疑此中吏日吾當思還入情貫公頻燻燒就王班光華雖一時憂愴滿顏雞鳴已爭馳驊騮振鑣豈如此中吏日高未開閱一不謹所守名聲別妖孽豈如此中吏明心聞強頑況此一官左無癭情憒譟謀誚汩汩氣象庶詎如此中居一亭衆峰環聲夢猶聞谷秀分可攀倚天嶒巖姿青對之和神怡可謝世網艱人生慕虛榮斂收意常既誠恐此憂愴目應責榛菅

哥舍宅

书贾往往会裁去前后副叶的天禄诸玺,如民国六年二月袁克文所购元刊《诗人玉屑》及民国七年傅增湘经眼的明刊《李太白诗》都是如此,其原因正如袁克文所说:"盖因当时自内府窃出,恐为人所指摘耳。"另一种方式,则是以普通本加盖伪印,冒充清宫旧藏,以抬高身价。这个现象,不仅在公藏单位的藏书中时有所见,在各大拍卖场上,也是频频现身。除此之外,还有将真本的部分书页裁下来,钉入普通本内,移花接木,以次充好。如现存国家图书馆的一部明版《春秋经传集解》。原装十五册,除第一册首页序上有"乾隆御览之宝""天禄继鉴",下有"谦牧堂藏书记"外,不见其他印记。而事实上,《天目后编》所载的揆叙旧藏的这部《春秋经传集解》是明覆刻元相台岳氏本,现存卷四至卷三十,计二十七册,藏在台北"故宫"中。国家图书馆所藏的这一部,不过是将原书第一册前的七叶序文单独拆下来,装订于一部明天放庵刻本之前,以冒充皇家旧藏。而尤其是在清末以来,随着社会的动荡,清宫藏品陆续流散出外,伪冒现象变得突出。因此,如何鉴别天禄旧藏?天禄琳琅的形成和内容如何?《天禄琳琅书目》的影响如何?其著录方式及成果是否能够起到一种典范作用?诸如此类的问题,无论是对于这一中国古代最大的善本收藏研究、还是对于包括冯院长所倡议的天禄展览合璧及天禄再造,都是一个极其重要的先决事项。但遗憾的是,从《天禄琳琅书目》在乾隆四十年问世至今,已经过去了三百多年,对于这些问题,虽有局部研究,但整体上的把握仍然远远不够。不过,这一局面现在已经得到了彻底改观,那就是2012年面世的刘蔷博士的《天禄琳琅研究》一书。在此书中,刘博士对这些问题,都做了极其精到的研究与说明。

之前对于"天禄琳琅"的研究,主要存在以下一些空白之处:如这些藏书究竟自何处而来?如何在短时间内迅速积聚?是否曾有所利用?《天禄琳琅书目》前、后编都是在数月内编纂完毕的,当年是否曾专门设馆?三十六万字的内容如何写就?各位编纂者作用大小、贡献多少?与《四库全书》的编纂有何关系?嘉庆以后是否尚有《三编》《四编》之举?如何鉴定天禄琳琅书？众多钤有皇宫宝玺而未被《天禄琳琅书目》著录之书该做何解释？究竟是否还有《前编》书存世？被溥仪兄弟窃运出宫的天禄琳琅书其后流散何处？留在北京故宫的书有多少随"国宝南迁"到了台湾？余下的以及后来自民间购回的书何以五十年代又被转交当时的北京图书馆？天禄琳琅书的版本真实面貌如何？其中到底有多少版本鉴定讹误？究竟有多少部天禄琳琅书保存至今？现藏在哪里？这些书研究价值如何？《天禄琳琅书目》体例上有哪些特点？对后世善本书目的编写有何等影响？《天禄琳琅书目》在目录学、版本学史上的地位如何？等等。而《天禄琳琅研究》一书，其实就是主要针对这些问题，而予以——解答。

刘蔷博士的《天禄琳琅研究》一书，力图对于整个天禄琳琅藏书及《天禄琳琅书目》进行全面的研究，不仅应用版本学、目录学研究方法，而且以严谨的学风，力争在对相关信息一网打尽的基础上，进行扎实的文献考证。言之有物，不坠空谈，并多所创见。纵观全书，其内容其实可以分成两个部分，一是清宫天禄琳琅藏书研究，中间包括根据《天禄琳琅》两种目录所知之书的研究和《天禄琳琅》两种目录中所载之现存书的研究。另一部分则是对两种《天禄琳琅书目》的研究，包括该目的编纂、体例、成就及其影响等等。具体而言，此书各章的关注点如下：

第一章，清宫"天禄琳琅"藏书始末。理清这批善本特藏的来源、特征、焚毁、重建、数量、典守、利用、维护、散佚等基本问题。其中辑录旧闻，再考《天禄琳琅前编》书被毁的疑案，凿实其被毁于乾清宫大火之说；以存世实物印证文献记载，再现《天禄琳琅前编》书用印的原貌，辨析《前》《后编》书各自不同的外部特征；备述自清末民初直至二十世纪五十年代天禄继鉴书的流传散佚。

第二章，天禄琳琅书的现存状况及版本实情。根据近三年的广泛调查，全面揭示天禄琳琅书的存世状况，知《后编》书十存其九，并分地区概述其收藏源流及特点，各计数量、版本品种。

孫將有晉國焉
此詩未見其必
爲沃而作也

○綢繆刺晉亂也國亂則昏姻不
得其時焉
此但爲昏姻者相得而喜之
詞未必爲刺晉國之亂也

○杕杜刺時也君不能親其宗族
骨肉離散獨居而無兄弟將爲沃
所并爾

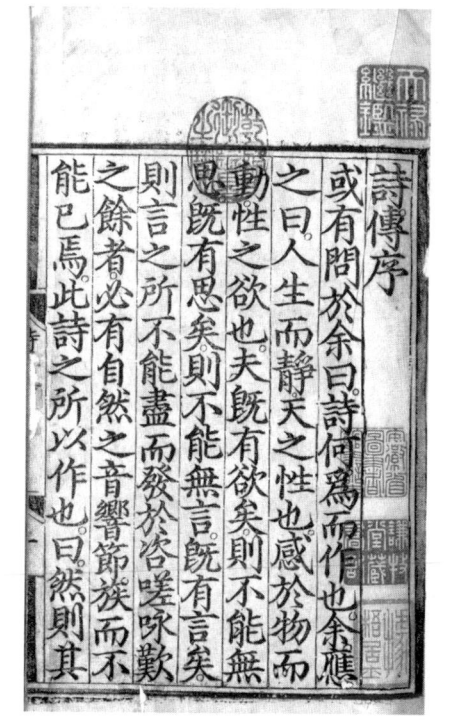

詩傳序

或有問於余曰詩何爲而作也余應
之曰人生而靜天之性也感於物而
動性之欲也夫既有欲矣則不能無
思既有思矣則不能無言既有言矣
則言之所不能盡而發於咨嗟詠歎
之餘者必有自然之音響節族而不
能已焉此詩之所以作也曰然則其

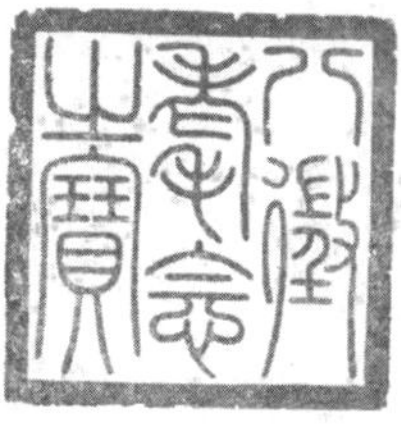

明正統十二年司礼监刻《诗集传》

清乾隆内府写本《天禄琳琅书目》前编十卷

天禄琳琅旧藏珍品

第三章，《天禄琳琅书目》的编纂。详考《天禄琳琅书目》前、后编的编纂背景、编纂过程，首次提出"目外书"现象，认为其产生原因与编目过程中的选余和续入有关。探讨于敏中、彭元瑞等编纂者各自贡献，《天禄琳琅书目》中体现的乾隆帝的作用及其善本观。据清人档案、日记、笔记所载，以及存世清宫藏书上的线索，考觅当年编纂《天禄琳琅书目》"三编""四编"踪迹。最后依抄本、刻本及铅印本、批校本三类，分述《天禄琳琅书目》现存版本情况。

第四章，《天禄琳琅书目》的体例及其影响。剖解《天禄琳琅书目》在编排、著录、分类和收录四方面的特点，并从编纂体例、目录体裁、"重在鉴藏"之编目思想三方面，条分缕析其对当时及后世版本目录之影响。

第五章，《天禄琳琅书目》的版本学成就。作为一部版本目录，《天禄琳琅书目》从直观的版本描述，展现历代版刻风貌，到版本鉴定方法和书贾作伪的揭示，以及对一书众本版本源流的考订，几乎囊括了版本学研究的各个方面，在广度与深度上都超迈前人，丰富了版本学研究的内涵，在实践中形成了自己的独特成果。在归纳、分析其中的版本鉴定错误时，与存世书之审定版本相互对勘，得出整部《天禄琳琅书目后编》版本误判比例高达三分之一、而宋元版部分更是几近三分之二的结论。最后从主观、客观两个方面探讨其致误原因，客观评价这部书目的学术地位。

根据对此书的核考，我们可以了解，作者在考察天禄琳琅藏书始末时，是通过访查《东华录》《起居注》《清实录》及清宫旧存盘案和民国时期档案、文书清册等第一手资料，来梳理"天禄琳琅"特藏建立、损毁、整理和流散的历史原貌的；又根据《敬孚类稿》《清宫述闻》等笔记、札记以及编目、点书诸臣的诗文集、日记中的相关记载，对这一问题进行深入讨论，将其放在当时的历史、文化背景之下，回到具体的历史语境之中，不孤立地看待这一事件，努力做到"论从史出"。在调查海内外收藏的原天禄琳琅藏书时，作者采用的是检寻历代书目、相关文献和实地目验相结合的手段，对其著录和现存状况进行全面清理与辨析。具体而言，就是首先逐一核对、条记民国以来清点及研究结果，如《天禄琳琅查存书目》《天禄琳琅现存书目》《溥仪赏溥杰书画细目》《诸位大人借去书籍字画玩物等糙账》《故宫善本书库宋版书目》《故宫善本书库元版书目》《各库提入天禄琳琅明版书目》《北平故宫博物院图书馆南迁书籍清册》《藏园群书经眼录》等，以及已出版的海内外图书馆古籍善本目录、善本书影与《中国版刻图录》《中华再造善本》等。展开实地调查，叙录每书之版本特征，对照《天禄琳琅书目》记载，分析其版本鉴定失误原因。在此基础上，作者完成了一份《天禄琳琅书目》所收书的流传存佚一览，包括书名、卷数、实际版本、收藏地点、残存卷数、册函数诸项内容，以及存世和曾有前人经眼之著录书的版本知见录。也就是说，前述冯院长所希望的"把天禄琳琅的联合书目编出来"的愿望，实际上已经被作者加倍实现了。在分析《天禄琳琅书目》体例特点时，作者采用了归纳的方法，进行了如"同书异本""同书同本""四部分类"等的详细统计，考察了嘉庆以后具有版本鉴赏性质的藏书目录、藏书志、读书题跋，如黄丕烈《百宋一廛赋注》、孙星衍《平津馆鉴藏书籍记》、张金吾《爱日精庐藏书志》、陆心源《皕宋楼藏书志》、丁丙《善本书室藏书志》、瞿镛《铁琴铜剑楼藏书目录》、张元济《宝礼堂宋本书录》等，探讨其体例与《天禄琳琅书目》之传承关系。在分析《天禄琳琅书目》版本学成就时，作者于细读文本的基础上，总结了其中的版本学内容，并注意与存世书之审定版本相互对勘，逐条比照，以判定其鉴定得失。

根据作者的研究，我们可以得知，《钦定天禄琳琅书目》前、后二编，创造性地模仿了书画鉴赏著录的体例，对善本图书的著录，完全以一种与以往不同的方式予以记录，从而突出这些藏书非凡的文物价值，并由此创建了我国版本鉴赏目录的基本程序，对当时以及后世的书目编纂、版本著录都产生了重大影响。与同时代另一部官修目录《四库全书总目》"辨章学术，考镜源流"的旨趣不同，《天禄琳琅书目》的编排、著录都是以版本为中心的，呈现出"考订版本，辨析源流"的鲜明特色，成为清代版本目录的典范之作。《天禄琳琅书目》中所体现的版本学成就，更是直接促成了清代版本学研究的兴盛发达。这部书目是中国封建社会公藏珍本书志空前绝后的杰作，具有特殊的研究意义。尤为可贵的是，《天目后编》与所录诸书并行于世，是现存唯一一组可以互为印证的书、目大宗材料，于版本学、目录学以及藏书史的研究都极具价值。但是由于存世的天禄旧书星散世界各地，严重限制了对其的整体研究，致使许多基本问题在过去都是语焉不详。

通过三年多来的调查研究，刘博士凭借一己之力，主要通过对清代以来公私藏书目录的爬梳整理，并广泛搜集了前贤时彦的成果，来补充《天禄琳琅书目》，正其错讹，辨其真伪。对于《天目前编》及已佚诸书，注明其散佚年月。又依据《中国古籍善本书目》及已出版之海内外公藏目录，在其条目下附录现存版本年代相同之他本，以裨参考。而对于《天目后编》著录的存世诸书，则努力一一目验，详细记录其现藏何处，判明其版本，详记其版本特征，叙述其递藏授受。其中凡是涉及版本或援为考订之资者，都特别详加记录，以辨析阐明其版本误判的原因。

如前所述，自清末动荡以来，天禄琳琅书即散出宫中，历经劫难后，现散藏于海内外各地。而本书作者的研究，既有历史事件的钩索，又有文献的辨析。作者希望借此努力，能够引起世人对天禄琳琅藏书的更多重视。台北"故宫"冯院长的倡议，无疑就是对于作者这一研究和期望的呼应。

刘蔷《天禄琳琅研究》书影

作为一名古籍相关方面的从业者，我个人特别关注的有两点。一是书中关于"目外书"和天禄"三编""四编"的研究。另外一点，就是刘博士关于确认这些天禄旧藏的努力。关于天禄琳琅书的存世状况，通过书中收录的"海内外现存天禄继鉴书分布、数量、版本统计"及"天禄继鉴书存佚状况、版本实情"两份一览表，我们可以清楚地知晓目前这批藏书的详细状况，即大概而言，《天目前编》书尽毁，《天目后编》书十存其九。而尤其值得注意的是书中提及的另外一个现象，即"目外书"和后来的"三编""四编"书。这些现象的总体状况，在过去的研究中，都很少或者根本从未有人提起过。事实上，目外书的现象，虽早在民国初期就有前贤已经加以注意了，如袁克文、傅增湘、张允亮等，尤其是当时任职故宫博物院图书馆馆长的张允亮先生，还曾编辑过《天禄琳琅录外书目》，共计收录543部公众藏书。但张氏所言者，应该是指宫中所有未曾入目的这部分善本书，与我们所言的目外书不同。刘博士书中所说的目外书，特指是不见于《天禄琳琅书目》前后编著录，但每册又钤有"天禄琳琅""天禄继鉴""乾隆御览之宝"诸玺印的昭仁殿藏书。存世的这部分目外书，依据书中钤印标志的不同，又可以分为"前编目外书"和"后编目外书"两种。从数量上讲，经刘博士数年的调查考察，这些目外书经其经眼者共计三十四部，其中前编目外书十四部，后编目外书二十部，另有一部中科院图书馆藏元刻《春秋名号归一图》二卷、《春秋二十国年表》一卷、《春秋图说》一卷，可能是御笔题书的"目外"之书。目外书产生的原因，大概有两种，一是选余书，即当时虽然选入昭仁殿收藏，但因原书残缺或主事者失误，在经钤盖了天禄诸玺之后，仍然未被收入《天禄琳琅书目》。其中《前编》的选余，又有可能被选入《后编》中，如《天禄后目》卷四所收的宋淳祐十年福州路提举史季温刻元明递修本《诸臣奏议》和卷八所收的影宋钞本《历代钟鼎彝器款识》，就都属于这种情况。另外一个产生的原因，就是续补增入之书。即在《天禄琳琅书目》前后编完成之后，又陆续搜集到昭仁殿的善本书籍，虽然也都加盖了天禄诸玺，但并未收入到

"前后目"中。而尤其是在"后编目外书"中，其实又包括了很大一部分后来可能入选《天禄琳琅三编》、甚至是《四编》的图籍。

据现存典籍可知，早在嘉庆初年，《天禄后编》建成后不久，宫中即开始着手《天禄三编》的建设，事实上，到了道光年间，此书已经定稿。直至光绪年间，此书的进呈本仍然保存于宫中，王懿荣还曾传抄一部，但可惜的是，现在无论是原本还是传抄本都已经不知下落了。另据叶昌炽《缘督庐日记》记载，光绪二十年左右，还曾拟编《天禄四编》，尽发慈宁宫和翰林院清秘堂、宝善亭所储的宋元本和内府藏书中未经前三次著录的各处藏书，以资检核。《天禄三编》和《四编》的著录体例，其实大多都是沿袭前两编的，而《四编》又特别增加了对于行款字数的著录，这一点，也可以视作学术进步在此书中的具体体现。不幸的是，这部续书尚未藏事，即遭逢中日甲午之战而从此中辍。但此书如同《三编》，也并无流传，且即当事人也无直接记录。故而，《三编》《四编》两种书目是否确实曾经问世，还难断言。但有一点可以肯定，那就是《天禄前编》《后编》之后，宫中确曾屡次补纂，流传至今的，不在少数。如刘博士在书中专列的"现存天禄琳琅三编书一览表"，就可作参考。

另外尤其值得钦佩的一点就是，关于如何鉴别天禄琳琅旧藏，刘博士不仅以身作则，以一己之力、数年之功，明晰了天禄琳琅版本及存世状况，且将其亲身实践中所领悟的经验与体会金针度人，一一分享于读者。这些经验与体会，落实在文字上，或者不过短短数百字，但其中蕴含的辛劳与眼界，却是非曾经三昧者不能体会。如1959年拨交国图的二百零五种天禄琳琅旧藏图书，多半至今尚未编目，全部都是只能以胶卷形式来比对版本。版本鉴定，以我的愚见，越是罕见的版本，越是需要以原书上手，细细考核。但因形格势禁，刘博士仅仅只能就胶卷所见之影像来进行甄别判定，其间难度和工作量之大，实在有不可为外人道者。而尤其值得称道的是，现今存世的六百多种天禄旧藏中，刘博士仅仅只有国图所藏的一百余种未曾直接寓目，

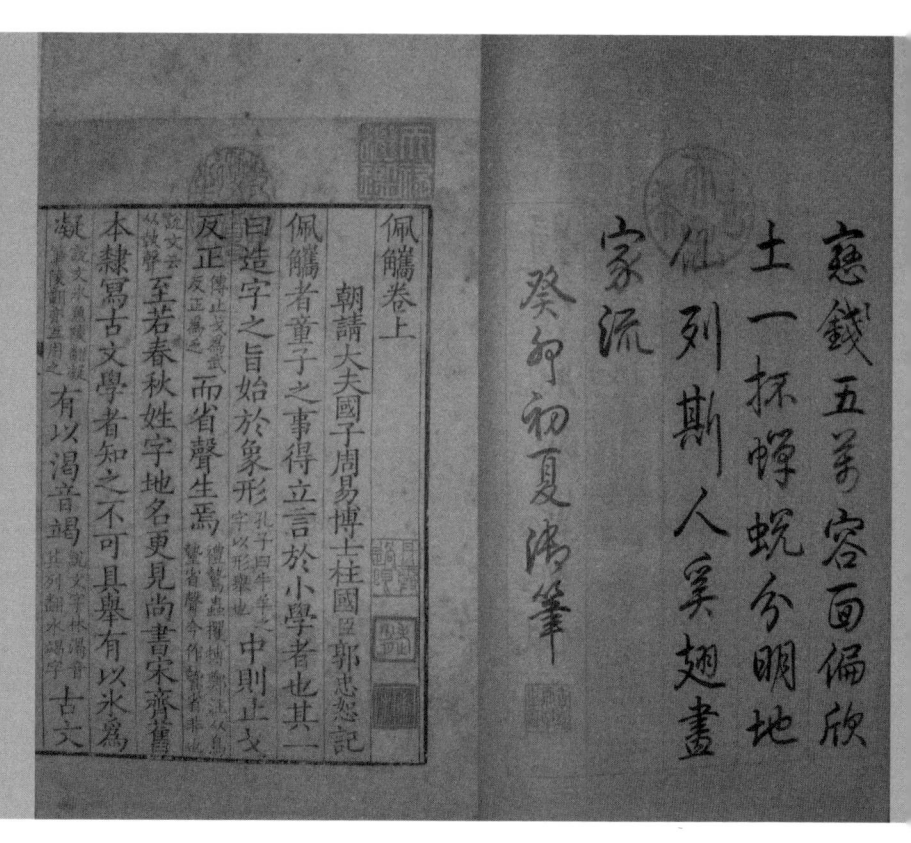

御题康熙四十九年《泽存堂五种》本《佩觿》

而是通过阅读胶卷来确定其版本的。除此之外，其他海内外公私所藏，都经其一一目验鉴别，此间所耗费的精力、心血，不言可知。而从中反映出来刘博士对于学术之挚爱与钻研之毅力，实在是值得我们从业者所追模。而即便是其未曾经眼的国图所藏部分，本来都是残卷，它们另外的部分，或者藏于其他地方，因此，即便说是存世者都经刘博士寓目，也基本上符合事实。

总之，刘博士《天禄琳琅研究》一书，不仅为我们揭开了过去蒙在天禄琳琅藏书上的种种面纱，而且以非凡的毅力，深入地探索了有关天禄琳琅藏书和《天禄琳琅书目》的种种问题。研究天禄琳琅的聚散、编目与利用，不仅是藏书学的重要内容，也是研究清代文化政策、文治活动及学术走向的相关组成部分，为审视清中期版本学、目录学及学术发展提供了富有价值的研究视角、观点和方法，并将有益于深化清代学术史之研究，以及构建更为详赡的古文献学史。而尤其值得庆幸的是，刘博士表示，她还将沿着现有研究思路，继续《天禄琳琅书目》中的"印刷史、藏书史内容""考证与辨伪""天禄琳琅藏书与《四库全书》之编纂"几个专题的研究，以期形成一个系统、全面的研究成果。这实在是一个值得学界翘首以盼的好消息，且让我们拭目以待她的新著早日问世吧。

按：刘博士已于2017年出版了《天禄琳琅知见书录》，可与本文所评的《天禄琳琅研究》互为补充，可谓是"天禄琳琅"相关研究的两座高峰。原文载于《中华读书报》，2013年6月26日。

《诸城金石志》解题

尹彭寿（约1835—1904后），字慈经，号祝年，堂号有校经室、小梅花馆、博石堂等，山东诸城人。光绪六年（1880），入济南尚志书院。光绪十一年（1885）拔贡，光绪十三年（1887），入成均校修石经。光绪十四年（1888）副榜。十七年（1891），经山东学政裕德表奏，上谕赏国子监学正衔候补教谕。二十四年（1898），署沂州府学教授，次年卸任，返尚志书院。二十八年（1902）又赴沂州琅邪书院任山长，三十年（1904）辞官，寓沂府闲居。晚清著名金石学家，与陈介祺、潘祖荫及王懿荣等，皆多往还。博雅好古，能书画，工篆隶，尤好搜访碑刻，尝助缪荃孙觅得拓工黄氏，尽搜鲁中碑石。所著甚夥，有《山左南北朝石刻存目》一卷、《山东通志经籍志稿》若干卷等，山东省图书馆又藏其《山东金石志》五卷、《诸城金石小识》一卷、《石鼓文音训集证》一卷、《石刻存目》一卷等稿本。尹氏喜刻金石小学书，光绪十五年（1889）刻王懿荣《汉石存目》（附自著《周秦魏晋石存目》），光绪十九年（1893）刻自著《国朝治说文家书目》一卷、《国朝治说文家未刻书目》一卷，自著《石鼓文汇》一卷，光绪二十年（1894）刻王筠著《说文部首读补注》一卷，光绪二十一年（1895）刻自著《汉隶辨体》一卷，又曾刻诸城邹正阶《春晖草堂剩稿》等。所刻书版心下多镌"诸城来山园"字样。

《诸城金石志》四卷，上海图书馆藏誊清稿本。卷前有光绪五年王懿荣小篆题签"诸城金石志"，下又钤"王正孺"朱白文印，当系应尹氏之求而撰者。又民国时东方文化委员会所纂《续修四库全书总目提要》之中，曾著录尹氏《诸城金石志稿》三卷一种。该提要系冯汝玠所撰，谓所据系原稿本。该本现藏台湾"中研院"史语所傅斯年图书馆，无缘获睹，故二者之关系，

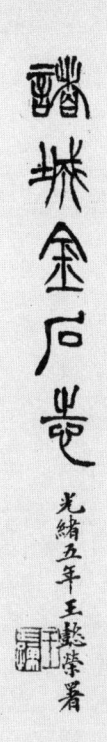

《诸城金石志》王懿荣题签

《诸城金石志》卷端

諸城金石志一

金

商父癸尊

右器高漢尺四寸三分徑三寸寬二寸腹五十足三寸通體圓素無花紋頸下有三環皆脫去欵鑄器內腹底周身青綠誠三代器也上一字作立戟形與薛氏欵識商人癸

邑人尹彭壽慈經學

諸城金石志附錄

金石藝文目 邑人有金石著錄者

金石錄三十卷 宋趙明誠著 德州盧氏雅雨堂刻本

三巴舂古志 國朝劉喜海官四川布政司時箸板刻未成遂散佚

長安獲古編 國朝劉喜海官陝西時著板刻未成遂散佚後存京都琉璃廠中

錢苑精華 國朝劉喜海箸錢皆拓入板刻注解今皆散佚

清愛堂鐘鼎彝器款識法帖 國朝劉喜海仿薛氏帖式木板刊成今藏彭壽家

古泉契 國朝鍾淦著蒐集古刀幣說解未成而卒

《諸城金石志》附錄

尚难确言。

此本首有光绪九年（1883）尹氏自序。冯汝玠提要云又有丙戌年再记，此本未见。冯氏提要云卷一为金，凡十八种，而此本则仅十种。两者相较，此本缺"三代纯金残字""琅琊相印""石洛家丞印""东武亭侯印""昌县马丞印""仓内印""始幕镜""四朱镜""尚方镜""鹿卢灯"九种，而溢出"金铜钟"一种。冯氏提要云卷二为石，凡十种，而此本则十二种。两者相较，此本较原稿本多出三种：一为"秦二世刻石"，一为"汉小钱土范"，又一为"汉五铢钱土范"（按"汉五铢钱土范"一种，原稿本载于第三卷），而原稿本较此本多出"北齐天保造像题背"一种。又冯氏提要云，原稿本卷三为瓦砖十七种，因并未详列细目，故无从比较异同。

此本卷三亦石，共收九十四品，计一〇一件。卷四方为砖瓦，共收八种。其中如"汉东武城瓦当""汉诸县瓦当""汉瓦量"，未见冯氏提要列出，未知是否收录。

冯汝玠所见原稿本，较此本少石一卷，即名目相同之三卷，著录品物数量，亦较此本稍逊，或此本乃尹氏最终之誊清稿本，亦未可知。

原稿本共计收录四十五种，冯氏提要云："皆志诸城一邑之金石，乃其改定待刊之稿也。"并评论此书云："编中所录，虽仅寥寥此数，其金文、瓦文、砖文诸属，悉以灼出于诸邑之土者为限，并各详其地址、细名，使考古者据其所出之地考其文字，可以互相印证，而免于穿凿附会。关于金石考证之学，所裨匪浅，殊非其他志一邑金石之书，于迁徙无定之吉金瓦砖等属，惟以当时藏见于某邑，即列为某邑之金石者，所可同日语也。"对照尹氏原书，所评尚属客观。尹氏自序云"彭寿不敏，生长是邦，性颛嗜古。少尝徒步裹粮，遍历县境，访彝器于巨室，剔贞珉于榛莽……"所录所述，似皆得自亲见亲闻，故多真切可信，非如他书之多辗转稗贩之词。

尹氏此书体例，颇得著述之要。若卷一金，每条先著器名，换行低格描录铭文，下则释文，或录铭文之位置。志文则详述该器之形制、大小，皆以汉尺记录其尺寸。铭文异体或字形之不同于前人所述，及铭文之易致疑者，多加考辨，或引字书或经典以为释。间言器物命名之由，如"商鱼父癸鼎"条云："曰父癸者，为其父作尊之第十器，不必其父有武功以旌之也，乃常用之器。"又著出土之年代及地点，及当前藏家或藏地，如"商鱼父癸鼎"条云："于同治十年出县西三十里乔庄，地为春秋时鲁所城之诸故墟。原藏枳村邬彩家，今归彭寿。"

尹氏此书，不唯可考见诸城金石之留存状况，亦可借以考知其交游，如"汉半两钱石范"条云"同治甲子秋，褚星源赠彭寿者"；如"北朝造像题名残石"条，言以自藏残石七枚"分赠潘伯寅尚书及王廉生编修"。尤可注意者，书中记录尹氏赠予王懿荣之品，竟至六种之多。结合此本封面由王懿荣题签观之，则二氏交谊似颇深。近人王献唐先生于尹氏颇乏好感，一则曰"此老无品至此，无怪以伪金石欺人也"，再则曰"时赝造古器物售人，陈簠斋、潘伯寅、王廉生多受其欺"。所言未知所据，存此不论，且待后之知人论世者参酌。

诸城县置于华夏，乃蕞尔小邑，金石之存，虽不称富，然流传千年，仍足称道。记录本地金石之作，先后有李文藻《诸城金石考》、朱学海《诸城金石续考》、邱浚恪《诸城金石续考》等。尹氏继起清末，于乡邦金石，除《诸城金石志》外，尚有《诸城金石小识》一卷一种，现藏山东省图书馆。《小识》内容如何，有待寻访。此本末存"金石艺文目：邑人有金石著录者"一纸，仅录《金石录》《三巴䯞古志》《长安获古编》《钱苑精华》《清爱堂钟鼎彝器款识法帖》《古泉契》六种而已，书名下著录撰者，标明版刻及存佚，亦可备参。

原载于《金石学稿钞本集成》第二辑，上海书画出版社，2017年

《振绮堂藏碑目》提要

振绮堂，为有清钱塘汪氏藏书之地。所以得名者，缘乾隆三十七年（1772）四库馆开，诏求遗书，汪汝瑮因进献秘籍之故，得御赐《佩文韵府》一部、文绮两端，故以名之。然汪氏藏书，实自汝瑮之父汪宪始，经汝瑮及弟璐、璐子诚，诚子远孙昆弟，驯至第五代之曾唯昆弟，第六代之大钧、康年昆弟，六代藏书，敬谨勿失。其藏书之大要，可见于先后编成之四种目录。计为汪宪聘朱文藻所编《书录》十册（亡），汪宪自编《藏书题识》五卷（存二卷），汪诚所编、曾唯补辑之《振绮堂书目》四卷，第四代之汪迈孙、适孙合编并请陈奂校订之《振绮堂简明书目》二册。龚自珍曾作诗赞云："振绮堂中万轴书，乾嘉九野有谁如？"其收藏之富，由此可见。

前人论振绮堂收藏者，多专言其藏书，少有提及汪氏所蓄其他长物者。此《振绮堂藏碑目》，向未经人道及，近年坊间偶有流传，似属钞本，因未见其书，与此本是否相涉不可知，而振绮堂藏碑之大概，已可据此见及。此本卷末存道光十七年（1837）张开福手书题诗，中有句云："此编辑录本先泽，奚啻百金购散亡。"先泽者，先辈楹书也。又"兖州残刻一纸"条云："有师省儿及童子字，二种。扬州孟慈比部拓本。"扬州孟慈者，江都汪喜孙也，道光元年吏部签分户部行走，故方可称比部。又《尉氏令郑季宣碑》条："重一本，下半又缺数十字。"马子云以为，此当系道光后之本。数事对勘，则此《碑目》原稿当出汪诚或其长子远孙之手，惟诚殁于嘉庆末年，则此书或出于远孙之手。坊间虽有言此本出于汪宪所撰者，恐系臆说，盖宪卒于乾隆三十六年（1771），何能预收数十年后之物耶？又《射阳石门画像二》条云："本在宝应，今藏江都汪氏。"案，据朱彬《游道堂诗文集·平家庄石阙记》所言，此石门画像系朱彬于乾隆四十八年（1783）所见，而汪中子喜孙

振綺堂藏碑目

周

石鼓文 在京師國子監 第二鼓民鮮字完善 是明時搨本

漢

漢中太守鄐君開襃余道碑 八分書 永平六年 在襃城北石門

開疏渭河秦西渭橋記 八分書 永元十三年

右海昌鍾闇學芬齋住陝西督學時所得拓本 其後人即蕃溪公甥也 徐壽漁云 是刻字體頗開襃余道從來金石家所未見 或曰石因渭河沙礫仍埋沒水中

中嶽太室石闕銘 八分書 元初五年四月 陽城口口口九字篆書 額題中嶽泰室陽文 振綺堂鈔本

秦

琅邪臺石刻 在諸城 阮相國拓本

魯孝王刻石 八分書 五鳳二年三月 在曲阜府儀

上谷府卿墳壇 篆書 二年三月 店揚二祀其鄉墳壇 一年三月 在曲阜

宋本

《振綺堂藏碑目》卷端

《振绮堂藏碑目》正文

《振绮堂藏碑目》卷末张开福题诗

《射阳石门孔子见老子画象跋尾》言:"乾隆五十年,先君有事宝应,得石门像于射阳之双敦。"至道光十年(1830),喜孙又将此画像重归宝应,嵌于学宫壁上。则此《碑目》之写定,不当早于道光十年。

此本写于"振绮堂钞本"稿纸上,天头多有对条目之补正。卷尾张开福诗题云"道光丁酉四月奉读《振绮堂碑目》,作歌请又村二兄先生政削",知此本确为汪氏稿本。全书不分卷,以时代为序,首空一格书朝代,次顶格书碑刻品名,下小字双行注,首字体,次刻碑年代,次碑石所在地。基本著录以外,或录前贤著录情况,或说明碑额及碑阴情况,或稍作考辨,又有注明另存他本者,不一而足。天头间补正条目,体例同正文。又偶有批注,或补正文遗漏,如《集右军书圣教序》条,批云"又装本有七佛额"。或正前后次序,如《比丘尼惠源和上神空志铭》条,上书"入后";又颜真卿书"逍遥楼"三大字条,旁注"入后《中兴颂》前"。卷末张开福题云"我来校勘忘日夕",则书眉批注,似出其手。张开福(1763—?),浙江海盐人。燕昌子,字质民,号石匏,晚号太华归云叟。有《山樵书外传》一卷。喜金石,善鉴别鼎彝碑版。工诗能画,颇有清韵。振绮堂所以请质民补正先世遗书者,正以其可传承父业故也。

又上文张开福所言之"又村二兄"者,即振绮堂三世诚之次子,远孙之弟。据《东轩吟社画像·小传》:"汪适孙,字亚虞,号又村,钱塘人,官候选州同知。方乾隆间,吾乡藏书之富,浙东推范氏天一阁,浙西推汪氏振绮堂,既富且精,又善世守故也。州丞罟弟六人,皆善继述,州丞尤有书癖,多方购求以益仓库,至粤寇之难悉毁,后人痛之,然较诸瓶花斋、小山堂之书一再传而散佚无存者则已难得矣。生平喜成人之美,如长洲陈先生奂,一生精力萃于所著《诗毛氏故训传疏》,无力刊布,州丞为集同人赞助而成,陈氏至今世宝之。又尝校刊中表梁孝廉绍壬《两般秋雨庵诗选》《两般秋雨庵随笔》二书。当代文人苟有纂述,赖汪氏罟弟以传者不诚多乎?"大概可知汪氏兄弟之为人与品性。而又村执掌振绮堂之日,不仅多刊时贤撰著,又为补正先世楹书，真可谓善藏善守者。

民国年间，燕京大学教授洪业曾撰《跋汪又村藏书簿记抄》一文，云清华大学存丰华堂杨氏旧藏之蚕豆华馆绿丝栏稿本《旋笈小录》一册，共计九十八页。经其鉴定，云："今册子中之前部，虽不足以书目称，然究为适孙之藏书簿记。其中所记之珍刻孤稿，如宋版《隋书》六十四本、惠栋《竹南漫录》稿本十一本，不见于《振绮堂书目》中，殆适孙所自购，非公账物也。至于清代禁书，如钱谦益《列朝诗集小传》、吕留良《评钱吉士稿》等，纵或亦为振绮堂所有，其不见于目录也固宜。但如《松声池馆诗存》《借闲生诗词稿》，皆家刻之书，适孙所藏已有若干部，然亦不见于《振绮堂书目》中，则迈孙、遹孙所为之《简明书目》，盖疏略可知。诸如此类，可补《振绮堂书目》者尚夥。是此四十余叶者，虽记载重复，杂乱无章，亦尚可宝也已。因钞录之，别为一册，名之曰《汪又村藏书簿记抄》，并为之跋如上。"与此《碑目》合观，知又村当日所藏者，不惟珍椠名钞，亦多墨本。惜自此之后，振绮堂藏碑又复湮灭，不知所踪。汪诒年《记振绮堂书籍散失原委》云："太平军入杭州时，振绮堂书籍并未劫失，亦未烧毁。实被军人将书橱推倒，又将各书尽行取出，一验其中有无藏金。于是书籍狼藉地上，无人收拾。及湘军收复杭州，汪氏后人有随军入城者，急谒堂勘视。则鸡狗之尸，或悬于梁，或沉于地，或外因饿毙而仆于堂中者，累累皆是，惨不忍睹。彼时狼藉满地之书籍，既无人检理，又急于得赀，一为殓葬之需，于是将各书计斤易赀。不数日，遂散尽矣。"书籍既于此时遭劫，则碑帖想亦毁于同时。

此《碑目》之撰作，多以王昶《金石萃编》、钱大昕《潜研堂金石文字目录》及毕沅、阮元《山左金石志》为参考，故著录之品，恒亦以此为考虑。如《龙龛道场铭》条云："《萃编》及《潜研堂》皆不载。"又《幽州卢龙节度观察等使刘公新置文宣王庙记》条云："是刻《萃编》及《潜研目》皆未收。"其中著录间有误或不确者，如《武氏石阙铭》条云"上下各有画像"，实为上画像下阙铭。又有"内侍高延福墓志铭"条。而此延福为字，其名为福,诸家著录皆云"高福墓志铭",宜从。唯此条又云"旧藏灵岩山馆毕氏,今归嘉兴张叔未家",向未有人道及,可补其流传脉络。此书编撰,至今已约两百年,故以时日较前,所录颇可珍视,如"子游残石"条言"嘉庆四年安邑出土,凡四种",于该四残石之研究,颇有价值。盖即《增补校碑随笔》中,亦不知此一信息。书中又间存考辨之处,如《赠工部尚书臧怀恪碑》条云:"无年月,当在大历间,《金石文字记》以为广德元年者误。"又《贯休大涤洞题名》条云:"甲申重九日,当是同光二年。"如此等等,皆见撰者用心所在。《碑目》著录数百种,中多可宝之品,如《敦煌长史武(斑)[班]碑》,马子云言:"此碑虽存,因字存之太少,故拓本亦不多。"《卫尉卿衡方碑》:"后有朱登字仲康题字。"此题字各本多为漏拓。又有初拓本,如《石人胸前题字》最末二字皆未出,马子云以为此当为初拓本。有旧拓本,如《天玺记功碑》:"后有宋元祐胡宗师及崇宁石豫题字。"案,此碑尾又有嘉靖甲子天台山人秋定白刻跋,而此本无此,则或系此前所拓。再如《皇甫府君碑》直言"旧拓本"。《武后游石淙诗并序》亦云"旧拓整幅四纸"。《石壁寺铁弥勒像颂》云:"此旧拓本,缺后开元题字一行。"又有名家藏本,如《鲁相史晨孔子庙碑》为马半槎藏裱本,《左屯卫大将军姚辩墓志铭》为"赵晋翁藏旧拓本"。名家拓本,则如上述汪喜孙拓本,又《豫州从事孔褒碑》:"重额一本,何梦华手拓。"《僧九定等造像记》:"顾涧苹手拓于江宁孙氏祠,以赠江郑堂,有题字。"名家题跋本为数亦夥,如《王基碑》:"签上赵晋斋题云:此碑出土时尚有朱迹,上半未刻,故上半本非不全也。见《潜研堂跋尾》。"《兰亭序》:"又颖上本,赵晋斋手书序。"《高植墓志》有钱大昕及江藩跋。《陶长贵造像》:"江郑堂云天保七年。"《乡老举孝义隽敬碑》碑阴"有江郑堂手记"。《王瓮声四面造像》:"嘉庆癸酉十月,顾涧苹拓本,赠江郑堂。两家各有题记。"《许如妻成功等造像》:"江郑堂云观其字体是北朝石刻。"皆足宝重。

张开福题诗中又有句云:"赵翁久客关中幕,一一善本归筐箱。可怜身后都零落，孰表著作来评量。君家读书识其大，尽弃糠秕存精良。"则振绮堂所藏之碑，多出同里赵魏之手，无怪其精彩纷呈也。吴士鉴《竹崦庵金石目录》序言："光绪癸未、甲申之间，同里汪颂虞丈大钧得先生《竹崦庵金石目录》稿本五卷，持以示家大人……"则晋斋身后，不唯藏品归于汪氏，即其著作，亦归振绮堂所藏也。唯此《碑目》撰作之际，似亦未曾参照晋斋此目，盖其中颇存异同也，如《巂州都督姚懿碑》，《碑目》著录为开元三年十月，晋斋则云开元三年七月十一日，今考此碑实为十月十三日，则《碑目》所言为确。《碑目》又言此碑"今在陕州张茅镇南文献墓前"，晋斋书则未及。故知《碑目》固较赵氏书高明也。

原载于《金石学稿钞本集成》第二辑，上海书画出版社，2017年

《乐石搜遗跋语正本》提要

《乐石搜遗》题记

此书外封墨笔题："碑跋。六安沈舜卿（巍皆）侍御遗著。今大江以北烽烟未息，羁栖碌碌，未知何日得付剞劂也。咸丰纪元五月十二日，黄湘记于海陵。"黄湘，生平不详。所言此书系沈舜卿"遗著"云云，似尚未确。今太原晋祠存《晋祠圣母庙辩》碑，文末署"咸丰六年岁次丙辰二月望日安徽潜郎老人沈巍皆谨记"，知沈氏其时尚存世也。

沈巍皆（1784—1856后），字讲虞，号舜卿，又号朴斋，晚号潜郎老人，安徽六安人。嘉庆十八年癸酉科（1813）拔贡，嘉庆二十二年（1817）进士，散馆授编修。曾典四川乡试，转任湖南学政。道光三年（1823）丁父忧，七年（1827）起复，任江南道、福建道监察御史。后掌教山东泺源书院三年，继掌家乡赓扬书院凡十余年，从游者颇多显达。晚年避寇至晋，又掌晋阳书院凡四年，所撰录有《乐石搜遗》《泉宝所见录》十六卷、《续金石萃编》等。

全书二册，不分卷。内封有不知姓名墨书题，上册云"乐石搜遗跋语正本上（共二本）自汉至唐",下册云"乐石搜遗跋语正本下　自汉至唐"。既云"自汉至唐",则其是否仍有后续？仍难断言。至题签中"正本"一语,则想当相对副本而言,或题签者欲标明此系稿本故云耳。

正文前有嘉业堂稿纸一叶,右耳刻"吴兴刘氏嘉业堂钞本"字样,录光绪《安徽通志》第二百二十九卷《人物志·文苑传》沈巍皆小传,书中又存嘉业堂藏印,知曾经刘氏收藏。

《乐石搜遗》作者传

沈氏跋文，均先列标题，题下或小字注立碑时日，次行书跋文。所跋于碑拓本身用笔较少，而多考订史实。

《续修四库全书总目提要》收沈氏《续金石萃编》不分卷一种，徐世章所撰提要，云先生"由编修官御史，左迁刑部员外郎。历主山东泺源、六安赓扬，山西晋阳书院。是编搜集多至二千余条，盖补青浦王氏之书，故曰续"，可见舜卿于金石文献寝馈实深，本自当行里手。然《续编》与此书之

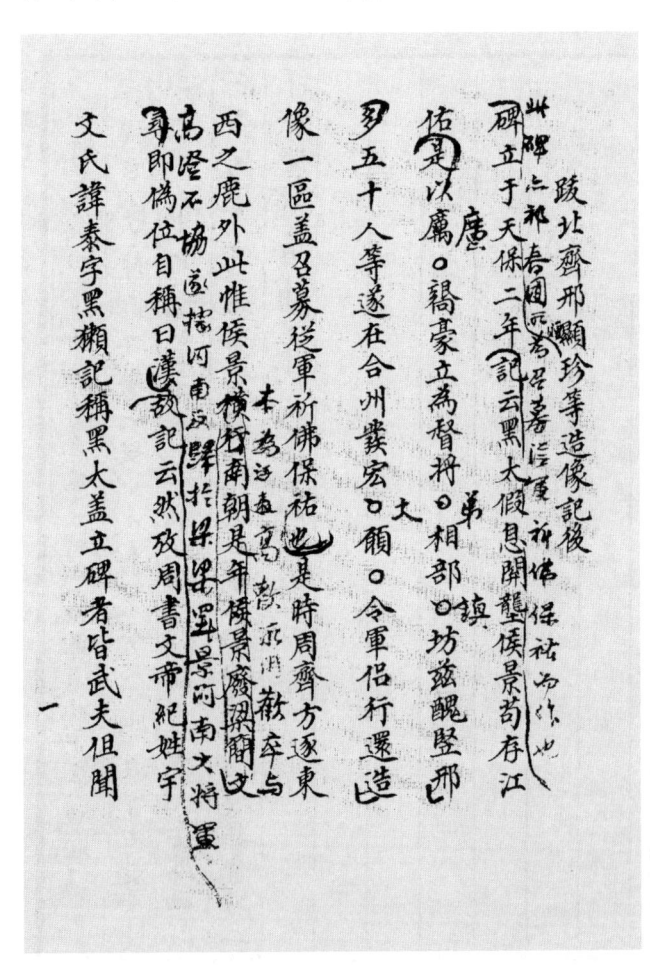

《乐石搜遗》正文

关联究竟如何，亦不可知。

《续修四库全书总目提要》又收沈氏《泉宝所见录》，冯汝玠撰提要云："虽为谱泉之作，实注重于当时之利弊，其论周景王、宋崇宁鼓铸大钱之弊，尤为警策。王序称其有关经济，洵为核实之论。阅者当审其用意所在，勿徒作谱录观也。"所言沈氏著作特色，亦可移用此书，盖舜卿熟谙史事，能以传世文献与碑拓互证，于官制、人物之考订发明甚夥。又跋文关注碑刻字体，知沈氏于文字训诂之学多有心得。

稿本中沈氏跋文，多墨笔增补、改削之处，想经多次修改，可见撰著之一丝不苟。因稿本涂改过多，上海图书馆今藏此书同名之复本一部，实系此书之誊清稿本。

沈氏个别条目，用力过度，似不可取。如《跋曾庆善等题名并县令裴谢德政记石幢后》条云："相轮主，疑即造像主之义，他碑无此称名也。"今案"相轮主"一名，并非孤例，如《常山贞石志》著录之《本愿寺石幢》题名中，即有"相轮主"名目。除此之外，尚有经主、幢主之目。颇疑经幢制作甚费，故需纠集众之资，而分别冠名，实以著其心愿，正不必强与造像主相拟也。

原载于《金石学稿钞本集成》第二辑，上海书画出版社，2017年

《金石诗录》解题

《金石诗录》，稿本八册。纂者名氏不详，盖应南陵徐乃昌之邀而承担编纂。此书创始于宣统元年（1909），系自有清一代各家诗集中摘抄有关金石之作，汇而成册者。唯仅成八册，即告中辍。民国十三年（1924），吴兴周梦坡拟纂《历代金石诗录》，徐氏曾以此帙假阅。周氏之书未闻行世，是否编成不可知，是否曾参考或覆盖此书，亦难悬揣。此书虽由徐氏出资钞纂，而徐氏日记中并未言及，故编纂及流传情形，尚难详悉。

徐乃昌(1869—1943)，字积余，号随庵，堂号有鄦斋、积学斋、镜影楼、小檀栾室等，安徽南陵人。生平以藏书、著书、校书、刻书为职志，先后刻有《积学斋丛书》二十种、《小檀栾室汇刻闺秀词》百余种、《鄦斋丛书》二十一种、《随庵徐氏丛书》十种（民国五年复续印二十种）、《南陵先哲遗书》五种等，又辑刻《随庵吉金图录》《小檀栾室镜影》《镜影楼钩影》《积余斋集拓古钱谱》《积余斋金石拓片目录》《随庵藏器目》等，均为考释金石及古器物者必备之书。积余系藏书大家，又收藏金石甚富，故于金石文献编纂，尤所关注。此书初编既成，编者曾请积余指正，并略事补苴。如所补"郑珍"一首，其天头批云"郑珍补"。若张埙，正文后补入二首，所补入之纸，首行题"张埙诗补录"，天头批云"此诗补《酸枣令刘熊碑》

《金石诗录》徐乃昌题记

云云题诗后",次诗天头批云"此诗补入《又题石经题名拓本后》题诗前"。

卷前存目三叶,皆所录"金石诗"之作者,自清翁方纲以下,至冯云鹏,共计六十三人,皆有清学者。其人物编排,似甚随意,既非以时代为序,又非以所录众寡相次,或即以抄录先后随意装订者。每人单列一行,首作者姓名,下小字注明字号、籍贯及所录之诗出处,如:"翁方纲。字正三。大兴人。有《复初斋诗集》。""张廷济。字叔未。嘉兴人。有《桂馨堂诗集》。"后亦间附他人之作,若张廷济咏唐聚庆墓志砖两诗后,附有友人王福田及其子邦梁、庆荣,媳朱莹,女常熹之作。再如宋荦《延熹华岳庙碑歌》之后,附有友人邵长蘅、冯景、吴士玉、王戬等同作。

同一作者,若其所作出处不同,亦分别首尾,各为起讫。如张氏之作,有辑自《清仪阁杂咏》者,即另行分篇。再如蒋坦之诗,系自其《息影庵诗》《红心草》《花天月地吟》三集中分别摘录,亦分别起讫,其始各标蒋氏之名。诸人之诗,多出自著诗集,然间有出自合集者,若李慈铭、潘祖荫、董文灿、陈宝、严玉森五人所选之诗,皆出潘氏所编《癸酉消夏诗》。采摘所自,

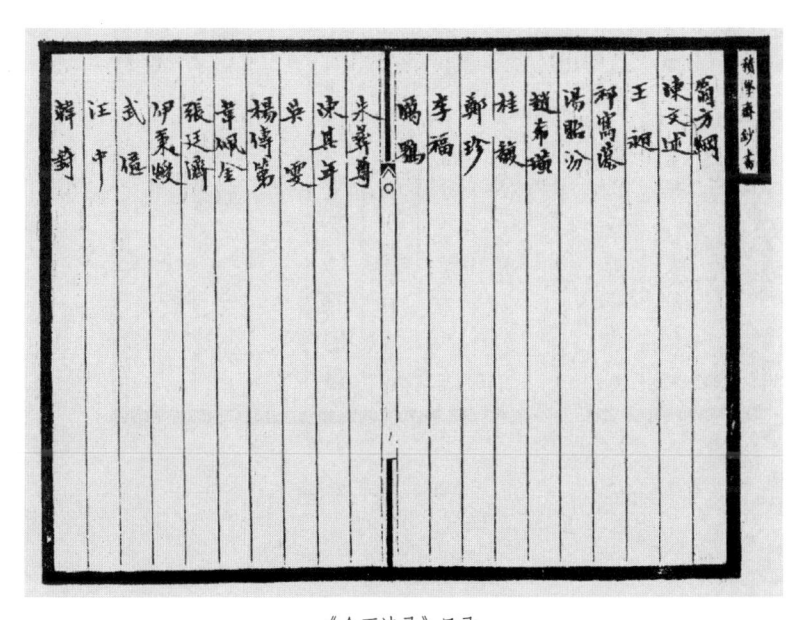

《金石诗录》目录

積學書藏

陳文述字退庵錢唐人著有頤道堂詩選

學使樵鄞范氏天一閣所藏北宋石鼓文拓本於郡
庠賦呈兼贈張芑堂明經

周代遺獵碣唐賢賦石鼓鼓詩昔所誦鼓文今乃覯蛟虯
苦鬱律鸞鳳翔舂典重舊霽鼎精采新珪組宣王昔握
符中興美幹盡矯西狩轍遠鑒東征斧江漢美方叔圭
卣錫召虎一從岐陽蒐遂纘車攻武壖趨奔麋鹿鸒鸒泳
鱗鱋鼇寫宮車駕射承秀弓駙詩異鴻雁哀字變科斗古
書者定史籀作者或吉甫何年棄郊野幾經蝕風雨書賦
述寶泉長歌美韓愈幸自陳倉徙兼得臼科補殿紀保和
置文入宣和譜一從汴京破遂為金源取考資胡世將宅

《金石诗录》正文

间有秘籍，如蒋光煦《花事草堂学吟》，今已无存，此书摘录其中二首，可称珍秘。

全书用纸，大概两种居多，一则十行笺纸，右耳刻"积学斋钞书"字样；一则十一行笺纸，右耳刻"积学书藏"字样。正见徐氏创始之迹。

此类著作，积余之前，已有发端者，若山阴何澄《古今金石诗录》十六卷，常熟徐兆玮《金石诗录》一卷、《续》二卷、《再续》三卷，及此后吴兴周庆云之《历代金石诗录》，当系集大成者，惜未付梓。

附一《蒙安致徐乃昌函》：

积余先生惠鉴：奉答适公出，不得把臂为怅。阮弁容代致统领。惟其人三次枉存，均未谋面，或因有客，或因卧病，并无别种原因，晤时烦道明为感。弟所辑《金石诗录》，其目录面为呈教，如有应增加之诗，乞为指示。惟其中有绝句、律诗，无甚关系者，拟删去之。又一物而题咏数十家者，亦拟酌量削去，不知卓见如何？余再走候，并颂大安。愚弟蒙安顿首，四月廿七日。

附二 徐乃昌手书跋：

宣统元年拟编《金石诗》，抄录八册，旋中辍。甲子岁，周梦坡商及此编汇辑，遂以全帙贻之。随盦。

原载于《金石学稿钞本集成》第二辑，上海书画出版社，2017年

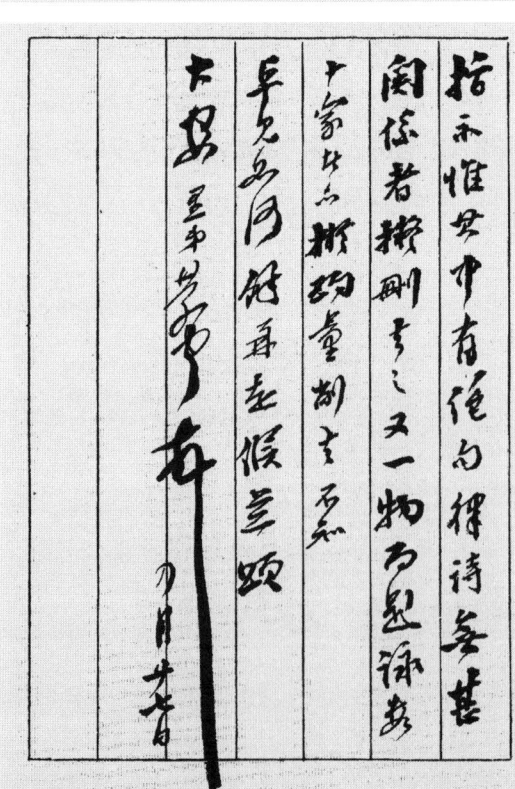

积余先生道鉴 事变迭遘
出京不日抵沪 为怅况奇窘已极
征领惟吴人三次挂存均未谋面或
因有丧或因卧病並无别种原因
睽时畋垄暗扪龥卒所辑金石诗
录更目录两页呈
鉴如有症琐之话并为
拾采惟其中有传句择诗並甚
关系若擅删去之又一物不起录矣
□家兰亭断句幸刊于后
尊兄如同饶再去假兰颂
大安 至申弟乃昌顿首
四月廿晋

《金石诗录》附录致徐乃昌函

徐乃昌及其《积学斋藏书记》

徐乃昌(1869—1943)[①]，字积余，号随庵，又号众丝，堂号有鄦斋、积学斋、镜影楼、小檀栾室，安徽南陵人。清末外交家贵池刘瑞芬之长婿，与藏书家刘世珩为郎舅之亲。光绪十九年（1893）登贤书，官至江南盐巡道，以新学、使才、盐务负声誉。光绪二十九年（1903），曾率团考察日本学务，归国即提调江南高中小学堂事务，总办江南高等学堂，监督三江师范学堂，振兴新学，功莫大焉。辛亥后寓居上海，业工商，与旧友江阴缪荃孙、长洲叶昌炽、乌程刘承幹及刘世珩等往还密迩，汲汲于古籍之收藏、校刊。积余生平以藏书、著书、校书、刻书为职志，先后刻有《积学斋丛书》二十种、《小檀栾室汇刻闺秀词》一百余种、《鄦斋丛书》二十一种、《随庵徐氏丛书》十种（民国五年[1916]复续印二十种九十七卷）、《南陵先哲遗书》五种等，中多倩武昌陶子麟精雕精印者，时至今日，已为近代精刻本之代表，甚为现今藏书家所宝爱。又辑刻《随庵吉金图录》《小檀栾室镜影》《镜影楼钩影》《积余斋集拓古钱谱》《积余斋金石拓片目录》《随庵藏器目》等，均为考释金石及古器物者必备之书。综计积余数十年间，校刻丛书十一种，子目二百四十余种，四百三十卷；单行本十一种，合计共得刻书二百五十余种，五百六十余卷。以一己之力刊刻图籍如此之多，衡诸古今，实属罕见。民国三年（1914），积余膺命主纂《南陵县志》，十年问世。民国十九年（1930），复总纂《安徽通志》，亲撰《安徽通志稿·金石古物考》。二十年（1931），又与徽籍学者在沪发起影印出版《安徽丛书》(1932—1936)计三十种三百六十卷，于恢弘徽学，功莫大焉。积余自身主要著作则有：《续

[①] 积余之生卒及生平大概，可参杨成凯《南陵徐乃昌的墓表和墓志铭——略及人物生卒的查考》，见于《文献》2006年第3期，第127—132页。

方言》又补二卷、《南陵县建制沿革》、《皖词纪胜》、《积学斋书目》、《积学斋藏书记》、《徐乃昌日记》等。①

积余致力藏书甚早，光绪十四年(1888)，年方二十之积余即于古书渊薮——京师琉璃厂得识著名学者江阴缪荃孙（筱珊）。缪氏原系近代最著盛名之版本目录学家，先后参与创建南京图书馆前身——江南图书馆及国家图书馆前身——京师图书馆，其版本目录学之相关实践及著述，于当时及后世影响极大。其中尤以所述关于古书善本之标准以及善本书志之撰写方法，至今仍被学界奉为金科玉律。②积余与缪筱珊订交，使其眼界大为提高，于其日后之古籍鉴定、收藏、刻书事业助力匪浅。积余之藏书，始自弱冠，三十余年间，"无地无时，见即收获"。故其弆藏之丰，一时颇具盛誉。然其辞世未几，至抗战期间，徐氏积学斋藏书即陆续散出。即积余后嗣，亦尝于沪上设肆售书，而南北书贾闻讯之下，亦纷纷云集沪上购求徐氏遗藏，其中精品，多归于天津李嗣香、青州黄裳及福州林葆恒。③然积学斋所藏甚富，并未因积余之殁而完全星散④，如其所藏金石碑刻拓本万余，即于解放初期始经其女徐姮之手，捐诸今华东师范大学图书馆。⑤且时至今日，坊间犹时时可见其绪余现身于古籍书店或拍卖会中。积学斋藏书大略有如下特色：一、收藏范围广泛。无论传统之经史子集四部及佛经道藏，以及新式之社会科

---

① 参李弘毅《稿本〈徐乃昌日记〉的文献价值》，见于《文献》2003年第4期，第226—240页。
② 参陈乃乾《上海书林梦忆录》，见于《陈乃乾文集》之《海上书林》，虞坤林整理，国家图书馆出版社，2009年，第9—10页。
③ 黄裳《来燕榭书跋》（增订本）"林下词选"条："余近得词集二百种于侯官林氏，皆南陵徐氏遗藏。盖积余生前以诗三十许屉归之林氏者。然积余所藏诗余佳本实未全入林家也。此《松陵词选》盖即其一。并世不知尚有第二本否？姑悬一愿于此。乙未十一月初二日夜半。"中华书局，2011年，第292页。
④ 黄裳《拙政园诗余》"竹笑轩吟草"条云："由石麟引领访问的另一位藏书家是徐乃昌家。其时徐积余逝世已久，家中还挂着徐夫人马韵芬过生日的寿幛，主人随意取出几种清刊小册，都有徐氏藏印，即按书市标准，付价携归。此际积学斋的旧藏早已散见市上，但徐乃余的收藏在既深且广，不可窥视。经石麟取得的就有明末刊阮大铖诗三集，康熙刻纳兰的《通志堂集》，和罕见的清人别藏词集等，不可胜计。如康熙中徐釚刻的龚鼎孳的《香严斋词》，中收与顾横波(媚)漫游湖上诸词，词前多有小序，每数百言，后印及诸选本皆剧去不存。积余所藏得意之书，必钤'积余秘籍识者宝之'小印。积学斋所藏清词后让归林子有（葆恒），然奇秘之册实未尽出也。"见于《收获》2011年第5期。
⑤ 参张光武《城南忆旧》，见于《文汇报》2007年3月13日。

学、应用技术等诸门类之典籍，均系其收藏目标。二、不专以宋元本为搜求目标，重视明清罕传之秘本、抄本。三、重视收藏清人文集、词集，重视乡邦文献。四、重视金石书籍及金石拓本之收藏。积学斋旧藏，多存钤印。其藏书最经常用之印系"积学斋徐乃昌藏书"朱文楷书长方形印。除此之外，常用藏印尚有"徐乃昌读"朱文方印、"徐乃昌暴书记"朱文长方印、"徐"押朱文小方印、"南陵徐乃昌审定善本"朱文方印、"徐印乃昌"白文方印、"南陵徐氏"朱文方印、"积余秘籍识者宝之"朱文长方印、"积学斋"朱文长方印、"南陵徐乃昌刊误鉴真记"朱文长方印、"南陵徐乃昌校勘经籍记"朱文长方印等。又有"徐乃昌马韵芬夫妇印"朱文扁方印一方，则系积余与夫人怀宁马氏共同赏鉴之用。而尤可说者，则系"积余秘籍识者宝之"朱文长方印，据黄裳所言："徐乃昌书之钤有'积余秘籍识者宝之'印者，皆版本之不易辨识，以告无目之流者。"[①]则其自有妙用可知。而积余于鉴藏一道，自诩之状，亦可盖见。

积余生平，一以藏书、刻书为职志。平居所交，亦多当日胜流，同时代之众多学者、诗人、藏书家、金石家皆与积余交往密迩。或彼此交流、品评藏品，或赏奇析疑，砥砺学问。而类此之学术氛围及与此相关之良好之人际关系，于积余自身学问、见识之提高及藏书事业之开展，无疑具有重要意义。如其《积学斋藏书记》中所收"张来仪文集一卷"条所记者，即为其旧友章氏式训堂钞校本，文云："此系亡友章硕卿手景四明（庐）[卢]氏本，并过录黄复翁跋五则。硕卿，名寿康，会稽人。此本即硕卿所赠。有'会稽章氏'白文方印、'会稽章氏式训堂藏书'朱文长方印、'寿康读过'白文方印、'寿康手校'朱文方印、'布衣暖菜根香诗书滋味长'朱文方印。"凡此可见积余之交游与其藏书之关联。

积余一生收书、藏书达五十年之久，所藏至为宏富，然藏品之数量及质

[①]《来燕榭书跋》（增订本）"萧云从绘像楚辞"条，第16页。

量究竟如何？因徐氏未曾披露而向来不得其详。所幸徐氏曾先后编撰《积学斋藏书目》及《积学斋藏书记》两种，一为藏书目录，一为善本书志，皆得历经劫难，流传至今，可供覆案。据核，国内现存徐氏藏书目之稿本、钞本有五。一、郑振铎先生《西谛书目》著录之《积学斋藏书记》四卷，钞本，三册，现藏国家图书馆。二、上海图书馆藏《南陵徐氏藏书目》稿本，存一册。所录图书，颇多善本。三、华东师范大学图书馆藏《积学斋善本书目》及《金石拓本目录》稿本。四、天津南开大学图书馆藏《积学斋书目》一卷。五、据传丁福保曾藏《随庵徐氏藏书志》，然卷数不详，存佚亦不可知。经由上述数种目录，俾可约略窥知积学斋藏书之大致规模及特点。而其藏书之相关书志，则存郑振择旧藏三册钞本《积学斋藏书记》，现存国家图书馆。此本系素纸所钞，每半叶十一行，行二十字，小字双行，前有缪荃孙序。卷一、卷四首有"长乐郑振铎西谛藏书"朱文方印，卷二、卷三末有"长乐郑氏藏书之印"朱文长方印。此帙曾入中华书局《清人书目题跋丛刊》选目初稿，拟为影印行世，然未知何故，终未面世。直至2010年，国家图书馆出版社之《清代私家藏书目录题跋丛刊》中，始将此书收入第十八册，自此得以为研究者所利用。唯美中不足者，国图所藏此西谛旧存钞本，本非积余《积学斋藏书记》全本。另外，上海国际商品拍卖公司2007年秋拍中，曾有编号为143之吴县潘氏藏书目录一册，首页首行即载《积学斋藏书记》六册一种。此书下落如何，现在已难确知。然由此可见，《积学斋藏书记》成书后虽未经付梓，却曾屡经抄录而得以流传。

现知《积学斋藏书记》之最全本，为上海博物馆所藏钞本九册。全书皆以蓝格抄书纸工笔抄录，文字乃至篇目，多经积余亲笔校核删改。每半叶十行，单栏，黑口，右耳有"积学斋钞书"五字。书前又有二纸未订，为缪筱珊所作《积学斋书目序》，"书目"二字后经墨笔改为"藏书记"三字。此二纸每半叶十行，左右双栏，白口，双鱼尾，栏外左下有"蔄香簃钞"四字。此序又见于缪荃孙《艺风堂文漫存·乙丁稿》，文字未见歧异。综观此《藏书记》之主体，类分经史子集四部，经部下复分易类、诗类、礼类（周礼之属、仪礼之属）、孝经类、五经总义类、四书类、乐类、小学类（训诂之属、字书之属）；史部下复分正史类、编年类、杂史、纪事本末类、诏令奏议类、传记类、载记类、地理类、职官类、政书类、目录类、史评类；子部下复分杂家类、丛书类、谱录类、数书类、小说类、道家类、儒家类、兵家类、法家类、天文算法类、医家类、术数类、艺术类；集部下复分楚辞别集类、总集类、诗文评类、词曲类等。全书著录积学斋所藏各类典籍八百二十二种，其中以明本、钞本最为大宗，宋元本及稿本相合亦约百种之多，除此之外，亦间收与外汉籍如和刻本、高丽本等。然细考此书，实可分为三部分。一为主体，中存缪荃孙撰序，卷前有双钩吴昌硕乙卯暮春所摹篆字"积学斋藏书记"一叶。计经部一册，史部一册，子部、集部各两册。每一题名之下，又标有所属类目。此部分共计六百六十二部。另两部分则可视为《续记》，题名之下，均无类目名。一为一册，经史子集四部全。此部分共计著录九十四部。一为两册，卷前有素纸书目录，经史子集四部全。此部分共计著录一百六十六部。而前述之国家图书馆藏本，所收亦以经史子集编类，每类一卷，共计著录六百九十一部：经部八十五部，史部一五四部，子部二二五部，集部二二七部。以版本论，则有宋刻本三十四部，元刻本五十部，明清刻本三四四部，稿本二十一部，钞本二四二部。国图藏本与上博藏本相较，两者重合者有六百六十二部，即国图本中所收，有二十九种不见于上博本中，其中子部二十四种，集部五种。又国图抄本著录各书，题名之下亦未标注类名，与上博本之附录两种相同。综合诸种因素，大概可以推论，此本当据《藏书记》初稿本抄出。而上博本则为徐氏家藏之本，后来又经徐氏屡次改定者。而改定之定稿，即上博本之主体部分，均经徐氏补加类名。另外两部分，则虽经徐氏亲手改动，但似并未最终定稿，故未与主体部分合并，且未加类名。而其成稿，当亦较晚，为徐氏陆续撰成，此观其中录有陈乃乾跋

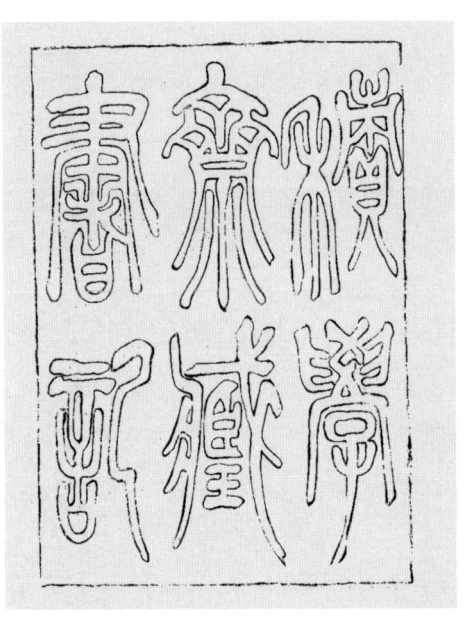

双钩吴昌硕手书题名

文可知者[1]。

或者以为《藏书记》实系缪荃孙代撰之作，此说之始作俑者当为海宁陈乃乾氏。陈氏于所著《上海书林梦忆录》中云："筱珊晚年以代人编藏书目录为生财之道，人亦以专家目之，造成一时风气，如今之翰林先生为丧家点主题旌然。已刊行之丁氏《善本书室藏书志》《适园藏书志》，自撰之《艺风堂藏书记》及未刊之《积学斋藏书记》《嘉业堂藏书志》皆出其手。"[2]陈氏二十年代初曾坐馆于积学斋两载，馆课之余，又尝助其编纂诸书，宾主相得甚欢，故其说理当有据。然积余此书，其初稿当完成于缪氏序言撰作之前，观筱珊序中所言"今编《藏书记》，高有尺许"可知。而此时陈乃乾则尚未坐馆徐氏，故其是否确实了解内情，抑或仅系悬揣之词，甚难确认。笔者曾以陈氏此说询诸《陈乃乾文集》及年谱之编者海宁虞坤林先生，虞先生答复亦以为甚难核实。今夷考缪荃孙所撰《藏书记序》，其中言及"积余为此记时，浼余三子僧保助

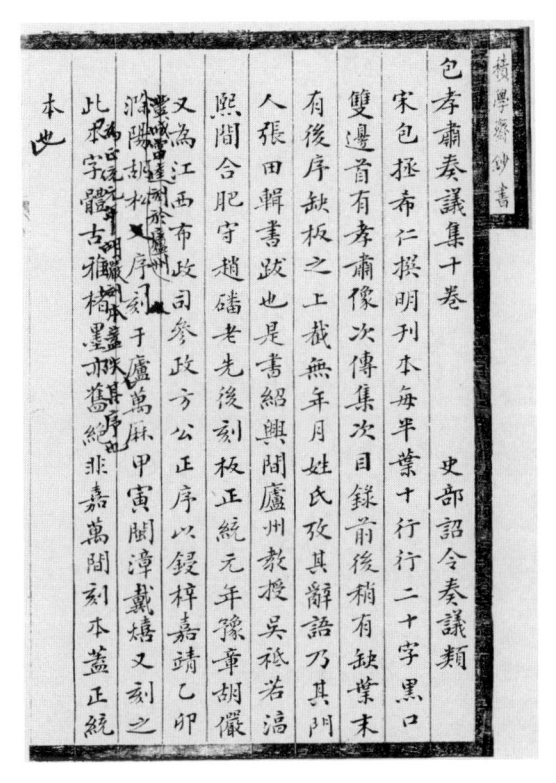

徐乃昌批改处

---

[1] 陈跋见下文所录。
[2] 见于《陈乃乾文集·海上书林》，虞坤林整理，国家图书馆出版社，2009年，第9页。

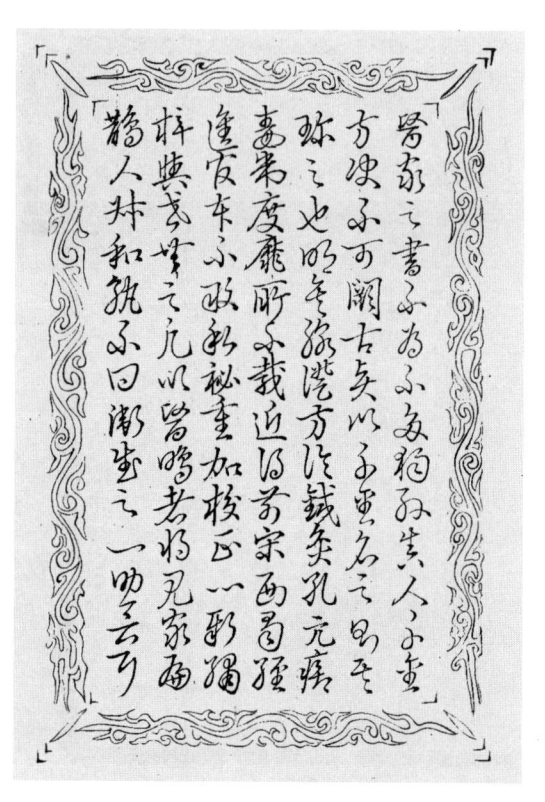

重刊孙真人备急千金要方三十卷牌子

之雠校"。则以理核之，此书之作似与其无关。又据筱珊《艺风老人日记》，仅丁巳冬月十三日提及此书，云："撰《积学斋书目序》。"[1]除此之外，并无一语《积学斋藏书记》及于此书之撰作乃至修订。反观缪氏代撰之《嘉业堂藏书志》等作，均可于其日记中找到踪迹。此又可见此《藏书记》之撰作，当与筱珊无涉。尤足证其非筱珊操刀者，为其中录有陈乃乾本人之跋文。该文撰于民国癸亥（1926），此时筱珊墓木早拱，绝无代录之可能。又有可说者，即《藏书记》中，不乏对于缪氏《艺风堂藏书记》纠正之处，如"类编历法通书大全九卷"条云：

> 题临江宋鲁珍辉山通书，金溪何士泰景祥历法，鳌峰熊宗立道轩类编。明刻本。每半叶十二行，行二十字。墨口，双边。缪

---

① 缪荃孙：《艺风老人日记》，北京大学出版社，1986年，第3111页。又缪氏《藏书记序》末署"岁在强圉大渊献长至日"，此文又见于《艺风堂文漫存·乙丁稿》，文亦同。然"强圉大渊献"即民国丁亥年（1947），缪氏已前卒于己未（1919），故此一署款实为笔误。据前《艺风老人日记》载，此序实为丁巳年（1917）所作，故"大渊献"当为"大荒落"之误。

氏艺风堂旧藏。卷三"年命修造"条内已引至弘治十七年,而缪氏《藏书记》及以"前朝公规"条内之"至正春牛经式"(缪《记》"至正"误作"至元")为元刻之证,误矣。

再如"□竹藏板三教源流搜神大全七卷"条云:

不著撰人姓氏。明刻本。每半叶十四行,行二十八字。白口,单边。内分儒氏、释氏、道教三教源流。每段前列画像,后系小传。江阴缪氏《艺风堂藏书记》著录云元刻,并载行款,为每半叶十四行,行二十四字。按是书"天妃娘娘"一则载:"我国初成祖文皇帝七年,中贵人郑和通西南夷,祷妃庙,征应如宋归命。遂敕封护国庇民妙灵昭应弘仁普济天妃,赐祠京师,尸祝者遍天下焉"等语。成祖遣郑和通西南夷系明永乐年间事,即俗传三宝太监下西洋是也。又"萧公爷爷"一则载:"宋咸淳间为神,大元时以子萧祥叔死而有灵,合祀于庙。皇明洪武初,尝遣官谕祭。永乐十七年,其孙天任卒,屡著灵异,亦祀于此。"则是刻在明永乐十七年后矣。长沙叶郎园影刻是书,即借缪氏藏本。曾编入《丽楼丛书》,刘肇隅编《叶氏刻书提要》亦云明刻,并谓毛氏《汲古阁珍藏秘本书目》载有元板《绘图搜神广记》前后集二卷,此明时据以改题,加入当时诸神封号。颇有见地,然系虚拟之词。今据书中"天妃娘娘""萧公爷爷"两条,其为明刻益信。[①]缪氏以为元椠,殆误。又本此行款为二十八字,缪氏亦误记为二十四字也。有"文轩鼎书"朱文长方印、"彻玄"朱文方印、"荃孙"朱文长方印。

---

① 按:原稿自"长沙叶郎园……"至此均经删去。

此皆可见积余此书编撰之时，虽曾屡屡参考《艺风堂藏书记》，然并非一味盲从，而是有所甄别。缪筱珊于《藏书记序》中，于此书颇为推重，云："国朝以来，钱遵王《敏求记》为人所重，然钞刻不分，宋元无别，往往空论，犹沿明人习气。若《也是园书目》、汲古、沧苇仅存一名，更无论已。积余此记，其书必列某本旧新之优劣、钞刻之异同、宋元本行数字数，高广若干，白口、黑口、鱼尾、旁耳，展卷具在，若指诸掌，其开聚书之门径也。备载各家之序跋，原委粲然。复略叙校雠、考证、训诂、簿录汇萃之所得，各发解题，兼及收藏家图书，其标读书之脉络也。世之欲藏书、读书者循是而求览一书，而精神、形式无不具在，不胜于《敏求记》倍蓰乎。"今以《藏书记》核之，其所著录款目，均以题名、卷数高一格书写，下记撰者、版本、行款、序跋、印记等。于其有疑者，间加考证。于其罕见者，录其序跋、题记。如"新刊真楷大字全号搢绅便览三册"条：

明万历十二年刊本。首册蓝印。每半叶十行，二三册墨印。每半叶十六行。首题"新刊南北直隶十三省府州县正佐首领全号宦林备览"，每册后有"北京宣武门里铁匠胡同叶铺刊行麒麟为记"一行。字体清晰，纸张阔大，与今之《搢绅》迥不相同。是书在当时断无人珍惜，而数百年后转成希世珍，亦奇遇也。此书本阮文达公孔夫人奁中物，《瀛洲笔谈》记之。有"扬州阮氏"朱文、"琅嬛仙馆"朱文两方印，"文选楼"朱文长印，"孔子七十三代长孙女"朱文、"阙里"朱文两方印。

而复钞录缪荃孙、曹元忠、李详、鲍毓东等人之题跋、考证于后，俾可全面了解《搢绅录》之性质及该书之刻印特点、流转经过。此书现藏国家图书馆，为研究明代政治史及北京地区印刷史、书籍发行史之珍贵文献。推考其渊源，读者不得不于其旧日藏家感谢有加。

积余亦间有考证者,如"残本后汉书"一条,行款等内容之下,先录沈曾植之跋,复以积余自己之校勘考证结果,录之于后,以证沈说之误:

> 按是书宋刊宋印,了然无疑。宋讳缺笔凡十四字。然首尾俱阙,未敢证其为何时刊本。沈乙老考为庆元本,建安黄宗仁善夫所刻,即武英殿官本之祖。兹取殿本校之,"正予乐",殿本"予"误"雅";"发太簇之律",殿本"太"误"大";"徙江陵王羡为西平王",殿本作"徙江陵王恭为六安王",按何义门校当云"徙江陵王恭为六安王,广平王羡为西平王",方与上下文合;"和帝纪第四",殿本作"和殇帝纪第四";"讨北匈奴取吾伊吾庐地",殿本"庐"误"卢";"复置涿郡故安铁官",殿本"安"误"盐";"朕且权",殿本"权"下有"礼"字;注"但因计",殿本"计"下多"吏"字。按"正予乐""朕且权"二条,乙老因其为《考证》所云与宋本合,决其为殿本之祖本。然"徙江陵王羡为西平王"一条,二本一脱"恭为六安王广平王"八字,一脱"广平王羡为西平王"八字,得此一证,已足见此本非殿本所自出矣。又"复置涿郡故安铁官"一条,殿本作"故盐铁官"。考故安县名属涿郡,永元十五年置铁官,地不近海,焉得有盐官?义门校语云考"安"字,误"盐"字,而不云宋本,是何氏所见宋本,非此本无疑。此又一证也。惜只存二卷,未克尽校之。然此本之佳处,已班班可见矣。

现存之《积学斋藏书记》与《续记》虽不能完全反映徐氏藏书情况,然其无疑为积余积学斋中藏书精华之记录,对于研习积学斋旧藏之规模与质量,具有重要之参考价值。所以言此者有三。一、《藏书记》可反映徐氏藏书精华之所在,有助于后人了解积学斋善本藏书之构成及特点。徐氏收藏之富,同时之人即皆艳羡不已。而考《积学斋藏书目》中,著录图籍虽达七八千种之多，然积学斋中所藏之宋元刻本，却并未录入。即以明刻本而言，亦仅寥寥百余部而已，故此《藏书目》当系徐氏所藏普通典籍之目，不足以表现积学斋主人藏书之质量与眼界。反观《藏书记》及《续记》，皆能翔实著录所藏宋元佳椠、名家抄稿之多数，揭示徐氏之收藏特色于丰富之清人文集而外，复有两端：甲、重视宋元刻本之收藏。《藏书记》及《续记》之中，著录宋元刻本八十余部，虽未能反映积学斋所藏宋元本之全貌，然所揭示之善本正即积余赖以刻印《随庵徐氏丛书》正续编等书之底本，足见积余藏书之用意所在。乙、重视名家稿抄本之收藏。著录于《藏书记》之稿抄本中，不乏名家真迹、传世孤本，如甘泉焦里堂之《天元一释》《扬州足征录》稿本，长洲何义门校抄本《归潜志》等，莫非难得之佳本。二、著录翔实可信。每一款目，详述其行款、递藏、序跋、印记，使读之者如对原书，且便于日后追寻其流传踪迹。如据《藏书记》之著录，可断所收之《新刊真楷大字全号搢绅便览》即《中华再造善本续编》中所收之本。唯国图以此书后二册别为《新刊南北直隶十三省府州县正佐首领全号宦林备览》，分别著录，致影印之际，仅收入其第一册。今以《藏书记》核之，可还原书旧观。亦以此故，今可确认之《藏书记》著录之积学斋旧藏，可达百余种之多。三、《藏书记》保存诸如何焯、翁方纲、钱大昕、黄丕烈、顾广圻等名家题跋一百余篇，或不见于作者本集，或与流传文字相异，于辑逸补缺、确立文本，极具价值。如"残本后汉书"条所收之沈曾植题跋，未见于《寐叟题跋》，且亦不见于《沈曾植年谱长编》，足以补其生平之阙。跋云：

残宋本《汉书》每叶二十行，行十八字，楮墨精绝，世所称庆元本，建安黄宗仁善夫所刻也。黄氏刻《史记》、前后《汉书》，其《史记》为王延喆之祖，《正义》最完；其《两汉书》为武英殿官本之祖，三刘《考异》亦最完。今以殿本考证"正予乐"（卷三）、"朕且权"（卷四）两条核之，所称宋本皆与此合，知所据即此本矣。积余藏书至富，而珍此残本，是所谓阅千剑而知剑者。宣统五年三月，嘉兴沈曾植记。

再如"经典考证八卷"条，不唯其著录版本为"道光间游道堂刻本"，可补《文禄堂访书记》中仅言"许印林校原刻本"之不足。[①]其所录许瀚之跋文，亦可补《文禄堂访书记》中之阙字。又如"新刊真楷大字全号搢绅便览"条所录兴化李详题诗四首，虽已见诸《李审言文集》中，然字句颇有歧异，如第一首："广招重反旧藏书，新市平林过眼虚。不与芨宏同化碧，固应值得百车渠。"末句"百车渠"《文集》本作"白车渠"。[②] "车渠"即砗磲，盖喻书之价值甚高。审言熟精诗学，尝有《杜诗证选》之作，此句即系化用杜甫《谒文公上方》"金篦刮眼膜，价重百车渠"句，故《记》中所录可正《文集》作"白"之误。又"元包经传五卷元包数总义二卷"条，录存陈乃乾之跋，未见于《陈乃乾文集》，不唯可补其不足。且可与《文集》中所收之文对勘，明了陈氏之真实态度，并借以知晓陈氏谙习人情、通晓世故之状，知人论世，得此最足为证。《藏书记》所录跋云：

此明仿宋本《元包经传》五卷、《元包数总义》二卷，南陵徐氏积学斋藏书也。癸亥五月，书友罗经之携示宋刻大字本，遂校改于此本上。宋本亦八行十六字，唯不若此本之整齐。避讳至"慎"字止，"玄"作"元"，"恒"作"常"，"霆"字避顺祖嫌名，作"霆"。凡宋刻讹字，此本悉已改正。欲求以宋刻正此本之讹者甚少，见宋刻，益知此本之善，质之随庵先生，以为然否？海宁陈乃乾。

---

① 《文禄堂访书记》卷一，柳向春整理，上海古籍出版社，2007年，第41页。
② 李详：《李审言文集》，江苏古籍出版社，1989年，第1332页。

此条可与《陈乃乾文集·序跋》中"宋刻《元包经传》跋"对读，该条云①：

《元包经传》五卷、《元包数（志）【总】义》二卷，南宋刻本。避讳"玄""慎"字止。"玄"作"元"，"恒"作"常"，"霆"避顺祖嫌名作，作"霆"。明刻源出于此，故行款相同。开卷杨揖序"莅官之三日"，明刻讹"官"为"宫"。张浇跋"得同年张公文浇所为数义"，明刻讹"数"为"疏"。他如"牙"即"互"字，明刻误改为"妄"；"罚"与"刚"同（见李江注），而明刻改正之"罚"字为"刚"。凡此皆是以正明刻之讹者。癸亥五月获征此书，与明刻互勘一过，为书其后，以志眼福。

《藏书记》中所收之跋，作于陈氏坐馆积学斋之际，故于东家之物称道备至，以为"见宋刻，益知此本之善"。而陈氏鉴别，实系祖传青箱之业，自可分别积余藏本之良窳，故读其辞馆之后发表之跋文，方可知晓其真实见解。

《藏书记》中，复存在同书收存数条款目之情形。如《镡津文集》，《藏书记》中即收有两条款目，一为"镡津文集十九卷"条：

藤州镡津东山沙门契嵩撰。明支那本，万历丙午刊。每半叶十行，行二十字。白口，双边。首有熙宁八年陈舜俞所撰《行业记》。契嵩，姓李氏，字仲灵，藤州镡津人。庆历间居杭州灵隐寺，仁宗赐号明教大师。《四库》[著]录，凡文十九卷、诗二卷，附他人所作序、赞、诗、题、疏一卷。此本只文十九卷，盖诗未

---

① 原载《国学月刊》第二期，1926年11月10日，第379页。

合刊耳。

一为"镡津文集二十卷"条：

宋藤州镡津东山沙门契嵩撰。集分原教、广原教、孝论、皇极论、中庸解、问兵、问霸、论人品、非韩三十篇并书、记、志等。前有陈舜俞《镡津明教大师行业记》。每卷附音释。明南京聚宝门外雨花台经房孟洪宇印行。梵夹本。每半叶六行，行十七字。

两者相较，则不唯有助于此书版本之鉴别，且可知其卷次分合之详情。凡此诸般，《记》中所录，正复不少，皆可有助于辑佚、校勘及鉴定，其文献价值不需赘言。

总而言之，积余一生事业固足称道，而其心血所关之藏书，尤足表彰。《积学斋藏书记》及《续记》所录，正系当日积余朝夕摩挲之珍本秘籍之实录，得此一编，不唯可见积学斋旧日风光，亦可从中窥见积余之情怀。

原载于《收获家》，2013年第7期

徐乃昌旧藏张师信印钩拓片解

带钩，又叫钩。在文献中，还有异名叫师比、鲜卑、犀比、犀毗等。据《太平御览》："钩络者，鞍饰革带也，世名为钩络带。"也就是说，带钩不仅可以用于衣物上，也可以用于鞍马上。但游牧民族与农耕民族所用的带钩，却不一定是同一来源，很有可能是各自独立发展起来的。但无论如何，带钩这种用具，无论是在农耕社会还是游牧社会，都曾经被大家广泛应用。从功能上来说，带钩不仅具有一定的实用价值，即束带和佩系。还有一定的装饰作用，即通过其各种不同的造型，达到点缀的效果。带钩的材质也很丰富，有金银铜铁骨玉等，形式更是多种多样，充分展示出了古人的艺术想象力和表现力。至少在春秋时期，带钩已经进入了日常生活之中，一直要到魏晋时期，带钩才逐渐从日常生活中退出。由此可见，虽然只是一件小小的物件，却陪伴古人生活有千年之久。

马衡在《中国金石学概论》第一章《历代铜器》一节中，曾经言及带钩上的文字云："文字或作吉祥语，或纪年月日，或为官号，或为姓名。有刻于面者，有刻于背者，有刻于柱底者。柱底之文，可代印章，故往往多反文。《积古斋钟鼎彝器款识》之丙午钩，下有'张师信印'四字（其在背或在柱底则未详），明著印字，尤可证也。"他的这个说法影响深远，至今仍为很多讲述相关文物的研究者所广泛采用。马衡对于带钩文字的概括，显然是充满了真知灼见，足见其作为近代金石学巨擘不同凡响的眼光。但具体到张师信印钩这个问题上，则因为他只见阮氏著录而未睹实物甚至拓片所以受到了误导。

今考阮元《积古斋钟鼎彝器款识》卷十著录此钩为："丙午钩。铭十一字，阳识。'午'下一字旧释为'作'，此本文未全，据赵太常摹本编入。"

赵太常就是赵秉冲,字谦士,号研怀,上海人。嘉庆七年二月至嘉庆十年五月任太常寺卿(阮元书成于嘉庆九年,故称之为赵太常),后任户部右侍郎、兵部左侍郎。赵氏长期供奉内廷,常常会摹录宫中所藏古铜器,以为嗜好。也就是说,阮氏著录之器,可能是出自宫内,或者宫内也收藏有阮氏与所见拓本展示的同样的器物。阮元在书中引用了翁方纲的《两汉金石记》中的观点,来说明这种带钩的时代为西汉,说明二者至少造型应该是相同的。而据张廷济《清仪阁金石题识》卷一中记载,翁方纲在《两汉金石记》中著录的这一张师信印带钩,是根据宋葆淳送给他的一张自己所藏带钩的拓片。但这件带钩本身,很快又转手于他人了。"嘉庆丙子九月四日,安邑老友宋芝山学正葆淳来清仪阁,云张师信印带钩为张瘦铜舍人埙借去以赠毕秋帆制军,时未多拓,深可惋惜。"如此说来,或许宫中所藏的这件带钩,就是当年翁

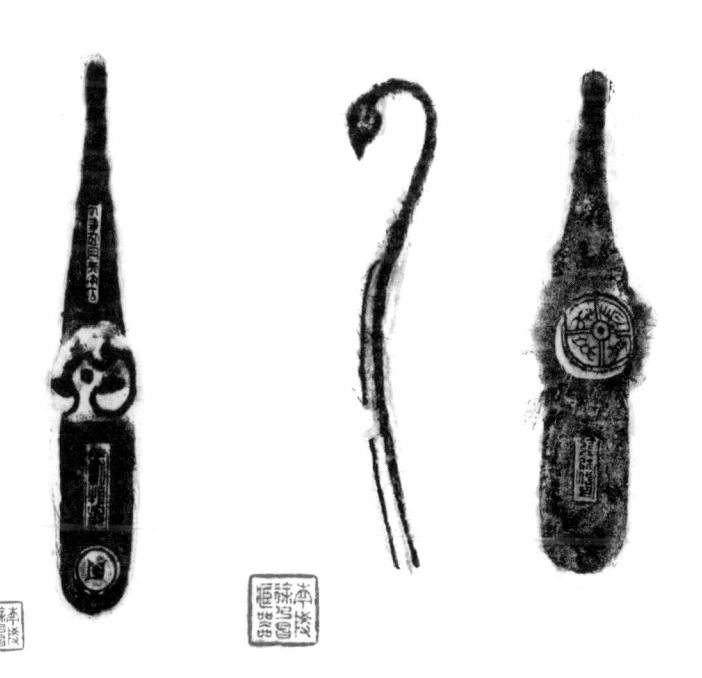

方纲、阮元著录的那一件，而随着毕沅的抄家物资一起，又到了宫内。张廷济这书中还记述到一个内容，颇让人迷惑，就是他在嘉庆十八年时候说《积古斋钟鼎彝器款识》中并未著录此钩。可此钩明明见于该书卷十，且阮元在《积古斋》序言中曾说："友人之与余同好者，则有江侍御德基、朱又甫为弼、孙观察星衍、赵银台秉冲、翁比部树培、秦太史恩复、宋学博葆醇、钱博士玷、赵晋斋魏、何梦华元锡、江郑堂藩、张解元廷济等各有藏器，各有拓本，余皆聚之，与余所自藏自拓者，集为《钟鼎款识》一书，以续薛尚功之后。"也就是说，张廷济其实也是参与了《积古斋》一书的编纂的，但他究竟何出此言，实在很难令人理解。另外值得一提的是，关于此钩的年代，阮元在书中采纳的是翁方纲的意见，但其实翁方纲之子，也就是阮元在序言中提到的翁树培，或许对于此钩的断代别有见解。在他的《古泉汇考·新莽六泉录》一书中，翁树培认为："张师信带钩上铸一钱无字颇似小泉之背文。"小泉，说的是新莽时期的小泉直一钱，即翁树培大概是觉得此钩应该是成于东京吧？可惜的是，大概出于子不言父之过的缘故，翁树培并没有将其观点进一步阐发。

《积古斋》一书中并未著录此钩的器形，故马衡猜测这四字应该是在"背或在柱底"。事实上，带钩文字要是作为印章之用，必须具备两个基本条件，一是与位置有关，即须在背或柱底，这样才有可能钤盖。一则与文字方向有关，即必须是反文，这样盖出来的文字才是正文。马衡当时只讲到了位置，却忽视了阮氏在书中所摹"张师信印"四字并非反文一事。也正是因为马衡曾经有此判断，因此将此四字视为印章的看法，至今不绝。

带有"张师信印"四字的带钩，还可以见到好几处著录。如施蛰存的《北山谈艺录续编》中著录一件带钩，说："右汉铜带钩正背侧三面全拓，此纸甚精。背铭曰'长宜君官，士至三公'，下有'张师信印'四字。《两汉金石记》著录一钩，铭曰：'六年五月丙午作，张师信印。'翁覃溪云汉自武帝始有年号，此器但云六年，故知是西汉器也。此钩无年月，而作吉语，亦有

建安六年鉤

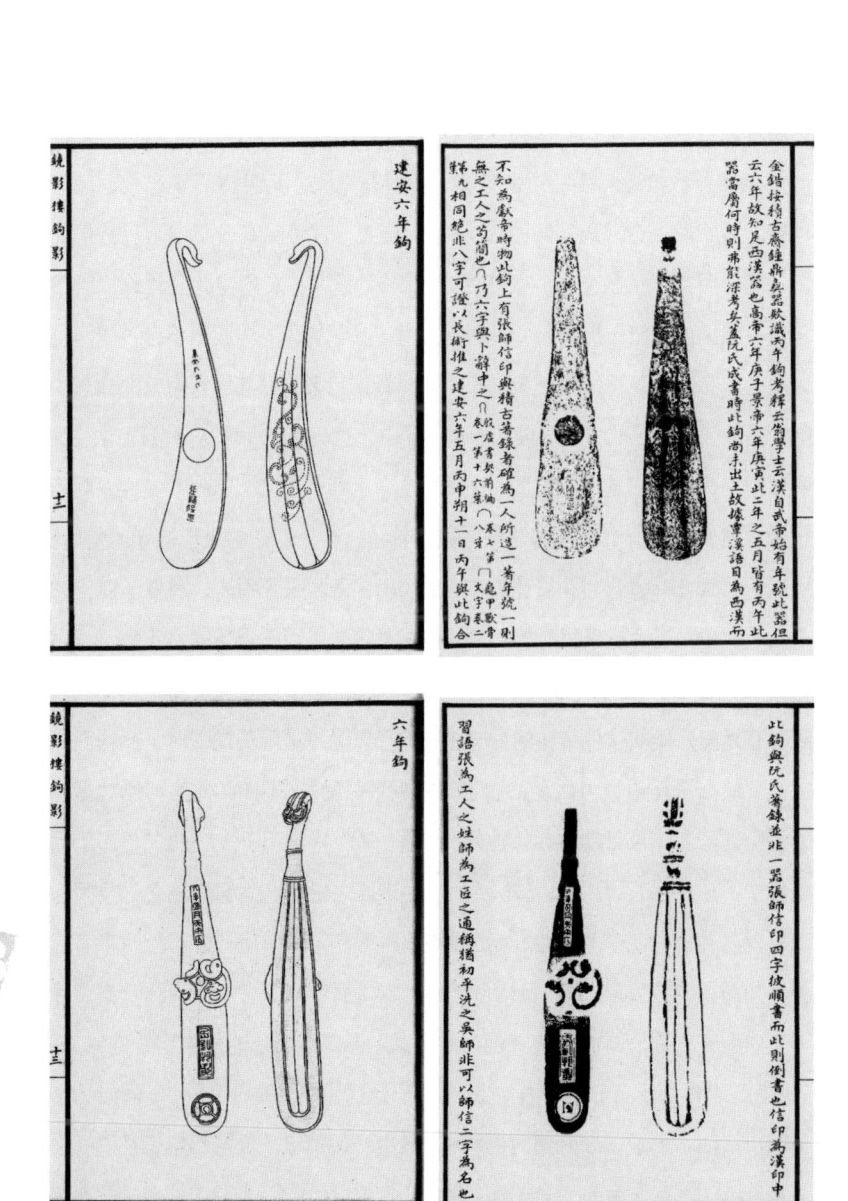

鏡影樓鉤影 十一

金錯按積古齋鐘鼎彝器欵識丙午鉤考釋云翁學士云漢自武帝始有年號此器但云六年故知足西漢器也高帝六年庚寅此二年之五月皆有丙午此器當屬何時則弗能深考安徽院成書時此鉤尚未出土故據專漢語目為西漢而不知為獻帝時物此鉤上有張師信印與積古箸錄者絕為一人所造一箸年號一則無之工人之茍簡也乃六字與卜辭中之囗叔及青銅○等七字囗啟甲戌同第九相同絕此八字可證以長術推之建安六年五月丙申朔十一日丙午與此鉤合

六年鉤

鏡影樓鉤影 十二

此鉤與阮氏箸錄並非一器張師信印四字彼順書而此則倒書也信印為漢印中習語張為工人之姓師為工匠之通稱猶初平洗之吳師非可以師信二字為名也

张师信印，则与翁氏所录者属一人一时所制矣。武帝建元以前金石刻，余所知仅赵二十二年群臣上酬刻石，及鲁六年造北陛题字，曰赵，曰鲁，皆著其国号。若但云六年，安知其为高帝之六年乎？抑孝惠文景之六年乎？想当时纪年，必不如是，且二钩篆势亦不似汉初笔法，又汉初不置三公，民间颂祷之辞不应远企《周官》，此余不能无疑也。汉镜铭有云'官至三公中尚侍'者，明是东京制作也。余览阅阮《识》、翁《记》均将此品称作'丙午钩'。"细细体味施氏措辞，可见他是认为"张师信印"钩似乎不应该是西汉时期的作品。但对于这四个字，却并无解释，想来是将其作为物权的标志了吧。另外，徐乃昌的《镜影楼钩影》一书中，也著录了两件张师信印钩。"张师信印"四字，一是由上到下，一则反之，也都是正文。因为其中之一明确记录为建安六年所造，则这几件同款的带钩，应该都是制成于这年的前后。所以，宣哲在《镜影楼钩影序》中说："《积古斋》采张师钩，翁覃溪以汉初无纪元，考为高帝或景帝时物，而是编张师诸钩有明白纪建安六年者，证以《长历》，益信。五月实有丙午日，此又非覃溪暨阮文达所及知矣。"不过，在存有建安六年款这件带钩的释文中，鲍鼎以为"盖阮氏成书时，此钩尚未出土，故据覃溪语目为西汉，而不知为献帝时物"，不知其此言何所凭据？但鲍鼎的考释，极见功力，如他解释"张师信印"四字时以为："'信印'为汉印中习语，'张'为工人之姓，'师'为工匠之通称，犹初平洗之'吴师'，非可以'师信'二字为名也。"正如鲍鼎所言，汉印中用"信印"两字者极多（如图所示），都是为了表达自己的物权。而'师'为工匠通称一事，除了文中所言之外，再如容庚《秦汉金文录》卷二中著录的扶侯铜钟的铭文："阳嘉三年九月十八日雷师作，值钱二千五百。扶侯钟，宜□。"再如1975年四川江油出土了曹魏时期的铜弩机，其中一件刻铭"景初二年二月一日左尚方造骑□□监作吏苏□司马张□臂师王客身师□□"表明这件弩机是曹魏时期掌管制作宫廷刀剑兵器的左尚方负责制造的。监作吏苏、司马张为督造的官员，臂师王客、身师为制作此弩的技术工匠。再如官府机构所造弩机

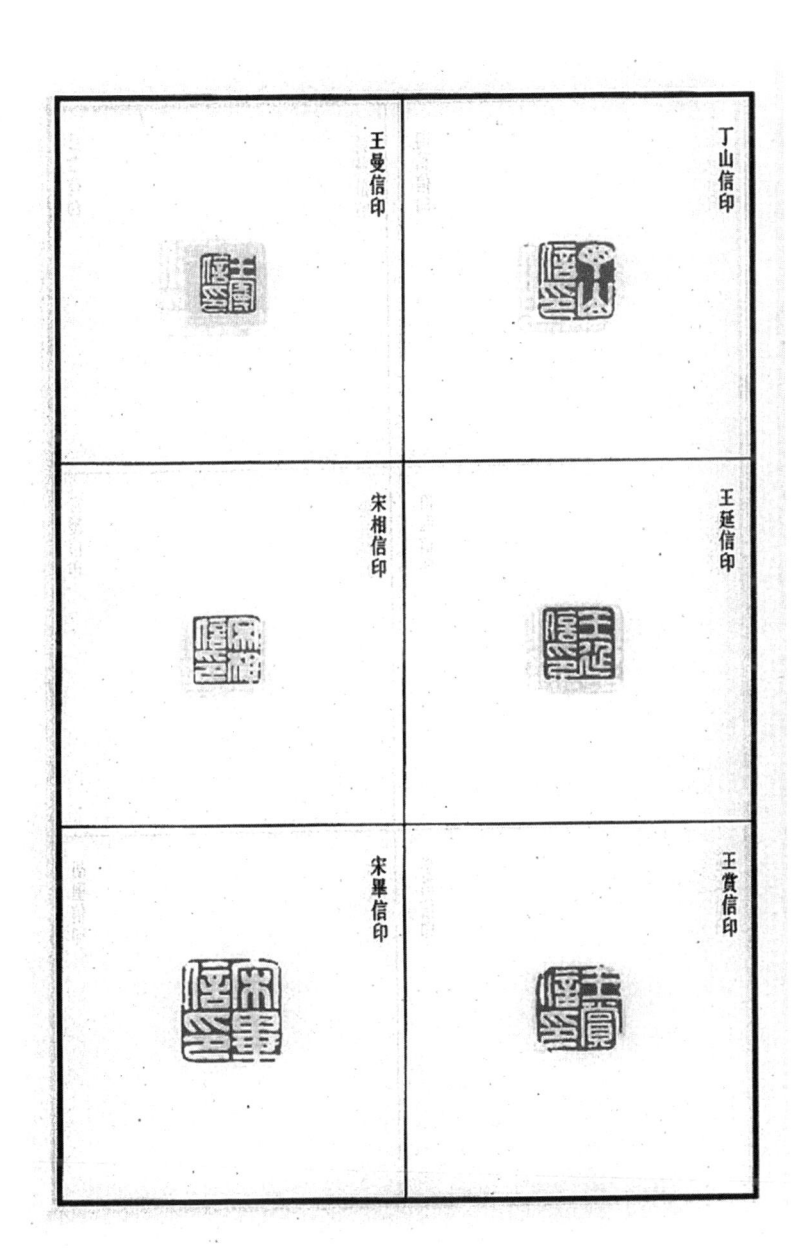

丁山信印	王曼信印
王延信印	宋相信印
王賞信印	宋畢信印

"建安廿二年四月十三日所市，八千五百，师□福"。又有南京赵史岗四号墓出土的一件越窑青瓷虎子，其腹部刻划："赤乌十四年会稽上虞师袁宜作。"从这些不同文物的铭文不仅可以看出，从秦汉以来形成的这种物勒工名的传统一直在延续，也可见"师"作为工匠通称这一用法，也是延续了很久。

张师信印带钩目前所知还有一件，也是徐乃昌所收，但未曾收入《钩影》之中，想来得之已在晚岁。这款带钩除了与其他张师信印钩一样有着这四字标识之外，另外钮上尚有瓦当形铭文"长宜子孙"四字。上述几件张师信印款的带钩，根据王世湘的研究，从造型上来说，都属于琵琶形，钩钮位于钩体的中部，大概是这一类型带钩的晚期造型。结合施蛰存及前人著录的那几款铭文，我们大致可以认为，这位张姓工匠主要活跃于东汉建安六年前后，他很有可能是一位深受大家喜爱的民间作坊的主人，所以其所造带钩上都会加上自己的款识。另外他也会根据不同需求，在带钩上铸作相应的祝词或吉语。而他"张师信印"的这一款识，不仅是秦汉以来物勒工名传统的变体，也是当时带钩印方兴未艾的一个反映。且从某种程度上说，也可以视作一种自觉的品牌宣示，未尝不能将其看作是一种商标。至少，可以将这一标识视为商标之滥觞。这张氏工匠刻意标举其品牌的这种意识，尤其是与其他见诸著录的带钩上传达的信息相较，显得格外突出。因这种突出制作者款识的做法，并非是带钩的常态。如果这个判断不错的话，那张师信印这个商标，将远远早于广为人知的北宋时期山东济南刘氏针铺的白兔商标。

原载于《文汇报》，2019年7月12日

徐乃昌旧藏卫骑将军带钩解

徐乃昌的《镜影楼钩影》中收有五十七钩、十符，由鲍鼎"类其文字，次其时代，略附考释，写成定本"，每品都存勾描图和拓本，用以两相对照，用意极佳。其中有"卫骑将军"一钩，文字考释云："卫骑将军不见于史志，汉有越骑、胡骑、骁骑诸名，卫骑盖其类也。"卫骑将军一号，是不是真正在历史上出现过，恐怕并不见得，因为这个四字款，很有可能是后来加刻上去的。但无论如何，这一点其实并不妨碍以下所讨论的问题。

这件带钩的原物曾藏于徐乃昌的积学斋中，但到底是不是带钩，当时却有疑问。1918年11月30日王国维曾经就此钩写信给徐乃昌说："尊藏卫骑将军一器，观其形制不类师比，似与千金氏、上方故冶诸器同一种类，真奇品也，请教之。"千金氏、尚方故冶诸器，容庚在其《秦汉金文录》中著录过多件，现在也有实物存世，到底是什么器物，其实还有疑问。但无论如何，这些物件应该是某种实用性铜构件，铜构件具体用途不详，但与有着"卫骑将军"款的徐氏收藏器物，在造型上和用途上都极为不同。王观堂当时所见，想必只是这件卫骑将军器的拓片而已，故而有所疑问。徐乃昌后来将这件东西仍然收在《钩影》之中，显然还是坚持了原来的想法。在徐乃昌1921年10月29日日记中，也曾记录过这件东西，他写道："卫骑将军师比。历代无卫骑官号，《金索》亦有卫骑将军印，印文稍大，恐非汉制，盖魏晋间佚官也。"从此书所附拓片影件及勾描图来看，这件东西也确实应该是一件实用的带钩。根据王世湘的研究，这种造型的带钩可以归类为长牌形带钩，多见于战国晚期的三晋及周都地区。山西长治分水岭二十五号墓中，也曾经出土过类似的长牌形带钩，与这件带钩的勾描图所显示的那样，分水岭的这四件带钩，钩背中部也有一个方环形的鼻穿，说明这种带钩是可以几件同时连

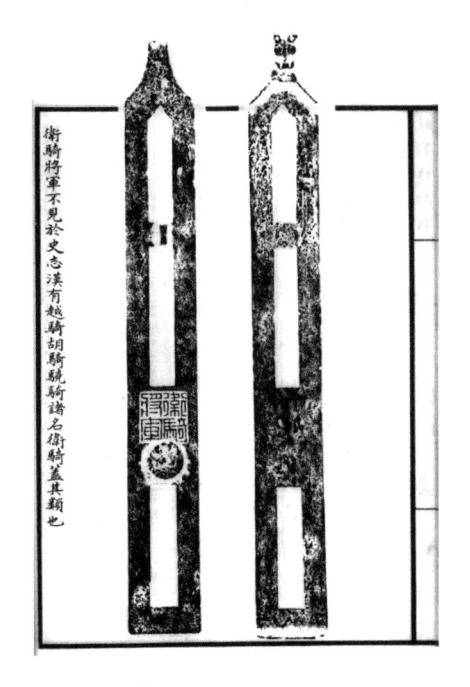

《镜影楼钩影》影印
卫骑将军带钩拓片

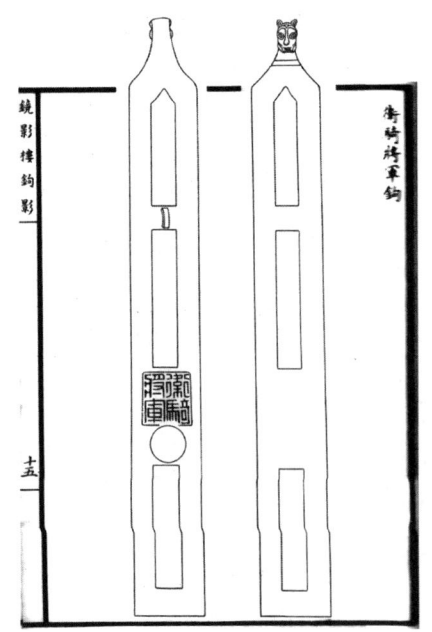

《镜影楼钩影》著录卫
骑将军带钩线描图

网上所见千金氏拓片

卫骑将军带钩拓片

网上所见千金氏实物

接并用的。这一形制的长牌形带钩，又可以见于长广敏雄的《带钩的研究》一书，可见，这种造型应该是有一定的普遍性的。

书中著录的带钩上"卫骑将军"四字，正如勾描图中所展示的那样，系由右而左、由上而下所书的正字。其影印的拓片中，此四字也是与此相同，正如书中所示。但问题恰恰就是出在这里。徐乃昌所藏这些带钩，早已失散，现在恐怕已经不存了。但其中小部分却有原拓存世，可供对照。而此卫骑将军钩的原拓也恰好存世，可以与此书所收加以对比。两者相较，就可以发现，现存拓片中，"卫骑将军"四字是反文，左右顺序也该与书著录者相反。带钩上镌刻的文字一般有三种情况，一种是吉语，一种是表明制作者，另一种则是表明物主。吉语和制作者是为了展示给观赏者的，自然都是正文。而表明物主的，又可以分为两种，一种是除了展示物权之外，还有另外一个实际用途，即当作印章来使用，显然这部分文字应该是反文。另一种，则只是单纯的宣示物权，自然也该是正文。此书中所收的"卫骑将军"四字，从其所在的位置来看，一定只能为了宣示物权的，而不可能用作印章。因此文字一定只能是正文。但问题在于，现存的经过装裱、并钤有物主徐乃昌鉴定印章"南陵徐乃昌藏器"的拓片中，此四字却系反文。两者既然不符，按道理应该是出版时出了问题。但正如上文所言，这件东西上的四字，无论如何都不可能是反文的。再仔细观察原拓片，原来是拓片在装裱时候为裱工误裱，因此原本的反面变成了正面。事实上，在利用拓片时候，对于拓片究竟是正是反这个问题一定要特别注意，尤其是在利用已经前人钤印或者题跋的拓片的时候，更是要严加判别，以免失误。

原载于《文汇笔会》，2019年8月7日

南海桂文灿及其《经学博采录》

一、生平大要

桂文灿（1823—1884），字子白，号昊庭，又作皓庭，广东南海县捕属人。桂氏先世居幽燕，自唐安史之乱而屡迁至浙江慈溪。清初，曾祖应和以湖南幕而游广东，遂家粤省南海。祖鸿，诰赠朝议大夫江苏常州府知府。父士杞，由征士郎候选州判，累封至中宪大夫江南淮海河防兵备道。母陶恭人。

子白行三，少有大志，尚气节，好经济，不沾沾举子业。自弱冠治经，即讲求宏通，不屑屑于饾饤獭祭之学。道光二十六年（1846）丙午，问学于岭南通儒陈澧（1810—1882），学益进，而兰甫（陈澧）亦以大儒期之。有清之学，自顾、阎二先生以实学首倡，渐流而门户遂立，朱、郑判襟，汉、宋异辙，然犹各行其是，学者多能就一己之长，或分别研习，或兼而有之。衍至甘泉江藩（1761—1831）《汉学师承记》、桐城方东树（1772—1851）《汉学商兑》出，两者遂如冰炭。而子白则承接仪征阮元(1764—1849)暨其师陈兰甫之绪论，以为"周公尚文，范之以礼；尼山论道，教之以孝。苟博文而不能约礼、明辨而不能笃行，非圣人之学也。郑君、朱子皆大儒，其行同，其学亦同"①。因著《朱子述郑录》二卷，以明先儒知行合一、经明行修之高，非如陋儒之徒以门户井井自绳也。

道光二十七年（1847）丁未，受知叶河全庆（？—1882），以解经拔第一，补弟子员。二十九年（1849）己酉举于乡，为副主考道州何绍基

---

① 见于《清史稿》卷四八二"儒林三"子白本传，中华书局，1977年，第13287页。

(1799—1873)所赏，取经义呈进御览。子白刚直自任，不事干求，其伯兄子淳（文耀），以名进士改外，所交多贵人达官，而子白一无所谒。即湘乡曾国藩（1811—1872）介友思见，亦以引嫌未往，其洁身自好类如是。咸丰改元，天下扰攘，自江南被兵，国事日非，子白乃慨然有当世之志，公车晋京，拣选知县，交晋江陈庆镛(1795—1858)、六合徐鼒(1810—1862)等，为户部右侍郎歙县王茂荫(1798—1865)所许，有国士目，拟荐于朝。

咸丰四年(1854)甲寅，丁大父艰南归，此后六七载，内居丧亲，外遭事变，中更百苦而著书不辍，尝言："忧患正学人用力时，吾不以颠沛流离而废学也。"①所著有《易大义补》（咸丰四年）、《四海记》（咸丰四年）、《孝经集解》（咸丰四年）、《朱子述郑录》（咸丰五年）、《重辑江氏论语集解》（咸丰五年）、《子思子集解》（咸丰五年）、《经学博采录》（咸丰五年）等，其好学深思类如是。又亟亟以发扬先贤盛意、流布典籍为务，尝首倡刊行经学诸作，以鼓励学风，振刷民心。同治十二年（1873）九月两广盐运使巴陵钟谦钧(1805—1874)《古经解汇函》序云："昔当劳公时，始议刻此编者桂皓庭孝廉。"②皆见子白肆力古学、保存文献之苦心。

同治改元，献所著《经学丛书》六十四卷，得旨留览，并谕："所呈各种，考证笺注均尚详明。《群经补证》一编，于近儒惠栋、戴震、段玉裁、王念孙诸经说多所纠正，荟萃众家，确有依据。具见潜心研究之功。"③次年，又应诏陈言，有严甄别以清仕途、设幕职以重考成、分三途以励科甲、裁孱弱以节糜费、铸银钱以资利用等议。又若津贴京员、制造轮船、海运滇铜等条，则先后允行。而其以时事扞格，未能实施者，据云亦得朝官争

---

① 见桂坛等《先考皓庭府君事略》（下简称《事略》），《禹贡川泽考》附，利华印务局，民国三十五年（1946）重印本。又本节所述，多本《事略》，特此说明。
② 《古经解汇函》卷前，同治十二年（1873）粤东书局刻本。
③ 同治元年（1862）十二月十七日甲午上谕，《大清穆宗毅皇帝实录》卷五十三，伪满洲国国务院发行，东京大藏出版株式会社影印，1934—1936年，第43—44页。

相手录，相与嗟叹。蒙古倭仁(1804—1871)尤为赏异，以谓能行其言，则天下且大治也。其究心时务、识见超群又如是。同治三年（1864）甲子，曾涤生（国藩）初下江宁，即诒书招子白于军中。后以大母病归，为粤督历城毛鸿宾(1811—1867)所聘，与修《广东图志》，越六载而书成，上进御览。同治十年（1871）辛未，再赴春闱不售，而都中旧雨，班荆道故，极尽文酒之欢，如五月朔之龙树寺雅集①，即子白京中燕谭高会之一例。其中若吴县潘祖荫(1830—1890)、南皮张之洞(1837—1909)者，皆与子白深相投契。而一时胜流，多所钦仰，有顾亭林之比。

六月南还，道出金陵，为两江总督曾涤生座右之宾，至所赏叹，相见恨晚，语大僚云："（子白）志坚卓而识远大，有用才也。"②令遍见江南诸名宿，皆所尊伏。③乃以子白一意南归，为致书两广总督满洲瑞麟（？—1874）云："有桂孝廉皓庭者，名文灿，广东举人。会试后出京过此，都中知好来书，盛称其学问渊博。国藩接见数次，又观所著书数种，知其积学敦行，于国朝研经诸老辈洞析源流，不独为粤中翘楚，抑不愧海内硕彦。尊处若开书局，似可派令总司其事……皓庭此次回粤，必将叩谒台端，仍希推爱垂青，妥为位置一席，俾好古劬学之儒不为衣食所困，则感泐无涯矣。"④其筹划可谓备至，亦有以见其推重之意。八月初八，莫愁湖胜旗楼落成，曾氏乃招同江宁诸问学同道十七人会饮，满座高朋，论议风发，子白乃乘兴而成《莫愁湖雅集图》并《记》，纪其盛云："一时文学之士咸在，以觞以咏，以

---

① 参桂文灿《潜心堂文集》卷八《蒹葭簃雅集图记》，复旦大学藏南海桂氏家钞本。
② 见《事略》。
③ 如德清戴子高望尝咏赠子白云："乍见两倾倒，欢若逢旧故。百川趋学海，吐纳穷今古。含兹好怀抱，择善无纤巨。大鹏绝青天，垂翼盖宙宇。早年虑边防，筹策陈当宁。时移事累变，骚动嗟朝野。骥足尚风尘，偏与凡禽伍。相知赵（㧑叔）刘（恭冕、叔俛）陈（乔森、逸山），赏叹非虚誉。韦布亦足荣，还代施云雨。徘徊商出处，觞酒追尧禹。"见于《谪麐堂遗集》"诗"卷一《赠南海桂文灿即送其归粤》，宣统三年（1911）邓氏铅印《风雨楼丛书》本。
④ 同治十年（1872）七月二十五日函。又同日致钟秉之函亦有是语。均见于《曾国藩全集·书信十》，岳麓书社，1994年，第7501—7504页。

上下其议论，于以拓心胸，增学识，化气质，极朋友之乐。"①时江南新复，人心思定，曾涤生乃告子白云，古之经学即圣人之学，学礼而已。又以为清、任、和三者，不可阙一。子白深佩其言，因于金陵客中，著《弟子职解诂》《四言曲礼》等以报，涤生见而称善。

八月底，子白归里，自此家居十年。然平居恒以国事得失、人才进退为忧喜，于地方利病，辄有陈义。尤所用心者，为扶植名教、培植人才诸事。尝汇集贞孝节烈二万余以请旌，设劝戒社以杜鸦片之流毒，所为无非身心践履之学，境愈平，学愈进。

光绪六年(1880)庚辰，再至京师，谒合肥李鸿章(1823—1901)于津门，请于粤设华洋信局以拯粤民之为贩外为奴者。九年(1883)癸未，为顺天尹宜兴周家楣(1835—1887)延修《顺天节孝录》，因迭陈顺天钱法及直隶蚕桑事宜，皆为嘉纳。法人入寇，子白于都中诒书，为粤防筹备甚至，大吏用其策，而粤中赖以不惊。

是岁截取知县，五月初五奉朱笔圈出以知县用。十年(1884)甲申二月，签掣湖北郧县。六月抵鄂，谒上官，皆素知，用之如恐不及。臬使贵筑黄彭年(1824—1890)檄往江夏治狱，推鞫讼狱，皆明白晓畅，屡为大府称善。七月，福建马尾海战讯至，鄂戒严以待。子白乃建言增枪队、练阵法、设方略以备不虞，甚为制府所赏，下所部施行。七月初五，履郧县任，至九月初七方崎岖抵郧。下车伊始，即仆仆政务，以为治民之道，教化为先。汲汲以兴学校、宣伦理为务，设宣讲堂讲圣谕律令，设义塾以训颛蒙，表彰孝弟廉让之士以励俗。邑治旧有龙门书院，为筹款修复，且牒大府请颁崇文书局所刊书以惠士林。又"尝于郧之郧山书院分设经术堂及治术堂以课士，所习经学，不仅考求名物训诂，必以《大学》之格致、诚正、修齐、治平为本。治术则以兵、食、盐、漕、河之外，兼讲海防以备任。使异日多士学为忠

---

① 见《潜心堂文集》卷八《莫愁湖雅集图记》。

孝，严义利之辨，综体用之功"①。其善教士民类如是。平居为政，"公牍则取案无留牍四字以自警，堂判则取哀矜勿喜四字以自励"②。子白之在郧，终日堂皇，昧爽即起，视事至夜分乃寝。生平慕乡先达海瑞、陈璸之为人，又念先人累世为清白吏，益以廉介绝俗，不名一钱。臬司黄子寿（彭年）手批其牍，称其深探治本，力矫俗吏之所为，求之近今，实为罕觏。其清明廉洁，又多类此。十月初旬，积劳病甚，仍力疾治事不少辍。病革时，犹撰有《条陈时务并海防封事》一函。易箦之日，以一官一邑未能报效朝廷为憾，而无一言及家事。以十月十二日卒于官，春秋六十有二。归榇日，路祭者塞于途，或太息曰："真好官，惜百姓无此福耳。"十一年（1885）乙酉四月十五日，湖北督抚以子白"积学敦行，经济闳通"疏请宣付史馆，奉谕入列儒林传，以为研经者之劝。子白学兼汉宋，于群经无不甄综，远宗许、郑，近窥顾、戴，所阐经义，能补前人所未及，经术吏治，超越等伦。"其处也，以崇廉耻、知古今为务；其出也，以振纪纲、培元气为心。"晚得尺寸柄，以莅官甚暂，竟未展其才，赍志以殁，论者惜之。

子白自少壮向学，数十年间，矻矻兀兀，宵旰笃行，不知有倦，每有会心，便笔之于录，自少而老，著述满屋，计五十五种二百四十九卷，而梓者尚未及半。配陈氏，诰赠宜人。黄氏，例封正七品孺人。子四人，长坛，光绪五年（1879）己卯科举人，拣选知县。次坫，光绪二十年（1894）甲午进士，补用道署浙江严州府，清国史馆总纂。次坤，国子生。次植，增贡生，候选训导，驻美、驻英参赞，菲律宾总领事。孙，延銮，光绪二十七年（1901）辛丑举人。铭新，美国留学生。铭忠、铭敬、铭谦、铭恩、铭熹、铭澄等。

子白一生行迹遍大江南北，多识通人硕学，耽尚研经之余，尤能旁搜广索，于同代学人多所论说，类中肯綮。而子白之学，后世亦有论之者云：

---

① 见《事略》。
② 见《事略》。

"虽后起而精博有家法,非澧所及。"所著《经学丛书》四种,未尝少杂宋以后空言。黄体芳谓阮元立学海堂课士,末乃得文灿,为不负其堂云。[①]此自一家独好之言,未可视为定论。而同时之常熟翁同龢(1830—1904)亦曾于其《日记》中评子白云:"见广东桂文灿于厂肆,此君曾进《经学丛书》,又条陈时务,盖有才而不纯者。"[②]又光绪九年(1883)十一月初一《日记》云:"桂同年留京候选,以书抵余,论当世事虽迂而有大略。"[③]言其"不纯"者,盖以其非似纯儒之专肆经学也。言其"论当世事虽迂"者,盖子白以区区末僚,难窥国事症结也。然翁评亦仅一时观感,非如许氏昆仲月旦评之可据也。然费、翁之论,虽各有所私,盖皆以传统之学问为基础而言者,以今之标准论,则子白一生所业既广,成就亦夥,且学术事功均有可述,不愧一时魁杰之士,至可风也。

二、桂氏之学术

如前所述,子白一生涉猎广泛,著述丰饶,然多皆不外经、史两部。而其中付梓者,则仅咸丰至光绪年间南海桂氏家刊《桂氏经学丛书》本中所著录之《易大义补》一卷、《禹贡川泽考》二卷[④]、《毛诗释地》六卷[⑤]、《郑氏诗笺礼注异义考》一卷、《周礼今释》六卷、《箴膏肓评》一卷、《起废疾评》一卷、《发墨守评》一卷、《论语皇疏考证》十卷[⑥]、《孝经集证》四卷、《孝经集解》一卷[⑦]、《孟子赵注考证》一卷[⑧]、《弟子职解诂》一卷、《群经补证》六卷、

---

① 沃邱仲子(武进费行简)《近代名人小传》"儒林",崇文书局,1919年,第10页。
② 《翁同龢日记》同治二年(1863)月二十九日,陈义杰整理,《中国近代人物日记丛书》本,中华书局,2006年第2版,第266页。
③ 同上注,第1785页。
④ 又有光绪十三年(1887)森宝阁铅印本及民国三十五年(1946)利华印务局铅印本。
⑤ 又有民国三十六年(1947)私立广东国民大学铅印《民大丛书》第六种本。
⑥ 又有《庚辰丛编》本。
⑦ 又有民国三十年(1941)道德书局铅印本。
⑧ 又有《丙子丛编》本。

《潜心堂集》一卷又附录《先考皓庭府君事略》一卷①，以及《辛巳丛编》本之《经学博采录》六卷②、《说文部首句读》一卷③等。除此之外，尚有《周官证古》一种，卷前荣成姜忠奎(1897—1945)序云："是书原名《周礼通释》，凡六卷，南海桂子白先生文灿著。条举群书以明《周礼》之有，本意甚善也。惟以一文分证数事，稍病其复，且与《通释》体例不协。壬午秋，古学院得先生遗稿数种，是书在焉。忠奎不揣弇陋，辄并其所举数事，而以一文证之，约为二卷，更题曰《周官证古》，其亦不悖先生之本旨欤？"④则其立足子白原著，稍事修正，亦可窥见子白学术之一端。然综上所述，子白著作之刊行者尚不足所著五分之一，则桂氏学术之有待发掘，自不待言。

如前所云，子白之著述，其家刊者之外，又有吴县王大隆（1900—1966）及昆山赵诒琛（1869—1948）所编之"八年丛编"中所收三种、侯官郭则沄(1882—1946)所编《敬跻堂丛书》中所收两种。其他零星刊行者，以

---

① 子白著作刊行状况，可参谢国桢撰《桂氏遗书》提要（见于《续修四库全书总目提要（稿本）》第29册，齐鲁书社，1996年，第693页。本文所引子白著作《提要》，除另外说明外，均承友人鲁东大学教授李士彪博士整理传示，特此致谢）及《中国丛书广录》第5260条"桂氏经学丛书"（阳海清撰，陈彰璜参编，湖北人民出版社，1999年，第406页）。又《辛亥以来藏书纪事诗》一一五"桂浩亭"条："东塾门中桂浩亭，众家荟萃证群经。岭南家学传薪少，何日遗书见杀青。"南海桂浩亭知县文灿，著籍东塾门下最早，兼治群经，所著有《易大义补》《禹贡川泽考》《毛诗释地》《诗笺礼注异义考》《周礼今释》《葴膏肓评》《起废疾评》《发墨守评》《孝经集解》《孝经集证》《群经补证》《论语皇侃义疏考证》《孟子赵注考证》，俱已梓行。今通行本《桂氏丛书》，缺《群经补证》《论语皇侃义疏考证》《孝经集证》三种。……其子南屏检讨告……年八十矣，而遗书未尽出，曾托人询，亦未得复，岂已散佚耶？（伦明：《藏书纪事诗辛亥以来藏书纪事诗》合订本，上海古籍出版社，1999年，第92～93页）然桂氏著作之刊行，持续时段较长，中经兵燹，散佚固多，诸家记录不一，如曾与子白之子南屏往还之王欣夫先生就曾以为《葴膏肓评》一卷、《起废疾评》一卷、《发墨守评》一卷、《论语皇疏考证》十卷、《孝经集证》四卷、《群经补证》六卷等未刊（见《蛾术轩箧存善本书录》"未编年稿"卷一"南海桂氏经学丛书七种附二种目外二种"条，鲍正鹄、徐鹏整理，上海古籍出版社，2002年，第1447页），此说或即出自南屏之口。然《中国丛书综录》所据为孙殿起之说，孙氏贩卖古书多年，年眼既夥，所言当为有据，故姑从之。
② 又有《敬跻堂丛书》本。
③ 《民大丛书》第四种，广东国民大学，民国三十五年（1946）。
④ 《敬跻堂丛书》之六，民国三十一年（1942）古学院刻本。

敬跻堂丛书本郭氏署端

未知其详，姑不论。①王欣夫（大隆）刊行之子白著作，来源有二，其多篇题跋中均曾述及于此，即一则源于故宫所藏子白所呈御览之《经学丛书》，再则源于子白次子南屏之钞寄。两者一系子白手订之进呈本，一系桂氏家藏钞本，故当较近子白原书之本来面目。郭则澐所刊者，据其民国二十年（1931）十一月所作之《经学博采录》序："吾友黄君君纬藏有桂氏遗著多种，皆未刊之稿，《经学博采录》在焉。"其所刊两种，《周礼通释》已如前揭姜序，曾经删节合并，已非子白原书本相。《经学博采录》一种，与原书相较何如，则不可知。而黄氏所藏究系何种来源，并无说明，故其较诸王氏之本，似稍逊色。又有可言者，据《艺风老人日记》壬子（1912）三月二十日："覆秋湄，寄《三垣笔记》、《士礼居题跋》、《越缦堂日记》、桂文灿《毛诗地理考》、《四书笺注》、《永宪录》、《桐城方戴二家书案》、《金粟道人遗事》。"②观此可知，江阴缪荃孙(1844—1919)及顺德邓实(1877—1951)当时曾有刊行子白著作之

---

① 然此数种零星刊行者，恐亦与子白之子南屏有关，如广东国民大学曾刊子白著作两种，其《毛诗释地》卷末即有民国三十六年（1947）二月南屏跋文，云："咸丰初元，先儒林公撰《毛诗释地》六卷，同治元年进御览，蒙上奖。光绪十一年（1885），仅征卞颂臣尚书称其有益后学。十二年（1886），钱唐汪郎亭序之，谓王伯厚《诗地理考》引而未申，此书博采《尔雅》、桑《经》，条其异同，订其得失。坊于光绪十九年（1893）曾付梓人，年未遭乱版毁，谨将存稿录出以告来者。"
② 《艺风老人日记》，北京大学出版社，1986年，第2472页。

經學博采錄卷一

南海桂文燦

惠定宇徵君戴東原吉士錢辛楣詹事所著諸書家置一編然尚有未刊行者徵君未刊之書有周禮補注六卷其體例與九經古義略同吳縣吳獻生修撰鍾駿嘗獲遺稿於其家修撰弟子林香溪博士錄其副藏之吉士未刊之書有直隷河渠書一百十一卷為吳江周履泰所竊易名畿輔安瀾志嘉慶己巳繕寫進呈上謂此有用之書刊之履泰以同知用吉士之中学負書入都欲辯明之而無肯言於上者今不知其稿尚存否詹事未刊之書有唐石經考異三卷於初刻續改之處聚蒼崒書參互考正最為精確王悼甫秀才云其手稿今藏海鹽陳君其幹家

經學博采錄卷二

南海桂文燦

陳蘭浦先生嘗云治經史不可不明地理而考地理不可無圖故繪禹貢圖又囑鄒君特夫繪歷代地理圖海內為此學者有金匱錢氏以內府輿圖縮為小本最便行篋惟各省分圖閱者心神苦不相貫又有陽湖李申耆氏董方立氏依內府圖準天度定里每度為二格計每格縱橫各當地上一百二十里內府圖經度近極處漸狹董氏摹本昇令均齊府廳州縣悉載無遺內府圖蒙古部落未注旗分董氏詳之陳蘭浦先生得董氏所藏內府圖蒙古旗分皆董氏朱書添注故知之也盤江從徐宏祖遊記以其源流易尋也李氏又嘗繪春秋輿地圖其自跋云春秋輿地

念,然未知何故,此处所列诸书中,除子白所著两种外,余皆刊诸邓氏所辑《古学汇刊》第一集①中。

子白之学,承诸陈兰甫,不唯其治学门径如此,即其所著之书,亦多有得兰甫之启发而作者,如其《禹贡川泽考》《周礼今释》《毛诗释地》《孝经集解》《孝经集证》《四海记》等,而其余之作,亦皆可见兰甫学术之影响。同治十三年(1874),长洲叶昌炽(1849—1931)代幕主时任广东学政钱塘汪鸣銮(1839—1907)撰写《桂氏遗书序》②,职此之故,叶鞠裳(昌炽)曾将所见子白著作翻阅一过,据其四月十五日《日记》:"午后大雨,读南海桂氏文灿遗著,凡十种,曰《易大义补》、曰《毛诗释地》、曰《春秋列国疆域考》、曰《孟子赵注考证》、曰《孝经集证》、曰《群经补证》、曰《经学提要》、曰《说文部首句读》、曰《经学博采录》、曰《潜心堂集》,桂为陈兰甫弟子,故其学谨严而少心得。"③虽于子白学术评价较低,然其特意拈出子白为兰甫弟子一事,则师弟之传承情状,于书中屡有明见可知。

二十世纪二十至四十年代,由日本退还之庚款资助而成立之东方文化委员会曾罗致当日若干学者纂辑《续修四库全书总目提要》,其成稿存今约三万五千余篇。其撰人多一时之选,择定之书目,虽良莠不齐,然亦多可反映《四库全书》未收及纂修之后学术发展之大况。子白之诸作,此中即收录多种,其提要撰写者,则皆相关专门学者,足以如实描述子白诸书之特色及长处。今择其所言,并以吴县王欣夫先生之说,罗列如下,于以见子白学术之大貌云尔。

1. 甘泉江藩曾序元和惠栋(1697—1758)《易大义》云:"惟《易大义》世无传本,嘉庆二十三年春,客游南昌,阳城张孝廉子絜出此见示,为艮庭

---

① 上海国粹学报社排印本,民国元年(1912)刊。
② 参叶氏《缘督庐日记》光绪十三年丁亥(1887)六月廿六日:"阴,作《桂氏遗书序》一首,代郋亭。"江苏古籍出版社,2002年,第1331页。此承同门东北师大文学院王立民博士检示,特此致谢。
③ 同上书,第1307—1308页。

先师手写本，云系徐述卿学士所赠。藩手录一帙，知非《易大义》，乃《中庸注》也。盖征君先作此注，其后欲著《易大义》以推广其说，当时著于目而实无其书，嗣君汉光先生即以此为《易大义》耳。是注虽征君少作，然七十子之微言亦具在是矣。"①而子白则"据《明堂大道录》栋自注，有'详《礼运新注》'语，知栋已成书，后人散佚"，并以《易大义》"今只有《中庸》二卷，其《礼运》一卷有目无书……乃偏考惠氏所著诸书，参以己意，撰《易大义补》一卷"②。此提要一本子白该书自序，所言撰作缘起，可备参阅。柯氏又于此书价值评云："文灿参稽互证，不但博洽《礼》文，亦借以精研《易》象，补惠氏之阙遗，庶无愧色矣。"当嘉庆二十五年（1820）三月江郑堂（藩）序《易大义》之时，尝叹云："昔年欲补此（《易大义》）三卷，于《中庸》之旨略通其谊，至于《礼运》，则反复求之而不能明也。"至此子白书出，泉下有知，则不惟定宇首肯，即郑堂亦当掀髯而笑也。

2. 子白尝撰《禹贡川泽考》二卷，长汀江瀚(1857—1935)所撰提要叙之最为详明扼要，其云："文灿为番禺陈澧弟子，是书亦本其师说，以康熙乾隆地图及齐召南《水道提纲》为据，参以澧所著《汉书地理水道图说》，复考群书，兼增己意。始于弱水，终于洛水，入河者附河，入江者附江。河北者次于河，江北次于江。恪守本经，谨循其序。于《职方》《尔雅》《山经》《汉志》《说文》《水经》，则备录其文，余皆从略。其自序谓非敢存邵下无讥之见，不敢掎摭前人也。"③然篇中所言，间有与兰甫不合者："篇中以禹导弱水在今山丹、张掖二县北，高台县东南，绵延约二百里。今蒙古额济纳，旧土尔扈特地，自汉至今，皆为徼外，殆禹迹所不至也。特观弱水北流入于沙漠之中，故《经》曰'入于流沙'。古文家不知此，故以弱水实入居延泽，

---

① 道光二十七年（1847）刊番禺潘氏《海山仙馆丛书》本卷前。
② 均胶州柯凤荪绍忞撰《易大义补》提要，见于《续修四库全书总目提要（稿本）》，第35册，第535页。
③ 见于《续修四库全书总目提要（稿本）》，第1册，第756页。

遂以居延泽为流沙耳。《地记》以为入于流沙,通于南海。《水经》又以流沙为地名。并失之。案流沙古无此解。陈澧云'今蒙古额济纳,旧土尔扈特索博鄂模。亦本《汉志》而释以今称'。此谓流沙非地名,盖与其师说不合也。"

3. 高密郑玄蔚为一代大师,《后汉书》卷三十五本传论云:"郑玄括囊大典,网罗众家,删裁繁诬,刊改漏失,自是学者略知所归。"①可见其重。有清乾嘉以来,郑学尤为学人所好,一时颇有非郑不言之势,言郑氏家法者,亦称沉沉夥颐,如陈兰甫即论云:"郑君注《周礼》《仪礼》《论语》《尚书》,皆与笺《诗》之法无异,有宗主亦有不同,此郑氏家法也。何邵公《墨守》之学,有宗主而无不同。许叔重《异义》之学,有不同而无宗主。惟郑氏家法兼其所长,无偏无弊也。"②其"有宗主亦有不同"之说,可谓一语中的。而子白之作《郑氏诗笺礼注异义考》,"意在明郑学,大旨以为宋王应麟《诗考》谓郑君先通韩,故注《三礼》与笺《诗》异。《后汉书》本传、孔疏、贾疏并同此说。桂则谓郑《三礼注》与《笺》异者固多韩说,亦兼齐、鲁"。"篇中以《诗笺》为长、《礼注》为短者二十五条,以《礼注》为长、《诗笺》为短者十五条。又有《笺》《注》文义本无可异而《疏》误释者二条,《笺》《注》文义俱异而固可通者三条。其于郑氏《笺》《注》异义,可谓苦心分明矣。"③正可为兰甫之说,作一佐证。

4.《周礼今释》一书,长洲胡玉缙(1859—1940)撰提要云:"自郯子言'祝鸠氏'为司徒,以后代之官况古官;曾子言《周礼》'犹醵',以后代之事况古事,于是杜子春、郑众、马融、郑玄、干宝辈,每以时制况周制,贾公彦亦以唐制为况。是编即师其法,凡《周礼》制度,悉以今制释之,而心知其意,绝不强为牵合,颇能得其会通。""陈澧《东塾读书记》云'读《周

---

① 中华书局,1965年版1987年第4次印本,第1213页。
② 《东塾读书记》卷十三《郑学》,《中国近代学术名著丛书》本,生活·读书·新知三联书店,1998年,第271页。
③ 江瀚撰提要,见于《续修四库全书总目提要(稿本)》,第1册,第762页。

礼》者，知汉、晋、唐儒者举今晓古之法，则当遵循之。读《周礼》毕，当读《大清会典》，举国朝之制以况《周礼》，则《周礼》更显而易见，而今制之远有本原，亦因之而见。况国朝有《会典》，复有《历代职官表》，凡今有古无、古有今无，与名同实异、实同名异者，详为考证。读《周礼》者读此，更胜如指掌矣'。文灿为澧弟子，是书殆即承澧意而为之者欤。"①则知子白此书，命意全出乃师所言。

5. 道光二十五年（1845）五月，子白《箴膏肓起废疾发墨守评自序》述其著作宗旨云："文灿尝考《三传》之得失，综二家（郑、何）之异同，各为评一卷以求其是。疏失舛误自所不免，若谓稍萌私念，意存左袒，则固自信其无也。"②此书今已不全，据王欣夫先生言："《桂氏经学丛书》虚列其目，实藏稿未刊。前年令嗣南屏先生整理遗稿，已失《起废疾评》一卷，乃手写《发墨守评》及《箴膏肓评》首二叶，倩人续完，自香港寄赠。"③今南屏先生（桂坫）所赠此二卷钞本则存复旦大学图书馆中，而中国科学院图书馆所藏，据云亦仅此二种，则《起废疾评》一卷恐已不复存世。陈兰甫尝论云："杜氏云'古今言《左氏春秋》者，引《公羊》《穀梁》，适足自乱'，孔冲远云'张苍、贾谊、尹咸、刘歆，后汉有郑众、贾逵、服虔、许慧卿之等各为训诂，然杂取《公羊》《穀梁》以释《左氏》'。澧谓此诸儒言《左氏春秋》而皆取《公羊》《穀梁》，诚以三传各有得失，不可偏执一家尽以为是，而其余尽非耳。郑君之《箴膏肓》《发墨守》《起废疾》即此意也。师法固当重，然当以一传为主，而不可尽以为是。郑君笺《毛诗》，宗毛为主而有不同，即此法也。"④此说与子白之书，恰可互证，于以又知子白此作之由来，亦为发挥师说而已。

---

① 见于《续修四库全书总目提要（稿本）》，第7册，第275页。此条文字为业师吴格先生整理，亦承士彪兄见示。
② 《潜心堂集》卷六。
③ 《蛾术轩箧存善本书录》"未编年稿"卷一"箴膏肓评一卷发墨守评一卷"条，第1438—1439页。
④ 《东塾读书记》卷十《春秋三传》，《中国近代学术名著丛书》本，第213页。

6.关于《论语皇疏考证》,子白道光二十五年十一月自序谓:"此书轶事旧闻多资考订,文字异同多可遵从,且征引遗说至数十家,博采兼收,网罗富有,洵何氏之功臣而后学之津梁已。惟知者千虑,必有一失,舛讹之处,时见卷中。文灿尝证其所长,考其所短,皆平心以求其是,不敢存墨守之见。"①而王欣夫先生则以为:"皓亭能别白是非,申证旧说,亦皇氏之功臣已。"②陈兰甫《东塾读书记》中,以《论语》列位第二,其中亦多有述及皇疏者,且云:"不知真皇疏略而不具言焉欤?抑非真皇疏欤?"③于传世之《论语》皇疏多致疑惑,则子白此作,或即因此而生发者。

7.陈兰甫尝论《孝经》云:"郑康成《六艺论》云:'孔子以六艺题目不同,指意殊别,恐道离散,后世莫知根源,故作《孝经》以总会之。'澧案:《六艺论》已佚,而幸存此数言,学者得以知《孝经》为道之根源,六艺之总会。"则知兰甫于《孝经》一书,颇致意也。而子白之于《孝经》,则于《集解》之余,复作《集证》,可见其重视,则其为一秉乃师训诲,可无疑问。至于两书之撰作方法,伦哲如(明)撰《孝经集证》提要云:"是书采集《易》《书》《诗》《周礼》《仪礼》《大小戴记》《春秋左氏传》《公羊传》《论语》《孟子》《国语》《荀子》《吕览》《新语》《史记》《前后汉书》《春秋繁露》《说苑》《新序》《列女传》《韩诗外传》《潜夫论》《汉官仪》《五经异义》《春秋说题词》及诸纬书等,以与经文相证。其间大义微言,足资发明者不少,而征引驳滥间亦不免。"④《孝经集解》提要云:"今观其书,多援他说以驳郑氏,所征引大率唐以前旧注,颇能择善而从。"⑤王欣夫言《孝经集解》云:"《孝经》注有臧庸、严可均二辑,而合他注为一编者,皓亭其始也。皓亭博采故书杂记,分条缀

---

① 《庚辰丛编》本卷前。
② 《蛾术轩箧存善本书录》"未编年稿"卷一,第1440—1442页。
③ 《中国近代学术名著》本,第27页。
④ 见于《续修四库全书总目提要(稿本)》,第15册,第115页。
⑤ 同上注,第392页。

附而自加案语以阐发折衷之……"①《孝经集证》云:"皓亭既辑其有涉训诂者为《集解》,又以其发明大义者为《集证》。自诸经史以讫两汉人说无所不采。诸经低于经文一字,他书又低于诸经一字,全录原文,不参案断。读之眉目朗然,盖一秉《经郛》定例,而可与《书》《诗古训》并行者矣焉。"②

8.《孟子赵注考证》者,"意在考群经传注为之(赵注)证明,且纠正伪孙疏之失"③。而所以必为此书者,乃因"自来疏家体例,凡注中名物制度、古事古言,皆当为之博考详证,乃伪孙疏之于赵注不然。赵氏于每章之后,本有《章指》,孙氏竟删节其语入之疏中,已乖体例。其疏又全无发明,且时有意与赵违异"④。子白以为,孙疏"无异村塾讲义"⑤,此言未免过当。孙疏虽多有讹谬,然亦有精善处为可取如陈兰甫所言者,故孙疏亦不可以其伪而蔑弃之⑥。子白此书,于赵注实有廓清之功,而于孙疏之善,则似未尝留意,或者以兰甫曾言而不复再论乎?

9. 子思为孔子之孙,于夫子之思想多所传述,尝云:"臣所记臣祖之言,或亲闻之者;有闻之于人者,虽非正其辞,然犹不失其意焉。"⑦故儒学之研究,必不可置子思子于度外。然《子思子》二十三篇或七卷之原本,于宋时已佚,虽有汪晫辑本,然芜杂不精。《隋书》卷十三《音乐志上》尝引沈约之说云:"《中庸》《表记》《坊记》《缁衣》皆取《子思子》。"⑧子白有鉴于此,于咸丰五年八月撰《子思子集解自序》言云:"文灿尝三复《中庸》《表记》《坊记》《缁衣》诸篇,觉其词醇义粹,与《论语》《曾子》实相表里,不揣梼昧,

---

① 《蛾术轩箧存善本书录》"癸卯稿"卷一"孝经集解一卷"条,第771—772页。
② 《蛾术轩箧存善本书录》"癸卯稿"卷一"孝经集证十卷"条,第772—773页。
③ 伦哲如撰提要,见于《续修四库全书总目提要(稿本)》,第15册,第376页。
④ 同上注。
⑤ 见《孟子赵注考证》自序,《南海桂氏经学丛书》之十二,光绪十九年(1893)刻。
⑥ 兰甫之说见《东塾读书记》卷三《孟子》,《中国近代学术丛书》本,第61页。兰甫又云"此疏必非一人之笔也",可谓知言。
⑦ 《孔丛子》卷上《公仪第九》,影印文渊阁《四库全书》695册,上海古籍出版社,1987—1989年,第326页。
⑧ 见于《二十五史》第三册,浙江古籍出版社,1998年,第989页。

爰集诸家之注，自郑康成氏后以及近说咸取择焉。如有不同，即下己意，亦欲使子思子之道明著于天下后世而已。"①今郭店及上博楚简皆存《缁衣》一篇，足征子思之学当时之盛行，亦有以见子白表彰子思学术之先见。唯惜此书已不知所踪，难窥其庐山真面，未知其于定海黄以周(1828—1899)辑解之《子思子》七卷②、吴县胡玉缙(1859—1940)搜罗之《辑子思子佚文考证》③高下何如？子白所著书中，散佚者甚多，今仅得其《潜心堂文集》中所载序文，可略窥其宗旨。如咸丰四年(1854)六月，子白撰成《四海记自序》，中云："窃尝据魏（源）、徐（继畬）二书，参以群籍，勒成一书，自题曰'四海记'，著明防夷之法，驭夷之道，以备海防之采择……"④此书今已不知存没，然其大旨，当以魏氏"以夷制夷"之说为纲，而借徐氏《瀛环志略》以明天下大势耳。此则可见子白之关心时务，非仅汲汲故书者，亦翁叔平言其"不纯"之佐证耳。

10.同治十年（1871）七月，子白于金陵聚珍精舍撰成《弟子职解诂》，以为"《弟子职》记弟子事师之仪，受业之法，乃《曲礼》《少仪》《学记》之支流"⑤。又序其作书之旨云："今援据众说，依文解释，俾乡塾弟子人人贯习，冀人心风俗庶有补救云尔。"⑥子白之撰作此书，当与曾涤生之既下金陵，正风俗、行教化以挽人心之举相关，此亦可见子白之着眼当前、经世致用之用心，宜其得为曾氏所称许。

11.《群经补证》一书，据桂氏诸子所撰之《事略》，则为六卷⑦，《中国丛书综录》著录为已刊，亦云六卷。然王欣夫先生则云此书系十八卷，且

---

① 《潜心堂集》卷六。
② 清末南菁书院刻本。
③ 见于氏《许庼学林》卷六，中华书局上海编辑所，1958年，第163—171页。
④ 《潜心堂集》卷六。
⑤ 《弟子职解诂自序》，见复旦大学藏抄本卷前。
⑥ 同上注。
⑦ 按：《辛巳丛编》本《经学博采录》卷六亦云："既编《经义记》为《群经补证》六卷……"则十八卷本者，或为子白晚年重编欤？

巡嘗作迻
狩蒐為一義轉注字蒐則
狩蒐獸之假借字也古省
巡狩者周行以簡其軍實
簡借為獀獀為獻獻之
之借借字歟獻多歟也

羣經補證卷五十七

舉人揀選知縣臣桂文燦謹纂

以會王之東蒐

定四年傳以會王之東蒐柱以蒐為巡守臣文燦謹案
蒐謂治兵蒐於東周簡車馬也僖三十一年晉蒐於清
原作五軍文六年春晉蒐於夷舍二軍又改蒐於董易
中軍成十六年蒐乘補卒十四年告於諸侯蒐為而還
襄十三年晉侯蒐於緜上以治兵昭四年成有岐陽之
蒐昭八年秋大蒐于紅昭十五年文所以大蒐也昭二
十二年大蒐于昌間柱彼注皆以為數軍實簡車馬又

卷十五　　　　　　　　　　　　一　學禮齋校錄

言："余昔年属友传钞，后识其嗣南屏先生坫，云家藏稿本惟此已阙，欲借钞。因余拟辑入《纪年丛编》而止。《丛编》系集资所印，选材不得不瞻徇众好，此书卷帙较巨，又属朴学，遂因循未果。"①则此书无论刊与未刊，流传之罕，殆为事实。复旦大学藏王氏学礼斋钞本《孝经集证》十卷，前有王欣夫手跋云："皓庭遗著有数种，虽付刊而传本殊鲜。其进呈各种写本今在故宫博物院，曾从传钞，《孝经》有两种，此及《集解》也。及识哲嗣南屏先生，又钞得文集，惜舛误甚多，尚待校理。先择《经学博采录》《论语孟子》两种引入纪年丛编，他未遑及。其《群经补证》最佳，马君夷初向余借读，叹为必刊者，尚藏箧中，不知何日遇好事者为之传布耳。三十八年九月，欣夫。"《越缦堂读书记》（同治壬戌六月二十六日）亦云："借得桂孝廉文灿《诗笺礼注异义考》，意在申明郑学，而寥寥数纸，词旨拙涩，远不及其《群经补证》。"②亦以《群经补证》为佳。昔东莞伦哲如撰"群经补证十八卷"提要云："凡《易》十条，《书》十三条，《诗》二十八条，《周礼》十三条③，《仪礼》二条，《小戴记》二十四条，《春秋左传》一百四十条，《公羊传》一条，《论语》八条，《孟子》五条，《孝经》二条④，《尔雅》六条，《说文》十六条⑤。诸条引证不博，似是读经随意札记之作，而陈义多当。"又云"此本亦经进呈，故篇首列衔称臣，与《孝经集证》同"⑥。王欣夫以为子白此书"每立一说，皆博综群书，通以音韵训诂。于《诗》《礼》不泥郑，于《左氏传》必规杜，盖其学实事而求是，博涉而多通，其于兰甫先生犹郑门之有临孝存"⑦。今王氏学礼斋旧藏《群经补证》已经公开拍卖，散入人间，难于踪

---

① 《蛾术轩箧存善本书录》"甲辰稿"卷一"群经补证十八卷"条，第1154—1155页。
② 由云龙辑，上海书店，2000年，第42页。
③ 按：王欣夫云《周礼》十四条。见《蛾术轩箧存善本书录》"甲辰稿"卷一"群经补证十八卷"条，第1154—1155页。
④ 按：王欣夫云《孝经》三条，同上注。
⑤ 按：王欣夫云《说文解字》十三条，另有《广雅》三条，同上注。
⑥ 见《续修四库全书总目提要（稿本）》第15册，第115页。
⑦ 见《蛾术轩箧存善本书录》"甲辰稿"卷一"群经补证十八卷"条，第1154—1155页。

迹，唯不知故宫所存进呈之本尚无恙否？

子白之著作，不惟未刊者众，且多散佚，即其已刊者亦流传不广，今仅能就其可知者略为评述一二，借以知子白学术之大概。王欣夫《蛾术轩箧存善本书录》曾评其所刊诸书云："所刊各种，以《毛诗释地》《周礼今释》二书，学古通今，最为有用。今读《三百篇》而不知周京与列国地望，则茫然于其风化之所施，山川之相距。释以今地，则按图索骥，朗若列眉。《周官》一书，列代咸本之以增损，释以今制，可以见因革所由。二书皆兰甫所尝欲为而皓亭得其指授者。"①安阳谢国桢（1901—1982）则尝通论子白之经学云："（子白）为粤秀、学海书院后起之隽。于群经无所不甄综，而尤精《易》《诗》《孝经》《孟子》。谓惠氏《易大义》，今只有《中庸》二卷，其《礼运》一卷，有目无书。江郑堂补《周易述》而《大义》犹缺，于是本惠氏之例，为《易大义补》一卷。又谓说《诗》诸家，详名物者多，详舆地者少，王伯厚《诗地理考》引而未申，于是博考《禹贡》、《尔雅》、《班志》、群经，条其异同，究其沿革，为《毛诗释地》四卷。又谓《孟子》孙疏，出自依托，未能发明赵氏之义，节删章旨，大为乖刺。江都焦氏之书，虽依邠卿，不尽墨守，于是专采古义，为《孟子赵注考证》六卷。于《孝经》则总会大义微言，为《孝经集证》四卷。取《说文》部首之文，即篇为章，因章分句，本《墨子衡读》之例，为《说文部首句读》一卷。又谓今文、古文各有条流，南学、北学亦限疆域，唐宋以后异说蜂起，不得其门，则是摘埴而索涂也。于是本李氏《蒙求》、舒氏《六艺纲目》之例，缉四言韵文，以饷学子，为《经学撮要》二卷。又谓前哲话言，老师撰述，论世知人，所宜咨度。于是即所见闻，捋而聚之，命意略如《汉学师承记》，而旁摭琐言，兼陈轶事，是其创例，取许君'博采通人'之语，名曰《经学博采录》，凡十二卷。其余经说、文集尚十余万言，皆卓然可传。盖桂氏之学，笃守汉学家法，堪与林伯桐、

---

① 未编年稿卷一"南海桂氏经学丛书七种附二种目外二种"条，第1447—1448页。

陈兰甫诸君相匹，实粤中之硕儒也。"①推许可谓备至，然亦可称平心之言。

子白《潜心堂文集》卷七有《示同学诸子》一文，中有言云："夫治经之等差，有经学，有注学，有疏学，有应试之经学。何谓经学？诵法圣言，躬行实践是也。何谓注学？贤为圣译，精研传注，以明圣道是也。何谓疏学？博考夫声音、训诂、名物、制度，明传注即以明经，阮文达公所谓'或习经传、寻义疏于宋、齐'是也（见《学海堂集序》），凡所刻《皇清经解》及诂经精舍、学海堂课士之法皆此旨也。至于应试之经学，凡乡会试以及学使考试经解皆是，此则班孟坚所谓'经术苟明，取金紫如拾芥者'也。"王欣夫先生尝就此论评云："然则清代汉学诸家所为，皆注、疏、应试之经学而已。真经学，或须转让与宋儒之治身心者。皓亭剖析甚明，盖犹其师陈兰甫不薄程、朱，汉、宋兼采之旨也。"②子白此说，未及己身，然以其著作衡之，殆亦间乎注学、疏学之中乎？王氏又云："皓亭于治经外，尤留心时务经济，同治二年曾应诏陈言，颇得体要。其时当边裔多故，粤疆濒海，尤称繁剧，于是议洋货加税，议官铸银钱，与王子槐论钞法，与徐彝舟论茶课，而尤以《海防议》三篇及《后记》筹划周详，谋深虑远。至记耆善、徐广缙、叶名琛之庸懦误国，则咨嗟太息，读之犹有余痛。他如《蒹葭簃雅集图记》《莫愁湖雅集图记》，皆在同治十年，潘祖荫、张之洞提倡于北，曾国藩主持于南，一时方闻硕彦毕集，借觇南北学风人才之盛，可作谈掌故之资。"虽为子白之《潜心堂集》而发，然观子白诸作，其关注之内容，实亦无逾此境，故王欣夫此言，视作子白著作之大要概论，庶亦可乎？

---

① 《桂氏遗书十五种六十五卷》提要，见于《续修四库全书总目提要（稿本）》，第29册，第693页。
按：此条承复旦大学图书馆古籍部副研究员眭骏博士整理见示，特此致谢。
② 《蛾术轩箧存善本书录》"未编年稿"卷一"潜心堂文集八卷附晦木轩稿一卷"条，第1488—1490页。

三、《经学博采录》之内容及价值

1.题名释义：子白业师陈兰甫尝云"书以甲部为主，疏解繁多，约之以郑君、朱子。经文浩博，约之以《孝经》《论语》。约而又约，则《学而》一篇而已"①。兰甫之论《学而》②，以为人必须学。学者，读书也。学者，效也。又考《学而》章末一条云："子曰，不患人之不己知，患不知人也。"子白尝自序其作书宗旨及命名之意云："番禺陈先生取许君'博采通人'之语，题曰'经学博采录'。若夫仕有美绩，处有高风，轶事琐言，随笔附记，将为来者论世知人之助焉。复有著述未成，刊布未广，逝者不作，知者益稀，潜德幽光，理宜表著，此又区区撰录之愚心也。""博采通人"者，见于《说文解字》卷十五上："今叙篆文，合以古籀。博采通人，至于小大，信而有证。稽撰其说，将以理群类，解谬误，晓学者，达神旨……"综此而论，则子白所作，殆取人之善，学而效之，不唯知人论世，且有以发潜德之幽光也。今观此帙，多录学者为学大要，其本在乎服善，在乎虚心向学，而绝无一较短长之心，则其与乃师兰甫之欲引学者"相率趋于博学知服之风，而求以作人才、转世运"③之精神为同一用心，此正见子白之善述善作，为不负所学矣。

如前所述，子白以《经学博采录》之定名归美于乃师，此自非妄言，容有其事。然考子白《张学录遗书序》中云："癸丑秋，文灿南归，编辑《经学博访录》，欲述先生经说，思读先生遗书而不获闻。"④则子白所创是书，本名为"博访录"。"博访""博采"固意义相似，然终有纤芥之别，不可不辨。

---

① 转引自钱穆《中国近三百年学术史》第十三章"陈兰甫"，中华书局，1997年，第687页。
② 见《东塾读书记》卷二《论语》，《中国近代学术名著》本，第8—9页。
③ 同上注，第690页。
④ 《潜心堂文集》卷六。

博访者，访而录之。博采者，录而择之。兰甫之代为改名，未识何时？①然咸丰五年（1855）子白作序之日，此书并未定稿，则由"博访"而作"博采"者，以子白言，则固弟子尊师敬业之本分，而以兰甫言，则未尝非别有深意焉。

又其名中所谓"经学"者何也？两汉有今古文之学，南北朝有义疏之学，两宋有义理之学，元明以降有应试之经学，入清则又有汉宋分峙之经学②，则此"博采"之经学究为何者？据前揭子白论定之经学分野，则"经学"者，"诵法圣言，躬行实践是也"。颇似奉宋学者所言。叶鞠裳（昌炽）代汪柳门（鸣銮）所撰《桂氏遗书序》曾论此书云："又谓前哲话言，老师撰述，论世知人，所宜咨度。于是即所见闻，捃而聚之，命意略如《汉学师承记》，而旁摭琐言，兼陈轶事，是其创例，取许君'博采通人'之语，名曰《经学博采录》，凡十二卷。"③又颇以子白此书为汉学者张目。则子白所谓经学者，竟为何者？今考陈兰甫尝与致弟子沈氏书云："所谓经学者，非谓解先儒所不解也。先儒所解，我知其说。先儒诸家所解不同，我知其是非。先儒诸家各有是，各有非，我择一家为主而辅以诸家，此之谓经学。"④又有《与黎震伯书》云："所谓经学者，贵乎自始至末读之、思之、整理之、贯穿之、发明之，不得已而后辩难之，万不得已而后排击之，惟求有益于身，有用于世，有功于故人，有裨于后人，此之谓经学也。有益有用者，不可不知。其不甚有益有用者，姑置之。其不可知者阙之，此之谓经学也。"⑤则兰甫所

---

① 按：改名之具体日期虽不详，然当在咸丰三年（1853）秋至五年（1855）八月之间。
② 按：此系简单列举，以偏概全之弊，自属难免。具体之分期，可参周予同《中国经学史讲义》上编第六章《经学史的分期》，吴格主编《故事会图书馆文库·学者讲坛丛书》，上海文艺出版社，1999年，第37—47页。
③ 此文见于叶氏《奇觚庼文集》卷上，民国十年（1921）刊本。此承同门东北师大王立民博士代为录入，特此致意。
④ 《东塾集》卷四《示沈生》，光绪十八年（1892）菊坡精舍刻本。张舜徽氏《清人文集别录》卷十七"东塾集六卷东塾余集三卷未刊遗文三册"条误以此出《与王峻之书》，中华书局，1963年，第480页。
⑤ 《东塾集》卷四。

谓经学者，即研习前贤有益有用之学。兰甫又尝言经学之典范云："阮文达公《诗书古训》后之讲经学者，当以为圭臬。此真古之经学，非如宋以后之空谈，亦非如今日所谓汉学之无用也。我辈宜崇尚之。"①言其自身作书宗旨云："由汉唐注疏以明义理而有益有用，由宋儒义理归于读书而有本有原，此《学思录》大旨也。"②则知兰甫所谓之经学，即汉宋兼采以求微言大义者，即钱穆所云："东塾所谓汉宋兼采者，似以宋儒言义理，而当时经学家则专务训诂考据而忽忘义理，故兼采宋儒以为药。至于发明义理之道，大要在读注疏，而特以宋儒之说下侪于汉注唐疏之笺焉。"③观及于此，则子白所博采之经学可知矣，即以汉学为本，而补充以宋学之义理以救其弊者。

又有可论者，前引叶昌炽《桂氏遗书序》中，言《经学博采录》一书，"命意略如《汉学师承记》"。伦哲如亦尝言《经学博采录》："其体例，视江藩《汉学师承记》较宽，视张星鉴《经学名儒记》较详。"④王大隆则云："昔叶鞠裳先生代汪鸣銮序先生遗书，谓是书'即所见闻，捋而聚之，命意略如《汉学师承记》而旁摭琐言，兼陈轶事，是其创例'云云，为得其要。顾不曰'续汉学师承记'者，林氏昌彝曾举江氏命名有'十不安'，而欲更为'经学师承记'，兰甫先生学兼汉宋，初无泾渭，故以许君语题之，亦犹此志也。"⑤郭则澐云："是书体制略如《汉学师承记》，而捃拾闻见加详。"⑥皆以《经学博采录》一书实为继江郑堂（藩）《汉学师承记》而起者，惜漆永祥先生大作《江藩与〈汉学师承记〉研究》一书中，虽专辟一章言《汉学师承记》之续作者⑦，而竟无及于此，不可不谓憾事。郑堂《汉学师承记》出，龚自

---

① 转引自钱穆《中国近三百年学术史》第十三章《陈兰甫》，第681页。
② 同上。又《学思录》者，即《东塾读书记》之初名。
③ 《中国近三百年学术史》第十三章《陈兰甫》，第681—682页。
④ 见所撰该书提要，《续修四库全书总目提要（稿本）》第15册，第25页。
⑤ 《经学博采录》卷末跋，《辛巳丛编》本，民国三十年（1941）。
⑥ 《经学博采录》序，《敬跻堂丛书》本，民国三十二年（1943）。
⑦ 见该书第十章《〈汉学师承记〉之续纂、注释与翻译》，上海古籍出版社，2006年，第338—360页。

珍(1792—1841)即曾诒书规箴①，以为郑堂之命名有"十不安"，不若改作"经学师承记"，"则浑浑圆无一切语弊矣"。反观此书之径以"经学"命名，虽则其所重略有歧异②，然未始无借鉴之意存焉。

2. 撰作时间：前引子白《张学录遗书序》中云："癸丑秋，文灿南归，编辑《经学博访录》。"玩其文意，则子白之正式从事于《经学博采录》，当即此咸丰三年秋季。至咸丰五年（1855）八月，子白撰成自序一首，弁诸卷前，书稿则尚未删订完结。同治改元，子白献所著《经学丛书》六十四卷，其中并无此帙，则此书尚未定稿可知。事实上，《经学博采录》于子白生前，从未定稿③，子白尝概述其未成诸作，中有："又以经学诸儒，自周至唐正史而外阙佚良多，欲博稽群籍，仿阮太傅《畴人传》之例为《经学传》一书。"④据辽阳杨钟羲(1865—1940)所撰《畴人传》提要："(《畴人传》) 凡所叙录，其议论行事但取其有关天算者。其著作发明数学者，无论存佚见未，一一详载。"⑤《畴人传凡例》亦云："是编以推步为主，凡所叙录姓名爵里、生卒年月而外，其议论行事，但采其有关步算者，自余事实俱不冗赘。"⑥今夷考《经学博采录》一书，于传人生平及他言行、事功，皆略述数言而已，其用意皆在传主之经学，其体例正同《畴人传》。则此言《经学传》者，当

---

① 见于《龚自珍全集》第五辑《与江子屏笺》，王佩诤校，《中国古典文学丛书》本，上海古籍出版社，1975年，第346—347页。又前引王欣夫跋云侯官林芗溪昌彝曾有"十不安"之说，善化皮鹿门锡瑞则云甘泉焦里堂循曾有此说（"江藩作《国朝汉学师承记》，焦循诒书诤之，谓当改《国朝经学师承记》，立名较为浑融。江藩不从，方东树遂作《汉学商兑》，以反攻汉学。"见于《经学历史》十"经学复盛时代"，周予同注释《中华学术精品》第二辑本，中华书局，2004年新1版，第228页），盖俱偶误。

② 按：子白此编，虽以汉宋兼采为名，然《录》中实以汉学为重。如中记兰甫之言甚多，于其汉学诸书，皆详致意矣，而不及其以宋学救弊之语，则子白之倾向可知。然此亦恐承袭乃师之意，兰甫晚年《自述》（《东塾读书记》附录，《中国近代学术名著丛书》本，第355—356页）即颇于《声律通考》十卷、《切韵考》六卷、《汉书地理志水道图说》七卷等汉学著作引以为傲，虽亦言及调和汉宋之论之《汉儒通义》七卷，然言辞篇幅之分布，即可暗示其着意所在。

③ 如王欣夫跋云："案先生撰《经学丛书》于同治元年（1862）进呈于朝，此书据卞宝第光绪十一年（1885）《奏请宣付史馆折》，盖为晚岁续著者，故尚未写定。"

④ 《辛巳丛编》本《经学博采录》卷六。又如无特别说明，则所引此书皆《辛巳丛编》本。

⑤ 《续修四库全书总目提要（稿本）》第4册，第116页。

⑥ 道光间扬州阮氏琅嬛仙馆刻本卷前。

正为后日之《经学博采录》。即今本之《经学博采录》言，其卷首自序则言命名"经学博采"之用意，其卷末则又云欲撰《经学传》，又言"凡此诸书，皆欲著而尚未成者。闭门仰屋，原不为夫穷愁；终岁下帷，窃有志于古昔云尔"[1]。则子白此书当日之未曾定稿，可为定谳。此亦王欣夫《辛巳丛编》本付梓之际，代为重编为六卷之缘由。

《经学博采录》撰作之具体过程，实已难考，今谨依其书中所载，略为考核，以明其撰作之历程。卷一有云："《三礼疑义》原稿，旧存武林翁氏百梅草堂，今存汪小米孝廉远孙家。"同卷又有："征君之子小庐秀才绎藏之。书中援引多而考辨少，其援引之处多与段氏相合云。秀才一字子乐，年将八十，耄犹好学。"汪小米（远孙）卒于道光十五年，据此则此条当作于道光十五年前。然汪氏振绮堂自乾隆而民国屹立钱塘，且道光十五年子白尚未及冠，显然此处仅系以人代称振绮堂而已，不可据以断定年月。又云子乐（钱绎，1770—1855）之年将八十者，则证诸子乐之年岁，当言道光末年之事。然道光二十九年子白方登贤书，此时是否仍有余力留意及此，实难确言。今可据为典要者，则卷中所言"咸丰壬子、癸丑间，以会试留寓京师，博访通人……"[2]盖咸丰二年壬子、癸丑，子白暂居京师，多识异人、异书，为日后撰作《经学博采录》一书，奠成基础，而《经学博采录》之发轫，当即此时。此论以《经学博采录》核之，俱可覆案，无须疑问。如上所述，《经学博采录》一书，正式撰作始于咸丰三年。然子白既早存编撰《经学传》之心，则其一向留意相关经学之士亦属寻常。

又有可言者，如上所云，同治四年子白撰序之后，此书实未定稿，仍以所见所闻陆续补充修改，此于书中多有例证，如卷一："此书粤东近已刊入《粤雅堂丛书》。"按：阮伯元（元）《诗书古训》六卷，咸丰五年（1855）首

---

[1] 《经学博采录》卷六，《敬跻堂丛书》本作"凡此欲著诸书虽未知写定于何日，然非困苦艰屯，穷愁仰屋，或有此奢愿于博稽遗佚，网罗百家，聚荟成编，以俟达者乎"。
[2] 《辛巳丛编》本《经学博采录》卷六。

刊入《粤雅堂丛书》第二编第十一集中，则此条必作于此后。卷四："今者，（曾钊）学正虽不可复作，然泰山梁木之感，每令人不能释于怀云。"按：勉士殁于咸丰四年，则此条可定于之后。卷五："咸丰丁巳，比部避地来游粤东，所居与文灿衡宇相望，晤见恨晚，捧手有授，相资正深。居无何而广州城陷，各仓皇走，不获谈经已。感患难之频仍，冀后会之有日，鸡鸣风雨，每令人不能释于怀云。"按：七年（1857）冬十一月，英法联军合陷广州。同卷："比部尝纂外藩蒙古、俄罗斯制度、物产、山川、风土成书八十卷，咸丰十年正月进呈，赐名《朔方备乘》。"又卷六："咸丰庚申，沈韶州映钤刻于粤东而跋其后云……"按：庚申亦系十年（1860）。同卷："王中书献琛字捧斯，一字玉农，吾粤东莞人也。……咸丰辛酉，余始识玉农于羊城，和易廉介，相见恨晚。"按：辛酉系十一年（1861）。则其历年不断补苴修正之迹，皆有迹可循，可明子白于作序之后仍时时是正之状。尤可致意者，同治十一年（1872）德清俞樾(1821—1907)曾云："南海桂皓庭孝廉文灿自金陵来吴下，以戴子高、刘叔俛两君书来见，亦博学士也……其《经学博采录》与江氏藩《汉学师承记》体例相似。君知余撰著颇富，索观已刻各书并未刻者录目以去，其亦将采入之欤？"①虽系疑似之辞，然其所语，不中恐亦不远，则知子白于此年仍留心搜访素材，以补充《经学博采》一书。然今本中并无曲园（俞樾）之传文，则又可证此书之未能定稿②，且子白当日中心拟成之书，亦必非今日之面目。

3. 内容大概及其他：伦哲如曾评《经学博采录》云："其间或单录一人，或并录数人，又或只录一书一事。所录之人，每详其爵里行事，间及轶闻。亦有从略者，则其人已著称于时，无俟详也。又所录之人，每详其撰著，或

---

① 《春在堂随笔》卷五，光绪二十五年（1899）《春在堂全书》本。
② 再如《敬跻堂丛书》本卷一第十五条（《辛巳丛编》本缺、广雅书局本卷二第一条）："侯君谨孝廉名廷楷，更名康……又云，注史与修史异，注古史与注近史异……"按：此传前半节自陈兰甫《东塾集》卷五《二(侯)【侯】传》（光绪十八年菊坡精舍刻本），前有"尝曰：'国初，以梅氏算书、顾氏《读史方舆纪要》、李氏《南北史合钞》称天地人三奇书，论者谓李书未可鼎足。吾书成，将取而代乎？'"故此方有"又云"之说。而此则径曰"又云"，显系未经勘定者。

全录某篇某义。惟郑环、夏銮、何若瑶等独遗之。中亦不无错误，按王劼著有《毛诗读》及《毛诗序传定本》，各三十卷。而《录》言劼有《毛诗训纂》若干卷，盖未见二书而泛称之为'训纂'也。又孔广林增订《尚书郑注》，嘉庆间梓于金山钱氏，《北海经学七录》，乾隆间梓于古俊楼。而《录》云遗书俱未刊，则所见未广也。而阮文达万柳堂一条，全不涉经学，亦厕其间，尤所不解。又《录》中时代错杂，不分先后，且第十二卷多与前卷复出。岂是初成之稿，尚有待于整理者耶？然收罗甚博，如广东之张杓、梁国珍、周寅清、梁汉鹏、黎永椿、冯誉骢，福建之林乔荫、黄蕙田、张关和、汪光爔，江苏之江震沧，安徽之王佩兰、凌焕，满洲之寿昌，其名氏多半沉翳，赖此得见梗概。即已见他书者，亦可借以补所未详，固作《儒林传》者所必资也。"① 提玄钩要，为得其情。江郑堂曾自序其《宋学渊源记》云："藩所录者，或处下位，或伏田间，恐历年久远，姓氏就湮，故特表而出之。"② 今迻录以言子白此书之宗旨，可谓恰当之至。《经学博采录》一书，向来表彰乏人，与《汉学师承记》之研究，显晦判若云泥，近则幸得"中研院"文哲所蔡长林博士撰作大文，为之提倡，乃得渐为人知。蔡氏大文尝揭橥此书之大要云：

> 相较于江藩《汉学师承记》之广受注意，桂文灿的《经学博采录》则显得失色许多。但如果从对研究清代中叶以降经学与学术的价值来看，桂氏之书诚有其不可忽视的价值。因为此书可说是乾、嘉、道、咸四朝的经学采风，也可以做为乾、嘉学术惯性的重要记录。就内容而言，主要是对以许、郑为基础的汉学活动之采录，可谓四朝之经学提要；就地域而言，除了江、浙、安徽与京畿等传统势力地区之外，两广、福建、江西、两湖、云贵、四川、山东、

---

① 见所撰该书提要，《续修四库全书总目提要（稿本）》第15册，第25页。
② 《宋学渊源记》卷上前，《中国近代学术丛书》本《汉学师承记》附，第187页。

山西、河南等地，同样涌现出许多研治汉学的学者；就学者而言，除了广为吾人熟知的重要汉学家之外，桂氏更记录了许多不为人知，而终身执守汉学的经学家；至于就汉学的扩散途径而言，桂氏在不经意间，为我们暗示了汉学与科举考试以及学校教育不可分割的密切关系。从思想史的大叙事来看，道、咸以降，世局渐变，讲今文学；但是从学术史的角度来看，考据学的势力，即使到民国建立，仍不稍衰，更不用说仍在乾、嘉学术惯性下的道光、咸丰年代。由桂氏此书，可以看到思想史叙事与学术史实之间的落差；其意义，诚为治经学与经学史者，亟待补足之处。

又云：

漆永祥认为《汉学师承记》的史料来源，大致可分为四种：1.全部或大部分袭自当时学者所作行状、墓表、传记。2.删节或加工墓志铭、传状而成。3.将墓表、传状文字与传主或他人文集中与传主有关的学术文章相结合。4.全部或大部分由江藩自撰，而这些人或为江氏师长，或为好友。基本上，桂氏在史料上的采录原则，亦不出江藩这四点。值得注意的是，他钞录了许多学者学术论著的精华部分，这些学者的著作，有许多现今已不存在，而有幸能保存在桂氏书中。如黄定宜《半溪随笔》、周寅清《孝经古义考》、王廷俊《翡翠巢经说》等。另外，漆永祥也提到，除了突出学者的学术性，以及在立场上弃宋崇汉之外，江藩同时也重视所记学者的事功之学，以及对终生未仕者的品行、遭遇多有论述。桂氏之书，除了尊汉弃宋这一点与江藩不同之外，基本上都承袭江氏的论述方式。与江氏相同，桂氏亦甚为留意于收录遗落草泽间，穷经而不为人所知的学者，采之以备世人所验。所不同者，在论述的字里行间,桂氏不时带入对时局多艰的忧虑。①

该文洋洋洒洒两万余言,于《经学博采录》之诸般大况皆有所论,原原本本,皆有所据,又于《经学博采录》与《汉学师承记》之关联,多有深入之见解,有裨研读此书甚多。今姑举二例,以证其说:

1. 卷三:(张皋文)编修取其(江承之)《易表》,定为一篇,附于所著《消息》之后。今按:此言全录张氏(惠言)《茗柯文三编·虞氏易变表序》:"安甫死之七月,余役陪京馆舍,无事乃取其(安甫)稿校录而补之,定为二篇,附于《消息》之后。"然其《虞氏消息易》后②,实未附此二篇。又云:"金朗甫亦歙人,编修治《易》,于虞氏义条理缜密,朗甫尽通之,为之补正。年二十许卒,编修序录其遗书,与安甫所著书合刻之。"今按:金朗甫,名式玉,有《竹邻遗稿》二卷,与江承之《安甫遗学》三卷同刊入道光三年(1823)杨绍文辑《受经堂汇稿》,然其卷前并无皋文之序录。且此丛刻刊于道光三年,而皋文已于嘉庆七年已卒,故《汇稿》之刊行,与皋文并无些许关联。又据杨绍文之序,知其刊印《汇稿》,仅以追思旧谊,遂尔辑录成册,"时一览观,殊恍然于与诸子从先生一堂讲学时也"③。

2. 《敬跻堂丛书》本卷二魏源条:"大旨谓班固《汉书》皆用今文说,其《地理志》特称《禹贡》山川者三十有五,皆欧阳、夏侯《书》说也。又特称古文说者十有一,如汧山、终南、惇物、外方、内方、陪尾、峄阳、震泽、敷浅原、猪墅泽、流沙是也。其不系《禹贡》而实指《禹贡》之山川者二十有八,如太华、熊耳、雷首、霍太山、太行、岱山、积石、揭石、弱水、沮水、澧水、洚水、浊漳水、漯水、沂水、淄水、泗水、澧水、大河、九河、南江、中江、北江、云梦泽、大野泽、徒骇、胡苏、鬲津,则亦《尚

---

① 见于《东华人文学报》第十四期,2009 年,第 131—159 页。此承长林兄寄阅,特此致谢。
② 扬州阮氏琅嬛仙馆嘉庆八年(1803)刻本。
③ 此序多烦同门上海师大图书馆孙麒博士代录,谨致谢意。

书》家遗说。而洙水、漯水、汶水、淮水、弱水、易水凡六,述桑钦之言,则传《古文尚书》于胶东庸生者也。桑钦《水经》末特书《禹贡》山水泽地所在凡六十事,与《地理志》古文说合,则是《禹贡》今文家言备于《地理志》,古文家言备于《水经》,故据二书以释《禹贡》云。"其文则全出默深《禹贡说》卷上《通释禹贡》条。①

《经学博采录》与《汉学师承记》体例大致相似,故前人多有以之为接续郑堂《汉学师承记》者。然世皆以郑堂之书,严于汉宋分界,子白之书则多通彼我之邮。今细核二书,则此论颇多可商。江叔海(瀚)曾论《汉学师承记》云:"至张尔岐、江永,则亦皆服膺建安,具有明征者也。张之《仪礼郑注句读》、江之《礼经纲目》,咸遵用朱氏《仪礼经传通解》之法,而江辑《近思录集注》尤理学之圭臬,张著《蒿庵闲话》且以明季甲申之变,由于秉国成者菲薄程朱之一念实渐致之。其于宋学主张若是,何尝以汉学自标举乎?其最可怪者,如程晋芳本不以经术名,尝作《正学论》深以考据为非(见《勉行斋文集》),故翁方纲《程蕺园墓志铭》(见《复初斋文集》)极表其笃信程朱。藩徒以其夙与戴震交,遂跻于此,讵晋芳所乐受邪?"②可见其亦有辨别不清之病。至《经学博采录》一书,则如前文所论,虽其以"经学"命意,"博采"号召,然入录之人却偏多朴学之士。凡此诸况,一则可见所谓汉宋之判于郑堂撰作之际并未分明;二则可见子白所谓以宋学救汉学之弊者,仍系以朴学为尊;再则可见《汉学师承记》《经学博采录》二书,本质并无不同。两书所收,以作者生活时代之别,故有先后承接之势,然亦略有重合之处,数位经学之士曾为两书所同录,今试举二例,以见其异同。

1. 曲阜桂馥(1736—1805)。《汉学师承记》云:"曲阜桂馥,字未谷,亦深小学。乾隆己酉科举人,庚戌成进士。选教授,保举知县,补云南永平县知县,卒于官。工篆刻,世人重其技,拟之文三桥云。所著有许氏《说文

---

① 同治六年(1867)定远方氏碧琳琅馆刻本。
② 江氏所撰该书提要,见于《续修四库全书总目提要(稿本)》第一册,第218页。

解字义证》五十卷、《札朴》十卷。"①戋戋数语而已。而《经学博采录》则不惟详述其生平，且于未谷学术多所论述，又举其精要者以为证。两者一详一略，然正可反映未谷学术之因著作刊行而由晦至显之历程。

2.嘉定钱坫（1744—1806）。《汉学师承记》与《经学博采录》于献之（钱坫）着墨皆多，然二者之重点则略有不同。前者重其晚年，后者重其少年。然均详于生平轶事，而于学术关涉较少，可谓自叛其例也。然二书互观，献之一生之大况，可为明了。此皆见二书之不可偏废。

如前所述，《汉学师承记》成书以来，赓续者即不乏其人，而昆山张纬余星鉴之《国朝经学名儒记》②即为其中之一。据该书例言：

1.是记以汉学为宗，讲求宋学者，有彭氏《儒行述》诸书在，兹概不及。

2.是记为初学而设，所载诸儒，不过里居仕宦，及撰述之名目而已。至立身行事，略而弗详。

3.诸儒撰述，无关经学者，如顾氏《郡国利病书》之类，概不录入。

4.是记所载诸儒，悉据本传及各书序中，亲炙者唯陈先生一人而已。

其选录宗旨，一本郑堂，以汉学为宗而不阑入宋学者。然再观其后两条例言，则与《经学博采》之体例庶几无别。同治五年（1866）五月，纬余跋是书云："是记草创于道光癸卯，友人叶君涵溪携至娄东，徐秋士先生见之，为题数语，引诱后进，情见乎词。戊午入都后，得交当代通人，如闽中何愿船刑部、粤东桂皓亭孝廉辈，偶有所值，辄为增补，至同治壬戌始成是编……"③则此书之曾为愿船（何秋涛）、子白所影响无疑。又纬余之《赠何愿船序》云："闽中何愿船刑部为海内儒宗……日者，以事谒寿阳相国，相国取《汉学师承记》属为续编，刑部曰：'……是编当依阮文达《畴人传》

---

① 卷六，《中国近代学术名著丛刊》本，第125页。
② 光绪九年（1883）朱以增奉天刻本。
③ 《国朝经学名儒记》卷末。

之例，改为《学人传》可也。'斯言也，祛门户之见，存学术之真，彼讲学者纷纷聚讼，从此可息，可谓先得我心矣。书此，以为天下学人劝。"[1]取与子白《经学博采录》之撰作宗旨相衡，几无不同，而《国朝经学名儒记》所收一百一十二人中，亦颇多汉宋皆长者。故纬余此书，与其云为《汉学师承记》之续篇，毋宁云系子白此书之同胞可尔。

四、《经学博采录》之版本

《经学博采录》一书，既于子白生前未曾定稿，则其未有刊本可知。此书之首次付梓，即系王欣夫先生与昆山赵学南（诒琛）先生合辑之民国三十年（1941）《辛巳丛编》所收之王欣夫重编六卷本。关于《经学博采录》之入辑，欣夫先生曾于其《学礼斋日记》中有详细之记录。曾几何时，王先生遗藏尽散，即手书日记廿余册，亦于数年前突然上拍[2]，从此不知所踪。所幸当日消息传出，不佞曾专赴拍卖公司，略一展观。其中无数宝藏，未及挖掘，至今思之，仍为心痛。今谨摘录《经学博采录》之相关信息于下，以见王先生当日之用心。

《学礼斋日记》[3]民国二十九年十月九日：晴。重阳佳节，寂处寡欢，世事玄黄，杞忧不已。学南转来香港桂南屏（坫）函，皓亭先生之嗣也，附《南海桂氏经学丛书》目，并言如有可采，当钞出寄来，即作覆，乞钞《经学博采录》《潜心堂集》二种，并赠以《丛编》单本五种。

南海桂氏经学丛书（桂文灿著）

---

[1] 见于氏撰《仰萧楼文集》，光绪九年（1883）刊本。
[2] 可参嘉泰拍卖公司2006年春拍图录第651号。
[3] 十一行四周双栏蓝格稿本，上下黑口，单鱼尾，版心右下镌"学礼斋稿本"字样。

《易大义补》一卷

《禹贡川泽考》二卷

《诗笺礼注异义考》一卷

《周礼今释》六卷

《孝经集解》一卷

《孟子赵注考证》一卷

（以上均有家刻而版全毁）

《箴膏肓评》《起废疾评》《发墨守评》各一卷

《论语皇疏考证》十卷

《孝经集证》四卷

《群经补证》六卷（第二卷佚）

《经学博采录》十二卷

《潜心堂集》八卷

（以上均未刻而稿尚存）

十一月七日：晴寒。桂南老寄来皓亭先生《周礼今释》二册、《经学博采录》四册、《潜心堂集》四册，桂杏帷（坛，皓亭长子）《晦木轩稿》一册，虽写手草率，然可谓迅速矣。

十一月八日：晴，寒甚。覆南屏、梅泉、学南。阅《经学博采录》，可比《汉学师承记》，佳书也。惜仓卒传抄，脱讹累累，校正匪易，全书十二卷，其第十一卷仅"凌晓楼"一则，余皆重见，且人名先后，亦颇杂乱，盖随得随书，未及编定者，必重为编次校勘，始可付印。

十一月九日：晴。余不娴吟事，近忽喜呫哔，又成一律，姑录于此，不足存也。

桂南屏寄来皓亭先生所著《经学博采录》《潜心堂集》，皆未刻稿也，仍次前韵赋寄

大陆玄黄血战龙，忽传宝笈到吴淞。抱残尚有秦余简，避世还同岱顶松。学溯先河融汉宋，神游太古梦炎农。儒林卓荦千秋业，不让欧阳一代宗。

民国三十年一月五日：阴。又得南屏函。皓亭先生所著各书序，其同年郑叔进（沅）曾抄去，郑与纂《清儒学案》，所采《经学博采录》或能知其所由，惜郑病废，不能作字，无可访问尔。

一月十二日：晴。南屏来函，属抄皓庭先生《孝经集证》第四册，有人欲刻，盖其家稿本已不完矣。

六月二十六日：阴霾。整理《经学博采录》，略以科名次其先后，其无考者以卒年次之，原十二卷拟并为六卷。

七月三十日：晴。略校《经学博采录》一卷。

八月四日：晴，大热。校《经学博采录》。

《学礼斋日记》所录《经学博采录》之编录情况如此。又欣夫先生民国三十年季秋所撰跋文云："今哲嗣南屏先生岵自香港寄示此稿，凡十二卷。原本纸敝墨渝，传钞又多脱讹，谨校除复重，条次先后，复位为六卷。"

可与此对勘，借知当日删节合并之缘由。①今观欣夫先生自民国二十九年(1940)十一月至次年季秋，从事《经学博采录》之重编整理达数月之久，可见一丝不苟，绝非鲁莽苟且之滥施辣手者。

未几，侯官郭氏又以所得《经学博采录》钞本付诸梨枣，印入所辑《敬跻堂丛书》，其刊书序云："道、咸间士崇实学，始复有通汉、宋之邮者，番禺陈兰甫先生其著也。南海桂氏子白，为先生入室弟子，实踵承令绪，津导学海，著书满家。然北方学子获睹其书者殊罕，余窃憾焉。比与先生孙公廖共事古学院，承出其先著《东塾杂俎》手稿，既斠订付梓，适吾友黄君君纬藏有桂氏遗著多种，皆未刊之稿，《经学博采录》在焉……借钞竟，亟举付剞劂，以饷后学。"其时《辛巳丛编》本已面世两年，而蛰云（则澐）以为："会吴县王君欣夫主辑《辛巳丛编》，采及是书，先印成见寄。窃幸衰晚寂寥，乃有铜山洛钟之应。及取以互斠，则兹编条举增于《丛编》本者凡二十有一②，其卷二自首至末皆彼本所无。余虽并见，而兹之所载，时复增详，疑此为最后写定者。其间讹脱互异则就两本衡较，择其善者从之，而复授手民刊正焉。自揣荒陋，又率臆去取，无所就正，深恐有专断之失。"故此，蛰云之所以以子白著作付梓者，以其为兰甫弟子，质言之，即连类而及也。又其底本得诸传录，所有讹脱，以意订正，则其未必真得子白著作宗旨也。蛰云引以为傲，增补之十八条，以今观之，自有其价值，然以子白之著述宗旨而言，确存驳杂不纯之处。即以其卷三所录之道州何绍基(1799—1873)论，曾涤生尝言："盖子贞之学长于五事：一曰《仪礼》精，二曰《汉书》熟，三曰《说文》精，四曰各体诗好，五曰字好。此五事者，渠意皆欲有所传于后。以余观之，此三者余不甚精，不知浅深究竟何如。若字，则必

---

① 如《敬跻堂丛书》本羡出条目中有4条所记人物为重复者。
② 经逐条核查，兹编较《辛巳丛编》本羡出十八条。

传千古无疑矣。诗亦远出时手之上,而能卓然成家。"①知子贞(何绍基)之声名流传,在其字、在其诗,而不在其学。其所论《左传》襄九年"闰月戊寅"有误,当从杜注之说虽确,然子贞说经之言实不足以名世。子贞于子白为恩师②,然此自私谊,子贞之名,亦不待入录此书而传也。以今观之,《经学博采录》已刊两本,《辛巳丛编》本较精,《敬跻堂丛书》本较详,二者不可偏废,联翩而读,可以无憾。

《经学博采录》之版本,除上述二者之外,尚有钞本数种。据江阴缪荃孙(小山)民国四年(1915)乙卯十一月八日记云:"桂坫来,借《经学博采录》末册去。"③十一月十八日:"王息尘借桂皓亭《博采录》去。"④桂坫(1867—1958)者,子白次子南屏,曾任职广雅书局。王息尘者,华阳王秉恩(约1841—约1923),曾任广雅书局提调。则知此书之流传,并非仅限于子白子孙之手。⑤今传《经学博采录》之钞本皆如子白原作,为十二卷本。⑥其中辽宁省图书馆所藏广雅书局钞本,写于书口存"广雅书局校钞本"字样之绿格子印纸上,十一行廿四字,大小字同⑦,间有校改处。承辽宁省图书馆古籍部主任刘冰先生函告,"此书中有很多审校签条,是时广雅书局多刊刻孤本手稿,当为书局预备刊刻之底本。是书钤有'王秉恩审定旧椠精抄书籍记''王秉恩''雪岑''华阳王雪岑家籨中物''强学簃所钞书'等印,皆为王秉恩私印"。此本有一九八五年辽宁省图书馆影印本行世,格于当时条件,印本较为模糊,原钤印章均不堪辨读,然其递藏,据上揭刘先生来函即可知

---

① 见于道光二十二年(1842)十一月十七日《致澄弟温弟沅弟季弟》,《曾国藩全集》"家书一",岳麓书社,1985年版1995年第3次印刷本,第43页。
② 《敬跻堂丛书》本《经学博采录》卷二:"道州何子贞先生绍基,余己酉座师也。"
③ 《艺风老人日记》,第2893页。
④ 同上注,第2896页。
⑤ 按:此缪小山旧藏本,今已不知所踪。
⑥ 唯中国科学院图书馆所藏本著录为十一卷,疑误。
⑦ 按:十一行廿四字,大小字同,为《广雅丛书》之基本特征。又2006年中国嘉德春拍有王息尘旧藏《说文解字考异》钞本一种,其板框、行格、字数皆与此同,用纸为绿格稿纸,书口刻有"广雅书局刊"字样。则此本用纸当亦为绿格稿纸。

經學博采錄卷一

南海桂文燦

惠定宇徵君戴東原吉士錢辛楣詹事所著諸書家置一編然尚有未刊行者徵君未刊之書有周禮補注六卷其體例與九經古義畧同吳縣吳嶽生修撰鍾駿嘗獲遺稿於其家修撰弟子林香溪博士錄其副藏之吉士未刊之書有直隸河渠書一百十二卷為吳江王鳳履泰所竊易名畿輔安瀾志嘉慶已巳繕寫進

呈

上謂此有用之書也

命刊之履泰以同知用吉士之子中孚負書入都欲鳴明之而

按已校稿有此此為本未錄俟於後

晓。而来函所云之"审校签条",则似未为影印,故亦不得知其详情。

所谓广雅书局校钞本者,实因其写于"广雅书局校钞本"纸上,广雅书局此时早已解散,绝无再行刻书之理。①颇疑此钞本实系如刘先生所言者,为息尘当日主持广雅书局时钞成,拟付梓人,后则因故未果者。此钞本内,不唯字句多有校改之处,且间存批注,如卷二"诒经堂续经解"条,旁注云:"此书今存张菊生所,有目见《罗氏书目》,可附于此。"卷十二"《中庸》言:至圣'声名洋溢中国,施及蛮貊……'"条,旁注:"'《中庸》言至圣'一条,刊时当删。"大概言之,此本条目顺序多近《敬跻堂丛书》,底本文字则于《辛巳丛编》《敬跻堂丛书》两本各有所似。而其注改处,或即出于息尘亲笔,所据之本衡诸上引小山日记,则当为小山藏本,而业经校改之后,文字则多似两本中较善者。然亦有与两本皆不同者,如卷十二"自言尝应聘至贵州纂修志书,于贵州水道尤多考辨"。旁注改作:"自言尝应聘至贵州纂修贵阳、大定各府志书刊行,于贵州水道尤多考辨。"较诸已刊二本,皆为胜出。②又该钞本所存批注,亦间有与书之内容及刊行无关者,仅系校改者之观感,以理度之,当系刊刻中辍后复加批阅时所加,如卷十"宝应刘端临训导之长女阮恭人"条后批云:"国朝闺阁中讲经学者,王婉佺外,即推阮恭人。"

又有可述者,即广雅书局本底本或与《辛巳丛编》本同一源流,而其校

---

① 按:广雅书局自光绪十二年(1886)创始,至光绪三十年(1904)停办,刻书约二百余种,版式大略相似,民国九年(1920)广东图书馆广雅版片印行所曾选编其中一百五十五种为《广雅丛书》。
② 广雅书局本较诸已刊两本佳胜处又如,《辛巳丛编》第一卷第七条:"吉士未刊之书有《直隶河渠书》一百十一卷,为吴江周履泰所窃,易名《畿辅安澜志》,嘉庆己巳缮写进呈。"《敬跻堂丛书》本同作"周履泰",广雅书局本原同,后改作"王履泰"。按:段玉裁《经韵楼集》卷七《与方葆岩制府书》(嘉庆十九年【1814】刻本):"嘉庆十四年(1809),有吴江捐职通判王履泰者,攫窃此书,易名《畿辅安澜》进呈。"广雅书局本为是。又如《辛巳丛编》第四卷第九条:"道光二十有一年(1841),口咭唎寇广州城,粤督高平祁恭悫公虚怀下士……"《敬跻堂丛书》本同作"祁恭悫公",广雅书局本原亦同,后改作"祁恭恪公"。按:张穆《太子少保两广总督高平祁恭恪公墓志铭》(缪荃孙《续碑传集》卷二十四,《清碑传合集》本,上海书店出版社,1988年,第2241—2242页):"(道光二十四年,1844)五月二十八日薨,年六十有八。遗疏入,命照尚书例,赐恤,谥恭恪。"又据《钦定续通志》卷一百二十(文渊阁《四库全书》本):"敬共官次曰恪,盛容端严曰恪,温恭朝夕曰恪。""表里如一曰悫。"广雅书局本为是。

經學博采錄卷一

南海桂文燦撰

經書自宋以前無梓本其傳寫易訛故立石經以訂正之爲長久計也嘗考歷代所刊其書石之人刻經之數隸篆眞草之跡詳於昔人之著錄見於近今之摩搨歷歷可指者自漢迄宋凡六刻而已一則漢之熹平也書之者爲蔡邕楊賜等經凡七周易尚書魯詩儀禮春秋公羊傳論語書以八分二則魏之正始也書之者爲嵇康等經凡二尚書春秋左氏傳書以古文篆隸三體三則唐之開成也書之者鄭覃張參等經凡十二易書詩三禮三傳論語孝經爾雅書以眞楷四則蜀之廣政也經凡十三易書詩孝經爾雅論語三禮論語孟子則宋之田況席益補立俱書以眞楷晁公武復附以古文尚書五則宋之嘉祐也經數不可考論語則仁宗御書易書詩春秋禮記則楊南仲所書俱眞篆二體六則宋之紹興也經凡七皆高宗御書易書詩左傳全帙禮記則節書儒行經解學記大學中庸

本即小山藏本或与《敬跻堂丛书》本同一源流,其证如下:

《辛巳》本卷三第十二条:《敬跻堂丛书》本此条于"遂不续娶"后多306字,广雅书局本同《辛巳丛编》本,然于"遂不续娶"后有一横线,似已察其有遗漏,而未及补正。

《辛巳》本卷三第二十二条:"西蜀自汉文翁化蜀而后,文学已开,舍人为《尔雅》之注,子云有《方言》之辑。"《敬跻堂丛书》本此条于"舍人为《尔雅》之注"下有小字注,广雅书局本同《辛巳丛编》本均无。唯广雅本于"舍人为《尔雅》之注"之下有一标记,似亦察其漏,而未及补正。

《辛巳丛编》本卷六第十二条"新化邹叔绩司马汉勋……",广雅本校改痕迹较显。原本文字多似《辛巳丛编》本,校改后则类《敬跻堂丛书》本。如《敬跻堂丛书》本于最后多"司马同县有欧阳上舍大观,欧阳布衣忠者,并治经史,人咸以博洽称之"二十八字。广雅书局本原无此,后增加补入,唯缺最后"之"字而已。

然正如前所论者,广雅书局本之底本与《辛巳丛编》之底本虽多相似,实亦不同,而此不同者,恐为其底本本异所致,非为王欣夫之删改,如《辛巳丛编》本卷四第十二条"张石洲",广雅书局本独作"张硕洲"之类,显非传抄之异,而系底本不同。再据《辛巳丛编》本卷三第二十二条:"近日以《毛传》《郑笺》说《诗》者,以文灿所闻,得一人焉,曰王海楼大令劼,原名晖吉,一字云田,四川巴县人。嘉庆癸酉举于乡,出宰浙江金华、西安等县。"《敬跻堂丛书》本于"出宰浙江金华、西安等县"下尚羡出84字,而广雅书局本、《辛巳丛编》本均无,此又可见,《辛巳丛编》本所据底本即与《敬跻堂》本不同,文字歧异及短缺,并非王大隆擅改所致。据前揭小山日记,南屏曾于小山处借阅《经学博采录》,然以《辛巳丛编》本核之,则其钞寄欣夫先生者，恐未经与此小山藏本对勘。唯南屏晚居香港，身后文献不知所踪，其家藏之本究系何如，今则不得而知。而日记所言南屏、王息尘之借阅小山藏本，不知是一是二，然广雅书局本与《辛巳丛编》本已多不同，故甚疑两人之商借，固为二事。

如前所言，广雅书局本、《敬跻堂丛书》本，乃至小山藏本皆较《辛巳丛编》本溢出若干文字，然此点绝非为《辛巳丛编》本不全之证，因其溢出之处，类皆与经学关联较浅。今以数本对勘，则《辛巳丛编》本之编排、文字诸方面大皆优于他本，如其卷五第九条云："林芗溪又言其乡侯官林樾亭……"与上条"侯官林芗溪孝廉尝为余言……"显系连贯之语。而《敬跻堂丛书》本及广雅书局本则分属卷三和卷五，其为错简，显而易见，凡此当皆彼时传录之底本即初稿，未经写定连缀而致。又《辛巳丛编》本卷六第二十一条"昔高密党锢……"，有"又著《毛诗释地》《周礼今释》各成六卷"语，广雅书局本作"各将成六卷"，以此而言，广雅本写成似较诸《辛巳丛编》本为早。又《辛巳》本此条最后作"凡此诸书，皆欲著而尚未成者。闭门仰屋，原不为夫穷愁；终岁下帷，窃有志于古昔云尔"，《敬跻堂丛书》本则作"凡此欲著诸书虽未知写定于何日，然非困苦艰屯，穷愁仰屋，或有此奢愿，于以博稽遗佚，网罗百家，聚荟成编，以俟达者乎"。广雅书局本同《敬跻堂丛书》本。以文辞而论，《辛巳》本似较雅驯。复衡诸种种其他因素，大概言之，《敬跻堂丛书》本及其底本为传世最初本，小山藏本及广雅本恐为之后分别删改修订之本，而《辛巳丛编》本之底本则为子白最后修订之本，然诚如前论，此本亦非最终写定本。

现存《经学博采录》另有一本，即中国科学院图书馆所藏之本。据其网站介绍，该地所收有《南海桂子白先生遗稿》十二种三十五卷，其子目为：《经学博采录》十一卷、《孝经集证》四卷、《海防事宜》一卷、《易大义补》一卷、《孟子赵注考证》一卷、《发墨守评》一卷、《箴膏肓评》一卷、《说文部首句读》一卷、《周礼通释》四卷、《条陈》一卷、《四书集注笺》四卷、《周礼今释》五卷。他可不论，言《经学博采录》十一卷者，疑为一时偶误。此本著录为稿本，不佞曾托在京友人代询阅览规则，答云概不对外，故亦无法目验。前引《续修四库全书总目提要》中，有东莞伦哲如所撰该书提要，所据亦称"原稿本"，与此相同。据复旦大学王亮博士介绍："1945年10月，日本战败投降后，沈兼士（1887—1947）自重庆返北平，接收东方文化事业总委员会。[①]由桥川时雄将总委员会所在的建筑、家具及其登记簿册，与移交书一起向教育部移交。总委员会所藏图书，根据《北京人文科学研究所藏书目录》（八册）、《续目》（二册）及其购入的书目，悉数清点上交教育部。这些古籍后移交中国科学院图书馆，成为现中科院文献中心古籍收藏的主要部分。"[②]则中科院现存此本，或即当日撰写提要时所据之本，然耶非耶？至其是否确为子白手稿，则不能明。

综上所述，《经学博采录》一书，辑录嘉道咸同四代学者，录其生平大况、著作概貌及学术要义，广采博搜，于有清中晚期之学术研究，功莫大焉。其现存版本中，刊本、钞本（稿本）各两种，今以首刻之《辛巳丛编》本为底本，以其经一代文献大家王欣夫先生整理重编、且为子白最后修订稿之故；以《敬跻堂丛书》本为校本，以其较《辛巳丛编》本溢出十八条，可见子白当日记录之全貌也；再参诸辽宁省图书馆所藏之广雅书局钞本，则可得一定本，不仅后之读者称便，即子白九泉可作，亦当首可尔。

原载于《（台湾）"国家图书馆"馆刊》，2010年第2期

[①] 沈时任教育部平津区特派员，负责接收敌伪教育机关。参见葛信益《沈兼士传略》，葛信益、朱家濂编《沈兼士先生诞生一百周年纪念论文集》，紫禁城出版社，1990年，第6页。
[②] 见于《〈续修四库全书总目提要〉研究》第二章《〈续修提要〉的纂修过程（1928—1945）》二"《续修提要》图书的采访与收藏"，复旦大学博士论文，吴格教授指导，2004年。

张金吾及其《爱日精庐藏书志》

张金吾，生于清乾隆五十二年（1787），卒于道光九年（1829）。字慎旃，又字五十，别字月霄。江苏昭文（今常熟）人。祖仁济，字傅霖，号敬堂，喜藏书，尤好宋元旧刻，藏书万卷，室名照旷阁。父光基，字南友，一字心萱，早卒。叔父海鹏，字若云，一字子瑜，亦嗜书，以藏书闻名。月霄年十五而孤，赖叔父若云抚字长成。廿二岁入学，补博士弟子员。尝一赴省试，未售即弃去。月霄自幼熏习书香，年二十许即因企慕乡前辈汲古阁毛氏、述古堂钱氏遗风而笃志收藏，凡见有宋元旧椠及秘不经见者，不惜重价，期以必得，不数年即蔚然大观，与同里稽瑞楼陈揆并称"藏书二友"。月霄尝自谓："吾邑藏书自汲古毛氏、述古钱氏后百六十年来，无继起者，至君与金吾而此风复振……"[①]可见其自期之道及自许之态。月霄尝以历朝总集，代有鸿编，独金源无之，遂引以为己任，竭十二年之力，网罗碑刻图经，成《金文最》百二十卷。又以《通志堂经解》所录多有缺佚，乃出其家藏善本，复传抄文澜阁本凡羽翼经传者得八十余种，写定为《诒经堂续经解》一千四百三十六卷。除此而外，所著尚有《广释名》二卷、《释冕》一卷、《释弁》一卷、《释龟》二卷、《两京新记补遗》一卷、《两汉五经博士考》三卷、《爱日精庐藏书志》三十六卷、《续藏书志》四卷、《爱日精庐文稿》六卷、《爱日精庐诗稿》二卷；编有《金文选》三十卷、《十七史经说》十二卷；辑有《尚书义粹》十二卷、《邺中记补遗》一卷等。至其所撰藏书志一事，据乃师黄廷鉴所撰《张月霄传》："（月霄）又念藏书考镜，赖有书目。宋之晁氏、陈氏两家其最善也。今则历年既久，坊椠胥钞代出，鲁鱼错脱，

[①]《爱日精庐文稿》卷六《陈子准别传》，见于《上海图书馆未刊古籍稿本》第五十册，复旦大学出版社，2008年，第508页。

踵谬袭讹，第按目取盈卷帙，藏犹不藏也。爰取所藏宋元椠本暨新旧钞之为世罕见者，撰《爱日精庐藏书志》四十卷为广其例，详载镂版时代、校藏姓氏，备录叙跋，以著一书之原委，俾览者得失瞭如。乃书目成而书散，说者谓造物之忌云。"①月霄亦尝自述其成书一事云："金吾年二十始有志储藏，更十年，合旧藏新得，以卷计者不下八万。今夏略加诠次，为目录一十卷。②继又择传本较稀及宋元明初刊本暨传写文澜阁本，另为一编，凡万二千卷，非有裨学问、借资考镜者不与焉。若有明及时贤著述，时代既近，搜罗较易，故亦从略。其前此逸在名山，为世所不经见者，则间附数言，以识流别，名之曰《爱日精庐藏书志》。"③另据月霄自撰《言旧录》嘉庆二十三年(1818)三十二岁条："编《爱日精庐书目》二十卷、《藏书志》四卷。金吾自辛未岁始有志藏书，年来所得不下七八万卷，夏日曝书，罗列于堂，谨依四库部分，编《书目》二十卷。继又择宋元旧刊及有关实学而世鲜传本者另为一编，略附解题，以志流别，名之曰《爱日精庐藏书志》。不曰'读书'而曰'藏书'者，著其实也。"④知此书之初创，始于嘉庆二十三年，两越春秋，方而藏事。又道光三年(1823)癸未三十七岁条："重编《爱日精庐藏书志》三十六卷。己卯排印《藏书志》四卷，后续得宋元刊本颇多，乃重加编次。增入原书序跋之不甚经见者，厘为三十六卷。刊《爱日精庐藏书志》始。"⑤道光六年丙戌(1826)四十岁条："编《爱日精庐藏书续志》四卷。《藏书志》约计今岁可以刊竣，其写样后所得者，另编《续志》四卷，并以付刊。"⑥道光七年(1827)丁亥四十一岁条"刊《爱日精庐藏书志》三十六卷、《续志》四卷告成"。知月霄重编之《藏书志》三十六卷，于道光三年已然完工，并

---

① 见黄氏《第六弦溪文钞》卷四，光绪十年鲍氏《后知不足斋丛书》本。
② 按：此云十卷似有误，参下引《言旧录》。
③ 《爱日精庐藏书志》卷前嘉庆丙辰张氏自序，道光七年张氏自刻本。
④ 《嘉业堂丛书》本，民国二年吴兴刘氏刻本。
⑤ 同上。
⑥ 同上。

付梓手。道光六年，续成《藏书续志》四卷，而《藏书志》则亦完工于此年。次年，《藏书志》及《续志》全部刊竣。月霄之《爱日精庐藏书志》四卷本，成于嘉庆二十五年，系以木活字印行。随后日积月累，复增益成三十六卷又《续藏书志》四卷，于道光六年付梓，次年而成。而其体例，较诸嘉庆四卷本，似亦稍变。月霄自云："庚辰夏，编《藏书志》四卷，以活字印行。六七年来，增益颇多。乃重加编次，附入原书序跋，厘为三十六卷，仍其名曰《爱日精庐藏书志》。"① 而后之言张氏藏书志者，即多指此本暨《续藏书志》四卷而言。至光绪十三年（1887），吴县灵芬阁徐氏又以木活字重刊此本。唯是书虽经三版，传世实亦无多，其中尤以嘉庆四卷本为罕见，海内公

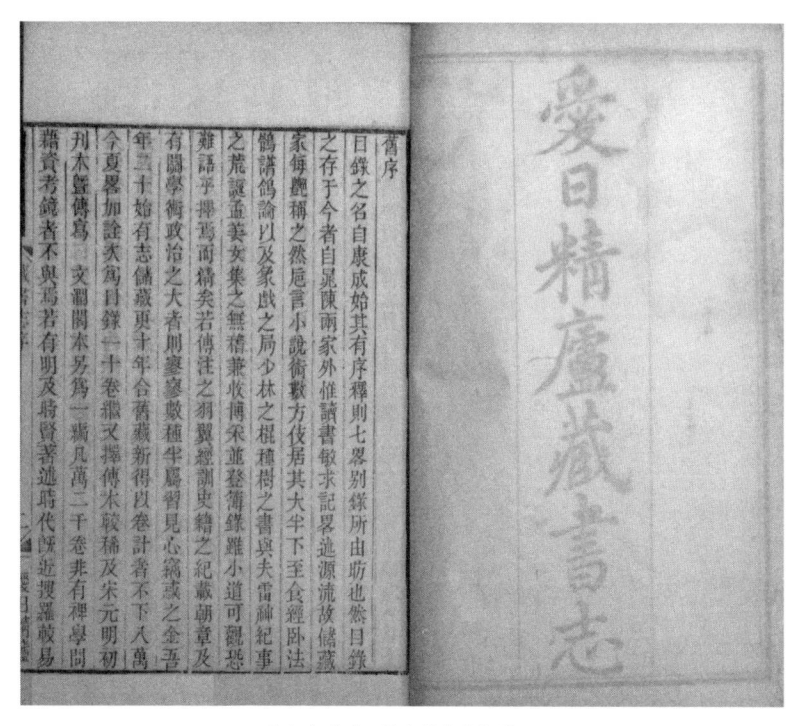

道光本《爱日精庐藏书志》封面

---

① 《爱日精庐藏书志》道光六年序。

愛日精廬藏書志卷一

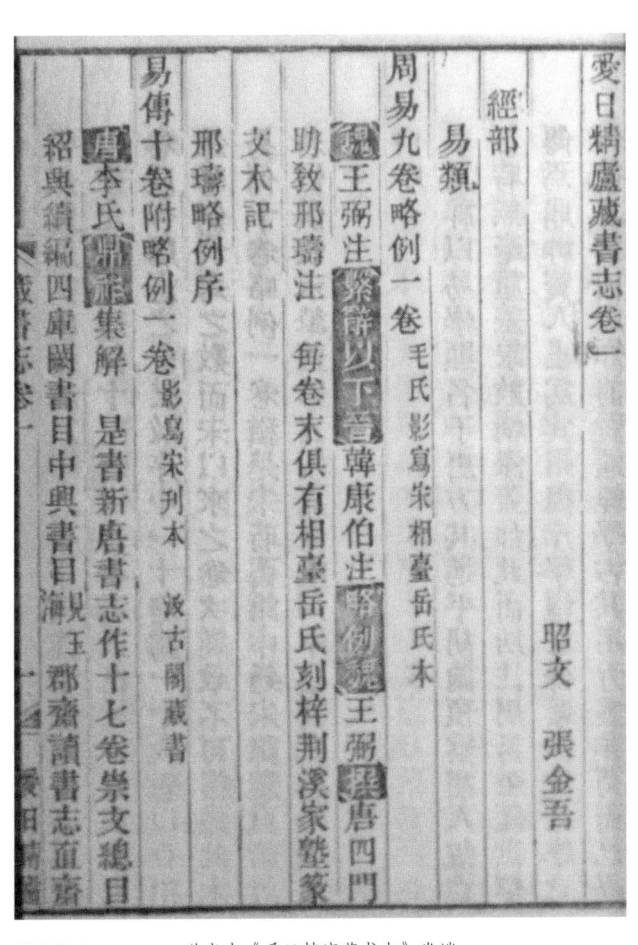

昭文　張金吾

經部

易類

周易九卷略例一卷　毛氏影寫宋相臺岳氏本

王弼注繫辭以下晉韓康伯注略例魏王弼撰唐四門

助教邢璹注　每卷末俱有相臺岳氏刻梓荊溪家塾篆

文木記

邢璹略例序

易傳十卷附略例一卷　影寫宋刋本　汲古閣藏書

本李氏鼎祚集解　是書新唐書志作十七卷崇文總目

紹興續編四庫闕書目中興書目郡齋讀書志直齋

藏，仅存国家图书馆及南京图书馆两部而已。[1]黄廷鉴嘉庆二十五年六月《爱日精庐藏书志序》言此本云："今夏曝书之暇，取凡宋元旧刻暨新旧抄帙罕见之本凡三百八十种，计一万二千卷，一切卮言小说不与其数，庋架别阁，写为《藏书志》四卷。其传本久绝，佚而复出者，仿公武、直斋之例，略为解题，意在存佚继绝，初不欲示人也。"[2]盖其初不欲示人，故流传甚罕。黄裳《清代版刻一隅》（增订本）中，亦言及此初版本云："嘉庆木活字本。前有嘉庆庚辰黄廷鉴序，张金吾自序，目录。书凡四卷……张月霄《藏书志》，传世多为光绪吴县徐氏木活字刊四十卷本，此本每种下记藏书姓氏及得之何处，新刊俱刊落……"[3]观其云云，知其当未曾一睹道光本，故未悟及两本之不同，实源自徐氏本所出之道光本也。猥以形格势禁，无缘一见嘉庆本真容为憾！幸经京中友人南江涛君拨冗查核此版后见告云："三十六卷本包含了四卷本著录的书，但从行款到内容，均有不同：嘉庆四卷本半叶九行，行二十字，白口，左右双边；前多黄廷鉴序一篇；无例言，自序接目录；目录分经史子集四类，下细分与三十六卷本同，仅集部'诗话类'后刻本为'诗文评类'；卷一首行题书名、卷次，下录撰者（三十六卷本撰者次行）；内容上较为简略，大多仅著录序跋，不录序跋全文（三十六卷本大多录序文、跋文）；但有些书于书名下小字注明了该书得自何处（三十六卷本有的保留，有的没有）。"寥寥数语，积疑藉销，盖此四卷本之版本价值，多呈现于其"历史文物性"之一端耳，而于《藏书志》自身之文献价值，较诸四十卷本，并无增加。故以四十卷本为研《藏书志》一书之基础，固无可厚非，所谓"食肉毋食马肝，未为不知味也"。惟南君及黄裳所云黄序一事，似稍可述，因此类附属之物，即同版之书，有无亦为常事，原不足以借此判别版本之同异也。又徐氏灵芬阁活字本一版，本系书坊赖以牟利之资，故以资费稍廉之

---

[1] 南京图书馆有藏，系沈燮元丈垂示。
[2] 见黄氏《第六弦溪文钞》卷二，光绪十年秋虞山后知不足斋刻本。
[3] 复旦大学出版社，2005年，第329页。

聚珍排版，所印之本至夥不过数百，历经世事变迁，所存亦罕。然书经三写，鲁鱼愈滋，以此本及道光本相较，多存讹字、俗体，虽间存佳胜处，如卷十三"中兴四将传四卷旧抄本　汲古阁藏书"条："生未及尽俘于丑类，其没或能为厉于敌人，宜有屡书，以旌多伐。""多伐"，光绪十三年吴县徐氏灵芬阁集字本作"多代"，似当从。同卷"国朝名臣事略十五卷元元统刊本"条，王理序："五启而江汉奄从，赵氏为臣。陆道西北，见角觿栗，海无际舶乃旋舻，凡有血气者，莫不尊亲而崇极配天矣。""角"，徐氏灵芬阁集字本作"用"，当从。又文渊阁《四库全书》本序作："陆道西北见角端溟海无际舶乃旋舻"，当亦误。卷三十四"贡礼部玩斋集十卷拾遗一卷旧抄本宋氏宾王手校"条，钱用壬序："然吾胸中之耿耿者犹在，虽孤客远万，而感时抚事，未尝不形之咏歌也。""万"，徐氏灵芬阁集字本作"迈"，当从。同卷"燕石集十五卷抄本"条，吕思诚序："显夫尝考文出东，相知益深。""出"，徐氏灵芬阁集字本作"山"，当从。然究属瑜不掩瑕。故三版之中，唯出诸月霄亲手补足之道光本最堪依据。

《爱日精庐藏书志》一书所录，虽亦间存标榜己藏之弊，然大多皆能实事求是，如卷三十六"遗山先生新乐府五卷，旧抄本"条言："明凌云翰有《遗山乐府选》，朱氏竹垞据以录入《词综》，虽间有出此本外者，然究不及是本之备也。"虽以为所藏本较诸他本全备，然亦能据实说明"间有出此本外者"，与一味标榜一己所藏之藏家相较，固有上下床之别。月霄此书体例，固有所本，然多经月霄推广、发展，可谓别开生面。卷前顾广圻《序》曰："书之有目，其途每殊，凡流传共见者，固无待论。若夫月霄之目，乃非犹夫人之目也。观其某书必列某本旧新之优劣、钞刻之异同，展卷具在，若指诸掌，其开聚书之门径也欤？备载各家之序跋，原委粲然。复略就自叙、校雠、考证、训诂、簿录汇萃之，所得各发解题，其标读书之脉络也欤？世之欲藏书、读书者，苟循是而求焉，不事半功倍欤？然则此一目也，岂非插架所不可无而予乐为之序者哉。"于月霄撰书之目的及此书之功用，所言甚详，确为的评。《爱日精庐》一书既出，影响甚大，严佐之先生至以为："这些解题，除内容提要外，都是张的研究考订心得，比之晁、陈两志，更具题跋文章的色彩。正是《爱日精庐藏书志》叙录体例的这些与众不同之处，才构成古典目录中的一个新体制——藏书志。"[1]不过，刘薔博士则以为："尽管张金吾强调是编所载皆'有关实学'，但其收录范围与彰显善本之本意与《天禄琳琅书目》一脉相承，版本著录上较之《天禄琳琅书目》更为规范、完善。"[2]以为《爱日精庐》一书，实为就《天禄琳琅书目》之基础而加以改进完善而已。严、刘二位所言，皆着眼于《爱日精庐》一书之于目录版本学方面之贡献，定位虽有不同，然衡诸文字，于此书较同类文献更具典范意义，并无异议。张丽娟博士则主要从出版印刷史及经学史方向着眼，以为《爱日精庐藏书志》一书，对于研究宋代经籍之刊刻史甚为重要[3]，如其中所收之庆元六年沈作宾撰越州八行本《春秋左传正义》后序[4]，内容涉及最早之注疏合刻本即越州八行本之刊刻时地问题，赖此书之过录，方得以保存。张博士于月霄之学识，尤再三致意，以为其所言，多发前人所未发，具见月霄之见识与学力。如月霄以为："疏与经注，北宋犹各自为书，如《崇文总目》所载《周易正义》十四卷、《尚书正义》二十卷、《毛诗正义》四十卷、《周礼疏》五十卷、《仪礼疏》五十卷、《礼记正义》七十卷、《春秋正义》三十六卷、《榖梁疏》三十卷（今本十二卷，或经宋人合并欤）、《公羊疏》三十卷、《孝经正义》三卷、《论语正义》十卷、《尔雅正义》十卷，皆单疏本也。南宋合注、疏为一，而单疏本遂晦。夫合者所见之经注，未必郑、贾所见之经注也，其字、其说乃或龃龉不合，浅学者或且妄改疏文以迁就经注，而郑、贾所守之经注遂致

---

[1] 见于《近三百年古籍目录举要》，华东师范大学出版社，1994年，第95页。按：严先生此说，当源自长泽规矩也，其《中国版本目录学书籍解题》云此书"开以后藏书志之体例"。梅宪华、郭宝林译，书目文献出版社，1990年，第128页。
[2] 见于《天禄琳琅研究》第四章《天禄琳琅书目的体例及其影响》，北京大学出版社，2012年，第297页。
[3] 见于《宋代经书注疏刊刻研究》绪论，北京大学出版社，2013年，第31—32页。
[4] 按：此书现存有国家图书馆藏之孤本，然此序已佚。

愛日精廬藏書志卅六卷續志四卷

武進費念慈

光緒本《愛日精廬藏書志》封面

光緒十三年六月吳縣靈芬閣徐氏用集字版校印

光緒本《愛日精廬藏書志》牌記

愛日精廬藏書志卷一

昭文 張金吾

經部

易類

周易九卷畧例一卷 毛氏影寫宋相臺岳氏本

魏王弼注繫辭以下晉韓康伯注畧例魏王弼撰唐邢璹注每卷末俱有相臺岳氏刻梓荊溪家塾繫

文木記

邢璹畧例序

易傳十卷附畧例一卷 影寫宋刊本 汲古閣藏書

唐李氏鼎祚集解 是書新唐書志作十七卷崇文總目

光緒本《愛日精廬藏书志》卷端

不可复识。"①于注疏合刻之本质及单疏本于版本校勘中之作用，认识至深。又卷五"春秋穀梁疏残本七卷　抄本"条，于单疏本之体例予以总结，以为"是书于传注不录全文，止标起讫，综其体例，大要有三：或标'某某至某某'，或标'某某'云云，或竟标传注全文一二句。《注疏》本欲归一例，俱改作'某某至某某'。'释曰'二字或有或无，'传''注'则一一标出，《注疏》本'传''注'二字大半删去，而每段俱增'释曰'冠之。非单疏本尚存，原书面目无从复识，是固当与《仪礼疏》同为希世之珍也。"《藏书志》一书，既遍录罕见之原书序跋，故多可作补遗之用，除上揭之沈作宾序外，再如"乐府诗集一百卷，元至正刊本"条所录元周慧孙序，虽《四部丛刊》本中已经择录，但如目前较为经见之中华书局、上海古籍出版社之整理本中，却仍付阙如。又《四部丛刊》本既云为影印汲古阁本，则其当无此序可知②，且《读书记》所录之文，与《四部丛刊》所录者，亦有文字之不同处，此皆可深入研究者。凡此等等，皆见《爱日精庐藏书志》一书之价值，不仅局限于版本目录学一隅而已。唯张之洞《书目答问》卷二称"其余若遂初堂、明文渊阁……文瑞楼、爱日精庐各家书目③，或略或误，或别有取义，乃藏书家所贵，非读书家所亟，皆非切要"④，评价之取径不同，实为一家之言，不可尽信。

　　月霄自幼承学于世父若云，生平志趣及立身行事，皆取法于若云，尝自述云："叔父尝语金吾曰：'藏书不如读书，读书不如刻书。藏书者好名，非好学也。读书者为己，不为人也。若刻书，则上以寿作者，下以惠后学，绵

---

① 卷四"仪礼疏五十卷　影写宋景德刊本（从吴门黄氏藏宋刊本影写）"条。
② 按：《四部丛刊》本此序系补钞者，非汲古阁本原有，然其影印说明中并未及此。
③ 按：此所云"书目"者，当即指《爱日精庐藏书志》而言。《书目答问》一书，向不取罕见之书为论，月霄虽曾成《书目》二十卷，然未见流传，故张氏不容以此申论。况以《藏书志》之影响，《书目答问》固当言之也。且月霄《言旧录》道光六年条云："况《书目》流传后世，犹予之书也。目前之在此在彼，又奚足较？"亦以"书目"代言其《藏书志》。
④ "谱录第十二"，《书目书话丛书》本，高路明点校，北京燕山出版社，1999年，第126页。

绵延延，传之无极。夫成就一己，不若成就天下后世之人为愈也……'"①月霄一生之志业，即包涵于此藏书、读书、刻书之中矣。月霄业师黄廷鉴嘉庆二十五年六月所撰《爱日精庐藏书志序》中尝云："月霄少孤，嗜学，甫成童时，其季父照旷阁主人刊《太平御览》诸书，即与校雠。少长，益耽缃素，十年来，小大汇收，今古并蓄，而以宋元以上人撰述有裨经史者为之主。闻有古刻旧钞，不惜多金购访，或缮抄秘阁，或假录相知，汇前后所得，合之先人旧藏，已有八万余卷，可谓盛矣。"②所言正见若云之影响。

月霄虽嗜藏书，然并不惜一瓻之借，恰与同邑之稽瑞楼陈揆判若两端。其《影写宋刊本北山小集跋》云："尝见藏书家得一宋元旧籍，辄思秘之帐中，噫，此何说也。古之人读书稽古，萃一生之心思才力以成一书，难矣。萃一生之心思才力以成一书而历七八百年，几经兵火，旧椠如新，抑又难矣。爱古者，碎金片石、断砖剩瓦犹且公之同好，互相激赏，况书籍为作者精神所寄、灵爽所凭者欤？得之者其亦思古人成书之难何如，流传之难何如，今既幸为己有，冥冥中郑重托付，大望后之人广为传布者又何如，乃谬为爱护，秘不示人，甚无谓也。"③甚可窥见其不自珍秘之态度。又云："予以希鲁著述甚富，见于《补元史艺文志》及《万姓统谱》者今皆散佚无传，惟是书仅存。兹既幸归予手，若不公诸同好，广为传布，则虽宝如球璧，什袭而藏，于是书何裨？于予又何裨？且予喜藏书，不能令子孙亦喜藏书，聚散无常，世守难必，即使能守，或童仆狼藉，或水火告灾，一有不慎，遂成断种，则予且为包氏之罪人。用倩善书者录副以赠，予之不敢自秘，正予之宝爱是书也。"④皆见其爱书、护书之深心。月霄又尝言及与挚友陈揆之不同云："子准尝曰，书贵缄秘，不缄秘则流布广而视之必轻，使是书由我而轻，

---

① 《爱日精庐文稿》卷六《叔父若云府君家传》，第503—504页。
② 见黄氏《第六弦溪文钞》卷二，光绪十年秋虞山后知不足斋刻本。
③ 《爱日精庐文稿》卷四，第438—439页。
④ 《爱日精庐藏书志》卷七"说文解字补义十二卷元刊本"条。

我之罪实甚。金吾则曰，书贵通假，不通假则扃固而传本易绝，使是书由我而绝之罪更甚之。"①知月霄、陈揆之爱书虽一，而应对之方则适反，两相对照，月霄之举无疑更足称道。然衡之以世情，其师黄廷鉴以为："其于书也，张则乐与人共，有叩必应。陈则一室静研，慎于乞假……余尝谓月霄，古书固不容吝，第得之太易，则人不知珍惜。昔人以鬻书与借人并称不孝，良有以也。君宜师子准之慎，而陈君亦宜少济以君之通乃为得之。"②张、陈二人，同时同地，所嗜又同，所幸其虽皆好尚藏书而取径不同，黄廷鉴尝云："两君志趣同而各有所主，张则钟于经籍而兼爱宋元人集，陈则专于史志而旁嗜说部。其大较以网罗散佚、存亡继绝为宗旨。"③以"网罗散佚、存亡继绝"论，月霄无疑确乎当之无愧，道光三年黄丕烈尝跋其士礼居影抄宋刊《北山小集》云："海虞月霄张君爱书好古，收弆秘册甚多，著有《爱日精庐藏书志》，于一书之源流，纤悉毕具，余所归之书，亦得附名简末，此真读书者之藏书也。闻余有此，欲传其副，遂复从余传录本仍分写予之，并雠校之。古云书经三写，鲁鱼亥豕。自谓此写本出余士礼居，虽未经老人过眼，然儿孙辈颇习闻校书绪论，一一手校，当不致为钞胥所误。回忆初得时及复写此，已历三朝，世有三本，可为此书幸，即可为余补过幸。安得世有好事者尽如月霄其人，悉举世间未见之书传录其副，是真大乐事，想艺芸当亦不吝余之屡假也。书此以俟。"④《藏书志》中，所录抄本、传抄本、精抄本、旧抄本、过录本等比比皆是，均可见月霄为古人续命之深心。阮元《虞山张氏诒经堂记》曰："虞山张氏金吾，世传家学，代有藏书。不但多藏书至八万余卷，且撰书至二百余卷。不但多撰书，抑且多刻书至千数百卷。其

---

① 《稽瑞跋》，见于《爱日精庐文稿》卷四，第436页。
② 见黄氏《第六弦溪文钞》卷三《藏书二友记》。
③ 同上。
④ 卷三十一。又见于《荛圃藏书题识》卷八"北山小集四十卷"条，见于《黄丕烈藏书题跋集》，余鸣鸿、占旭东点校，上海古籍出版社，2013年，第479页。

所纂著校刻者，古人实赖此与后人接见也，后人亦赖此及见古人也。"[①]亦可知时人于月霄之用心，实多心识而赏异。

《爱日精庐藏书志》得名于月霄之藏书处，取义于《大戴礼记》"君子爱日以学，及时以行，难者弗辟，易者弗从，唯义所在"[②]。而事实上，此地仅系月霄藏书处之一。据其道光四年所作《诒经堂记》："诒经堂凡三楹，古今诂经之书藏焉。堂之西曰爱日精庐，则金吾读书之所，而谨以藏先君子手泽者也。庐之南曰世德斋，则曾大父、大父诗集暨十世祖端岩公、从父若云公校刊各书在焉。又其南曰青藜山馆，毛子晋、何义门、陆敕先诸先辈手校诸书在焉。庐之西有阁曰诗史，以藏元刊《中州集》。金吾集金源一代之文成《金文最》一百二十卷，凡金人著述及当时碑版足资采集者咸附焉。阁之南曰巽轩，昔年从锡山得活字十万有奇，排印《长编》二百份于焉贮之。堂之东曰求旧书庄，宋元明初刊本藏焉。庄之南曰墨香小艇，元明旧写本藏焉。循庄而北，长廊数十武，有精舍三楹，榜曰积书，则先君子创建以贮书者，凡史子集三部通行之本咸在焉。此诒经堂藏书之大凡也。"[③]知张氏藏书，本非一处，所以以"爱日精庐"著称者，当以此《藏书志》故也。

惟月霄之藏书及身而散，可谓自我得之，复自我失之。道光六年"七月二十九日，从子承浣取爱日精庐藏书十万四千卷去偿债也"[④]。月霄自述其破家之由云："金吾所好者藏书耳、周急振乏耳，孰知藏书与周急振乏之破家，更疾于选妓征歌、一掷百万之破家也。"[⑤]言之沉痛。然幸而其所撰《藏书志》次第行世，不仅借留鸿爪，更可从中窥见月霄一生之成就，庶几可以稍慰老怀。

爱日精庐旧藏，虽早已流散，然历经劫难，尚多遗存，如黄裳尝于其所

---

① 《揅经室续三集》，见于《揅经室集》，邓经元整理，中华书局，1993年，第1072页。
② 第四十九《曾子立事》。
③ 《爱日精庐文稿》卷五，第484—485页。
④ 见于《言旧录》。
⑤ 《上受业师黄琴六先生论古文书》，见于《爱日精庐文稿》卷五，第457页。

撰《琅嬛文集跋》中言："书友郭石麒向曾以虞山沈氏旧藏书介以归余，颇有佳本，大抵皆爱日精庐张氏、旧山楼赵氏故物……"[1]可见直至二十世纪三四十年代，爱日精庐旧藏尚非罕见。而其中精品较为人所知者，如台北原"央图"所藏抄本《乾道临安志》残帙，[2]原十五卷，今存首三卷。有厉鹗跋，杭世骏跋。抄本《淳祐玉峰志》三卷《续志》一卷。[3]抄本《苏州府志》五十卷《图》一卷[4]，从陈君子准藏明洪武刊本传录本等。再如现存苏州博物馆之抄本《游志续编》一卷[5]，经旧山楼递藏。再如现国家图书馆藏明正德刊本《止斋先生文集》五十二卷附录一卷，曾递藏于周叔弢自庄严堪[6]。

月霄与陈揆，并称二友，藏书之富，"并甲于吴中。四方之名士、书林之贾客，挟秘册，访异书，望两家之门而投止者，络绎于虞山之麓、尚湖之滨"[7]，而不数年皆即风消云散。月霄所藏之书，赖有《藏书志》之详细著录可以覆按。而稽瑞楼旧藏，虽有《稽瑞楼书目》可供索检，然其著录甚简，终不能据之以定谳。且其书并非特出，不见精到，虽研习版本目录学者，亦罕究心。然则月霄之书，固不仅发扬前贤精义，且亦为月霄续命也。

原载于《收藏家》，2014年第2期

---

[1] 《劫余古艳：来燕榭书跋手迹辑存》，《大象名家珍藏》本，大象出版社，2008年，第8页。
[2] 参《（台湾）"国立中央图书馆"善本题跋真迹（二）》，台湾"中央图书馆"，1982年，第716—718页。
[3] 同上，第735—740页。
[4] 同上，第756页。
[5] 见于《江苏第三批国家珍贵古籍名录图录》，凤凰出版社，2011年，第226页。
[6] 见于《自庄严堪善本书影》附录，国家图书馆出版社，2011年，第1676页。
[7] 见黄氏《第六弦溪文钞》卷三《藏书二友记》。

《文禄堂访书记》前言

《文禄堂访书记》，民国间王文进编撰。

王文进（1894—1960），字晋卿，别号梦庄居士，河北任丘人。幼入乡塾，以家贫之故，略识字即辍学。适长兄设德友堂书肆于京师文昌会馆，招晋卿赴京。由学徒而至协理，历十四五载。至民国十四年（1925），晋卿别设文禄堂书店于东南园。二十二年（1933），书店迁至琉璃厂。三十一年（1942），再迁至厂甸路南甲二○六号文佑堂书肆故址。

晋卿笃学好古，勤于钻研，于流略之学，颇能道其始末，为当时旧书从业人员中之佼佼者。伦哲如先生《辛亥以来藏书纪事诗》尝咏之云："后来屈指胜蓝者，孙耀卿同王晋卿。"自注曰："故都书肆虽多，识版本者无几人，非博览强记，未足语此。余所识通学斋孙耀卿、文禄堂王晋卿二人，庶几近之。孙著有《贩书偶记》《丛书目录拾遗》，王著有《文禄堂访书记》，皆共具通人之识，又非谭笃生、何厚甫辈所能及矣。"于晋卿学识，颇加称誉。谢兴尧先生亦曾云："近十年来，旧书业中颇出了几位人材，有负盛名者，有无人知者，或以气魄大而能放手做去，或以'吃得精'而能另辟一途……后者如通学斋、群玉斋二孙、文禄堂之王某，专收冷僻版本，不走大路，以其能合时代，获利最丰。"可概见晋卿识见之精。

贩书之余，晋卿亦尝从事出版之业。徐乃昌《文禄堂访书记序》云："（晋卿）首为缪艺风刊行《自订年谱》，次刊《南峰乐府》。甲戌影印宋本《周礼》、祝充《音注韩文公文集》。丁丑《书影》成册，士林嘉美，流传甚广。其代修版印行者，则有福山王氏《天壤阁丛书》，归安沈氏《枕碧楼丛书》《沈寄簃遗书》，海丰吴氏《金石汇目分编》等书。"晋卿自身著作，除此《文禄堂访书记》外，又辑有《毛氏写本书目》一卷（刊于《周叔弢先生六十生日纪念文集》中），并选辑历年积存宋元本残叶为《文禄堂书影》行世（即徐序所云《书影》）。1960年7月，晋卿以食道癌辞世，箧中尚存《明代刊书总目》（二十六卷）、《宋元以来刊刻年表》（四册）两种遗著。

晋卿平生收售宋元明本及名家钞校本甚夥，《文禄堂访书记》即其经眼图书之记录。据此书李劭晗跋云："晋卿既博于闻见，有所得辄记之，三十年来未尝辍笔，积稿盈尺。今取其中之精确者若干种，勒为五卷，爰以聚珍印行，以代抄胥。"晋卿自跋此书云："所见四部，凡北宋本一、南宋本二百五十八、金本十三、元本九十九、明本八十三、明铜活字本十六、校汲古阁本十五、清刻本十五、宋钞本二、元钞本二、明钞本六十九、毛钞本十三、明人手钞本二十八、清黄荛圃校本三十五、各家校钞本一百九，都七百五十余种，附唐人写经三卷……"其经眼善本秘籍，可谓洋洋大观。此书著录诸本，著者、版本、行款之外，多移录原书所存题识，或可补已刊行之某人题跋专集之遗漏；或虽已为现行题跋集收录，然可对其内容、字句有所补充；而又有若干题识，则对于某些问题之研究，别具价值。兹分别略举数例以说明之：

一、杨守敬题跋，多已收入所著《日本访书记》之中，坊间流行之辽宁教育出版社《新万有文库》本，于杨氏自刊本而外，更增补二十余篇，为现行杨氏题跋最完备之本。王氏《访书记》中，更录有杨氏题跋五则，溢出辽宁本之外，可为补充。

二、袁克文为民国初期盛极一时之藏书家，其手书题跋，周叔弢先生曾刊行《寒云手写所藏宋本提要廿九种》，然此二十九种，远非寒云收藏及题跋之全貌。今王氏《访书记》中，录存袁氏题跋十一则，对于研究其藏书状况，极有帮助。

三、卷二"国语二十一卷"条所录章钰题识，已见于章氏《四当斋集》卷二，然两跋相较，王氏《访书记》中少"《宋史·舆服志三》：'仁宗天圣二年，南郊礼仪使利瓦伊言通天冠上一字，准敕回避，诏改承天冠。'亦其证也"一句，并多跋文一篇及章氏据士礼居黄氏景宋本所作校语。

四、卷三"老子二卷"条，收有罗振常跋文两则，一云："苏子由注《老子》二卷，钱磬室手录本，有叔宝、文嘉、文彦可、谢林村氏珍藏书画、淞州私印诸记。案，磬室生平遇奇书必手钞，尝客文待诏门下，故此册为文氏所藏。曩见吾乡范氏天一阁藏书，亦有写本子由注《老子》，盖焦弱侯未刻以前，此书传本固甚少也。此本与焦刻未知有无异同，惜箧中无《两苏经解》，不得取而校雠。其所据本必甚古，更惜毕氏所作《老子考异》时未见此本也。丁巳闰二月十九日，上虞罗振常观于蟫隐庐并志。"此跋见于罗氏《善本书所见录》，然中多异文，未知系罗氏定稿时所改，抑周子美先生刊行时删削。

五、卷一"周礼十二卷"条，录有上海著名园林豫园主人明潘允端刊书跋文。潘氏宦游四方，晚归家居，筑"豫园"以怡情。读此跋文，知潘氏父子又曾刊书行世，此为研究潘氏及明代刊书添一绝佳材料。

六、卷一"仪礼正义四十卷"条，录丁晏之跋文云："此书江督陆立夫先生刊版苏州，剞劂甫竣，制军殉金陵围城之难，未及印行。哲嗣东畲太守携至淮郡，余得见之，借印二十部，绅绎读之，先睹为快。胡氏积数十年苦心，成巨帙本，得制军表章行世，有功于经学大矣。礼经之学自郑君后，朱子有《经传通解》，元明以来几成绝学。胡氏荟萃众说，既博且精，又得及门杨生补足成之，嘉惠来学，与黄直卿《续修通解》先后同揆，斯文未丧，此书不致湮没。余年逾六旬，目力未眊，细书审视，何乐如之。己未嘉平腊月入后二日，山阳丁晏记。"据此可知胡氏《仪礼正义》曾印行于淮地，可补《仪礼正义》刊行研究之阙。

晋卿此书，用力极深，考核亦多翔实可信，人多有据之考定图籍版本者，如台北"故宫博物院"所藏元天历本《范文正公集》，系从宋乾道本翻刻，由于版刻古雅及行款与宋本无异，清内府编《天禄琳琅续目》即误为乾道本，该院重编院藏善本书目时，以书中刻工如张允、周成、章益、陈子仁诸人，皆与王氏《访书记》所载之元天历本相符，遂改定为元刊本。

然晋卿亦有偶误者，如杜泽逊先生《文献学概要》第五章《文献的版本》四"版本鉴定"中曾云："《通鉴总类》二十卷，宋沈枢撰。初刻本为南宋嘉定元年潮阳刻本，有楼钥序，言之甚明。元至正二十三年浙江中书省左丞蒋德明购得潮阳本，因其罕见，命平江路儒学重刻，周伯琦序，言之亦甚明。现潮阳初刻已罕传，至正平江路重刻本尚有多部传世，半叶十一行，行二十三字，细黑口，左右双边，单黑鱼尾，版心记刻工：平江张俊、景仁、仁、芦显、赵伯川、赵海、好显、好古、遂良、何、可、潘、番、夫、王、周、世、陈、八、元、原、圭、付、傅、东、德、什、昷、朱、亨、祥、中、仲、和、魏、灌、天、忠等。宋讳恒、桓等字缺笔。清乾隆《天禄琳琅书目后编》著录宋刻三部，称为潮阳初刻，实际都是元平江路重刻的，原书周伯琦序被人撤去，故有此误。那时对刻工还不甚留意，其实刻工中有'平江张俊'，平江即元平江路（今苏州），正是重刻之地，即此亦足以令人怀疑这是至正平江路重刻本了。民国间王文进《文禄堂访书记》卷二载有元至正本，也同样误认为'宋潮阳刻本'，王氏明明指出刻工有'平江张俊刊、夫、陈、仁、王、赵、可、原'，'平江'二字仍没引起重视。原北平图书馆有元至正本两部（现存台北"故宫"），尚存至正二十三年周伯琦序，经吴哲夫先生核实，与故宫本刻工正同。沈仲涛研易楼藏一部，亦系至正平江路重刻本。《沈氏研易楼善本图录》云：'刻工如芦显曾见于天历元年所刊《通鉴前编》，赵海见于泰定元年西湖书院所刊《文献通考》，赵伯川见于信州路所刊之《北史》，饶州路所刊之《隋书》，景仁、好显、赵海等三人见于元季修补版绍兴刊《春秋经传集解》，斯则可据而推定此刻当系锲板于元季无疑。'"

即便如此，《文禄堂访书记》以贩鬻之偶得，而为后世学者所称道不绝，正如董康序中所言："发潜阐幽，斠订同异，津逮学林，当与莫邵亭《知见传本书目》、邵位西《四库简明书目标注》同其功用，风行海内，可戾契致。"

《文禄堂访书记》仅有一九四二年文禄堂自印聚珍本行世，此次整理，

《文禄堂访书记》扉页

即以此本为底本。坊间刻书，向称草率，鲁鱼亥豕，终未能绝，此本亦是。然以本丛书体例攸关，此次整理多未出校。书中所录前人题识，或可见于他书，与此字句间有异同，然以晋卿出自目验，故非查有实据、确系讹误者则虽疑而仍旧。避讳之字则径为回改。

流略之学向称问学之门径，内容遍涉四部，整理者才浅识薄，于此道未能深研，故此整理本之讹谬，当不在少，读者浏览所及，若蒙见教，感激之至。

柳向春谨志于丙戌孟夏

文祿堂訪書記卷第一

任邱 王文進 晉卿

五經

明覆宋刻白文小字本眉上附音義易二卷書四卷詩四卷禮記六卷春秋十七卷半葉二十行行二十七字白口有嘉慶御覽之寶印

又明覆宋刻白文小字不分卷本易二十一葉書廿七葉詩四十七葉禮記九十二葉春秋一百九十二葉音義行欵同前板心下記刊工姓名　袁顯　王顯　李瑜　陸華　陸天定　弓受之　陸澄　唐詩　吳江　徐敖　馬龍　馬相　鄭采　鄭朝　章達

又清盧抱經據宋校明秦璞刻九經白文小字本存易書禮記盧氏手跋曰乾隆十六年八月在北平黃崑圃家借小字宋本校過至四十九年十一月在婁東重錄此本上宋本不分卷音旦更詳與此本異盧文弨識

有文弨盧氏藏書抱經堂其昌通伯桐城馬氏抱潤軒藏書印

周易正義十四卷

许宝蘅与《掌故丛编》

许宝蘅（1875—1961），字季湘、公诚，号巢云，晚年号耋斋，浙江仁和人。光绪庚子辛丑并科浙江乡试举人。历任内阁中书、学部主事、军机章京、承宣厅行走。入民国后，出任北京临时大总统府秘书、国务院秘书、国务院铨叙局局长，曾署内务次长，又任国务院参议、国务院秘书长等职。1928年奉军北还后，随同出关，先后任辽宁省政府秘书长、黑龙江省政府顾问。1932年，任伪满洲国执政府秘书、大礼官、宫内府总务处处长。1939年退职，1945年8月后，返回北京，家居不出。1956年10月，被聘为中央文史馆馆员。1961年12月28日去世，终年86岁。

许宝蘅

许宝蘅工于书法，其作品曾多次参与展览。著有《说文形系》十四卷，《篆文礼记》《文字溯源》《篆文诗经校正记》《清代篆人著作述考》《魏石经考》等，均已遗失。现存《西汉侯国考》《公主考》及《咏簃仙馆集李商隐诗》三卷手稿，都已捐给了现在的国家图书馆。又有日记数十册，已经整理为《许宝蘅日记》出版，部分文稿也整理为《许宝蘅先生文稿》出版。许宝蘅晚年又与恽公孚合作点校《方望溪文集》《癸巳类稿》《唐大诏令》《宋诏令》

《光绪东华录》等。他收藏有明清档案三十余件，在其身后，连同其他珍藏，都由子女捐献给了中国第一历史档案馆。

许宝蘅从1927年11月底开始，以国务院帮办兼任法制局局长的身份，又兼任了故宫博物院图书馆的副馆长，主管掌故部。《掌故丛编》就是他在这一时期主持创办的。据沈兼士记录的故宫档案保存、整理大事记："十四年十月故宫博物院成立，设文献部①，集宫中档案，于外东路辟陈列室。十四年十二月，故宫博物院接收宗人府档案。十五年一月，故宫博物院请准国务院移交军机处档案归其保管……十六年十月，开放大高殿，展览军机处档案。十七年六月，故宫博物院文献馆接管旧清史馆档案。"②这也就揭示了当年许宝蘅出掌掌故部之后的用武之地所在。

故宫博物院是在1925年的双十节这天宣告成立的，许宝蘅在当日的日记中记到："拟到神武门瞻仰故宫博物院，由清室善后委员会设立，今日为

《掌故丛编》封面

---

① 按：据李福敏《故宫博物院大事记》载，1927年10月3日，图书馆分设图书、文献两部。11月，图书馆改设文献部为掌故部，由许宝蘅负责。（见于《故宫博物院八十年》，故宫博物院编，紫禁城出版社，2005年，第32页）则沈兼士此处所说的机构名称有误，但内容则不误。
② 《故宫博物院文献馆整理档案报告》，见于《沈兼士学术论文集》中华书局，1986年版2004年第2次印本，第346—347页。

开院行礼，发柬请客。乃行至北长街北口，车马拥挤不堪，遂折回。"①这显然是许宝蘅与故宫博物院的第一次接触。而许宝蘅真正参与故宫事务，则是在两年之后，据许宝蘅1927年11月19日的《日记》："五时半到沉叔寓，谈故宫图书馆事。馆分二部，曰书籍部，曰掌故部。约余为副馆长，管掌故部。事为余所最愿，惟每日时间甚少，恐不能兼顾耳。"②由此而知，许宝蘅之所以兼任故宫的职位，是出于当时故宫博物院管理委员会委员、图书馆馆长傅增湘的邀请。但许宝蘅似乎并未立即接受这个邀请，而是在熟思数日后，才接受了这一兼职。11月29日《日记》："一时半到沉叔处，同到故宫博物院，取廿四号徽章。江翊云先在，同到古物馆翊云办公之所，旧为西三所。有史君明导观寿康宫，在慈宁宫之西，最近为瑾太妃居。又观慈宁花园，楼殿两所皆供佛。又至寿安宫，为图书馆，办公之所即在寿康宫北寿安宫，制与他宫异。正殿五楹，南殿五楹，北向而不南向，东西楼殿各上下十楹，仿佛民居之四合院制，外有东西廊房各五楹，今已着手向各宫殿提书，拟即以内殿为书库。掌故部在东三所，天晚不及往观。四时半出。"③也就是说，从这一天起，许宝蘅正式成为故宫博物院的一员。而之后的几天，则是工作逐渐开展的过程。12月1日《日记》："得故宫博物院知会，分派职务单：总务处处长袁金铠、副处长恽宝惠（公孚），古物馆副馆长马衡、俞同奎（星枢），图书馆副馆长许、袁同礼（号守和，玉田人），总务处文牍主任梁玉书、会计课主任许福奎（小篆）、庶务课主任杨策、工程课主任彭济群、保管课主任孙树棠、警卫课主任李升培（子裁），古物馆建设课主任陈庆龢（公睦）、编录课主任谭祖任（篆青）、流传课主任颜泽祺（旨微）、事物课主任江庸（以馆长兼领），图书馆建设课主任张允亮（庚楼）、编录课主任陈宝泉（小庄）、流传课主任徐鸿宝（森玉）、事务课主任凌念京，点查事宜张鹤

---

① 《许宝蘅日记》，许恪儒整理，《中国近代人物日记丛书》本，中华书局，2010年，第1092页。
② 第1212页。
③ 第1214页。

(挹霏，平湖人）、张玮、张凌思、沈兼士、瞿宣颖、伦明（哲如，东莞人）。又知会本月三日午后二时茶话会。"①12月3日《日记》："二时到故宫博物院，委员长王聘老、副委员长王书衡、袁洁珊及各干事皆到，王、袁略道故宫经过及应进行事由，沅叔赴津未到，余遂同袁守和、张庚楼、徐森玉、陈筱庄、凌念京到图书馆略谈，五时散归。"②

掌故部的工作正式展开，是在12月6日，许宝蘅在这天的日记中记载道："二时到图书馆会议，事务员、书记均列席，议定各课先通力合作办提书、编目等事。又支配各部分人员，掌故部归余专任，现有南三所、大高殿两处陈列，一处派三人。议事毕，到南三所阅览，五时后出宫。同沅叔到精一吃点心，谈馆事，六时半归……南三所之档案，多宫中秘件，有一箱外粘一签云：'雍正某年奉上谕，非圣御前不得开看，违者即行正法。'箱内小匣甚多，有一匣内有汪景祺《西征集》，上有世宗御批，并有拜帖多纸，其他尚未启视。书籍中有《名教罪人》四册，系为钱名世而作，令廷臣各作诗歌刺之，徐蝶园、尹望山、方望溪皆有诗。与沅叔商酌，拟刊行《掌故丛编》，月出一册。若此类者，皆好材料也。"③也就是说，从这天开始，许宝蘅有了出版《掌故丛编》的想法。不过，这一想法真正开始付诸实施，应该是在十几天之后，据许宝蘅12月17日《日记》："晚饭后草《掌故丛编凡例》。"④又这里提到的《西征集》，实际上就是后来刊行的《西征随笔》，见于《掌故丛编》的第一至六期中，并在这年的7月，发行了此书的单行本。《名教罪人》一书，大概因为篇幅较大，并没有收入这一《丛编》之中，而是直接单独列入1930年4月刊发的《文献丛书》第二辑中。

在随后的《日记》当中，经常可以见到许宝蘅记录自己出入故宫的文

---

① 第1215页。
② 第1215页。
③ 第1216—1217页。
④ 第1218页。

字，如1927年12月8日："到大高殿掌故部。军机处旧档案置于此，与刘、于、张三君谈，五时后归。"①在故宫兼职期间，许宝蘅于工作之余，偶尔也会发掘一些乐趣，如1928年5月3日《日记》记载："三时入宫，至御苑看牡丹。相传绛雪轩前有太平花一株，往观，尚未开。根为丛生，似蔷薇。"②另外，《日记》中也会记录到一些当时故宫的情状，如1928年5月17日《日记》："二时到故宫。至绛雪轩看花。出组至养心殿，阅《宛委别藏》，阅东暖阁几案纵横，物品狼藉，尘封寸许，深为慨叹。又阅燕喜堂，五时始出，门外昔日承旨之庐尚如故也。"③而《日记》中提及的《宛委别藏》，则在1935年由故宫博物院委托商务印书馆选印若干行世。追本溯源，恐怕也与许宝蘅的这次调阅很有关联。

《掌故丛编》开卷，有故宫博物院图书馆馆长傅增湘的序言。他在序言中说道："更以掌故之属，分为一部。爰聘许君季湘专治厥事。所有封存谕旨、缴进朱批、留中奏疏、录呈案籍，或语关机要，未付外廷；或事涉权宜，深藏秘箧。兹嬗代之后，更无隐晦之嫌，乃命钞胥登之掌录。既补官书之罅漏，借杜委巷之卮言，旨取核真，庶期尽信。"殷列则统以全篇，丛残则略以类聚。得失斯在，文献足征。踵式《国榷》之编，抗怀《识小》之录。月出一侧额，斯为初桄，大雅宏达，或有取焉。"对于这一丛编的目的、内容、形式，都有论及。又有1928年1月许宝蘅的题词，大略云："近者，殿廷四辟，检点尘封，列带之往迹前徽，宛然具。宝蘅寡陋，承事其间，爰就理董所及，甄录行世。其为官私各书已详始末者，不复重出。或以为单词剩语，无当宏规，断楮零缣，何关世教。然而饮水一勺，足测巨川；窥豹一斑，可揣全体。以小喻大，见微知显，不在君子善用之乎？此编者所以资史材、征实录、广轶闻也。"对于《丛编》的定位，也是非常精到。不过，这

---

① 第1217页。
② 第1243页。
③ 第1245—1246页。

篇题词事实上并非出自许氏自己的手笔,这一点,在他的《日记》中有着明确的记载。1928年1月19日《日记》:"四时到寿安宫,已闭门,即出。……羹梅来,代余作《掌故丛编》题词,不甚惬意,约为斟酌。谈至十二时去。"①而再据1928年2月13日《日记》所说:"与羹梅商酌《丛编》序文。"②很有可能连傅增湘署名的序言,其实也是沈羹梅与许宝蘅代拟的。

根据《掌故丛编凡例》第一条:"清代掌故,记载多阙。本馆掌故部所藏宫内档案、军机处、内务府档案现方从事清厘,原议辑为长篇,以存一朝文献。兹事体大,着手需时。爰先就清厘所得,随时刊布,以供众览。"第二条:"本编所载,皆就原文抄录名称,体裁概仍其旧,有须说明原委或考据辩证者,酌附按语。"第六条:"本编自民国十七年一月始,每月一辑,制成一册,于月终发行。"也就是说,《掌故丛编》所收内容长短不计,但都是采自第一手的档案,并将按期出版。事实上,从1928年1月《掌故丛编》出版第一辑起,到6月的第六辑,周期都很正常,都是按照原计划的每月一辑的频率面世。但到了第七辑出版的时候,却因当时政治形势的变化,而致使这一期一直延误至次年,原本已经印好的版权页上的出版日期"十七年七月",也随之被朱字分别钤改为"十八年四月",许宝蘅也就是从这时开始,脱离了故宫博物院。而这一切的变动,都是与这年6月3日奉军全部撤离北京有关。据《许宝蘅日记》,在奉军与国民革命军的交接之初,对于原来的文化机构虽有影响,但并未触动根本。据6月14日《日记》:"五时,到北海蟠青书室,与沅叔、守和诸君商议图书馆事。"③这次商议的结果,应该是按兵不动,静观其变。所以,在6月16日《日记》中,还记载了许宝蘅至故宫工作的情形:"二时半再到故宫,再会商报告文化基金会事。"④但到了6月20

---

① 第1223—1224页。
② 第1229页。
③ 第1251页。
④ 第1252页。

日，局势已经进一步明朗化，据《日记》："二时后到大高殿，又偕沉叔到寿安宫，知明日有人来接收。"①6月21日《日记》："九时到故宫，沈兼士、吴景洲、俞星枢、马叔平、萧子升五君来接收，恽公孚略报告近时情形及应交各事，余将图书馆两部情形略为说明，并将《掌故丛编》之收支报告。十一时出，即归。"②上述五人，实际上是国民政府接收北平故宫博物院委员善化易培基（寅村）派遣的代表，许宝蘅作为之前奉方管理委员会委任的故宫职务，从此也就正式结交清楚了。但即便如此，事实上，许宝蘅并没有对于之前的工作置之不理，而是善始善终。如他7月2日《日记》："校《西征随笔》。"③7月29日《日记》："校阅《西征随笔》单行本。"④8月7日《日记》："致刘、单二生信（印《西征随笔》价单）。"⑤在版权页上标注为出版于这年7月的《西征随笔》，根据《日记》的记载，显然是许宝蘅一手促成出版的。

根据《掌故丛编》篇目与《许宝蘅日记》中相关记载的比对，可以得知，《掌故丛编》第八辑及其之前的稿件，即便不全是许宝蘅一手完成，至少也是绝大部分由其编辑而成的。⑥而第九辑中的大部分稿件和第十辑中的部分稿件，其实也是出于许宝蘅之手。前面已经提到，《掌故丛编》原拟一月出版一辑，前六辑也一直保持了这样的出版周期。但到第七辑，因时局扰攘，推延至次年4月才得以问世。之后的第八、第九两辑，也能以每月一辑的频率得以维持，但第十辑则又直至1929年的11月，时隔四个月后才迟迟问世，且终成绝响。直至1930年的3月，才最终代之以《文献丛编》，改头换面，重新出版。不过，即便是在《文献丛编》之中，仍然可以发现许宝蘅当日工

---

① 第1252页。
② 第1253页。
③ 第1254页。
④ 第1257页。
⑤ 第1258页。
⑥ 据1928年6月3日《日记》："三时出门到大高殿一转。……写龚梅所编定书评一通。"（第1248页）这里所说的"龚梅所编定书"不能确知是否《掌故丛编》中的某篇。但即便是有他人曾参与此《丛编》的编辑工作，也是辅助性的，主要工作基本上都是许宝蘅一手完成的。

作的成果。如刊发在1932年12月第十四辑中的《岳钟琪奏折》，实际上就是许宝蘅整理出来的。据其1928年3月24日《日记》："到南三所，阅岳襄勤折。五时到大高殿，六时归。"①4月12日《日记》："三时到南三所，检阅岳钟琪折三百余件。阅世宗上谕。五时半出。"②再如4月21日《日记》："三时到南三所，阅雍正朝旧档一包，内有允禟之党西洋人穆经远供词。此人由岳钟琪拿解来京，复发回甘肃，命钟琪密置之死（见岳奏报）。又有秦道然供词、葛继孔讦章，均为允禟事。又有允禩致何义门书，又有关于年羹尧事，阅至五时半方出。遇沅叔、庚楼自寿安宫出，遂同至公园小坐。"③所言的穆经远、秦道然供词，也可见于《文献丛编》的第一辑中。1928年5月5日《日记》："二时半到南三所，阅世宗讲佛诸作，有《集云百问》，乃在雍邸时作答者（十七册）杭州因果僧成蠹、杭州皋亭山佛日寺超衡、长洲松园自鉴、虎丘圆照、灵隐敏膺、扬州法华寺超仁、报恩寺竺庵、金台素白道纯、宿迁孟城庵际寿、武康资福禄寺明光、梦泽巨木成澄、夹山超学、五柳拄苍普茎、福建棘山寺德全、云南鸡足山寂光寺正脉，又大觉寺庆尊、四川佛幻超远。又有与允禄、张廷玉、鄂尔泰、福彭、圆寿、天申六人问答。又有《破尘居士语录》二卷，稿凡四易。破尘为世宗别号，又称青阳居士，高宗称长春居士。又有序跋十余篇。五时出。"④再检《文献丛编》第三辑有《清世宗关于佛学之谕旨》，第四辑又收有续篇，根据这条日记，知此文也是由许宝蘅遴选入辑的。文前还存按语，所言与此条日记的记载，字句基本相似，可知也是由许宝蘅本人撰成的。再如《文献丛编》第五辑、第六辑、第七辑、第八辑都收有《年羹尧奏折》，从所涉时段来看，正是许宝蘅在《日记》中记录的部分，应该就是《掌故丛编》中所录《年羹尧折》的续编，也是当时许宝蘅在执掌掌故部时检出，打算予以刊行的。也就是说，许宝蘅在短短不

---

① 第1236页。
② 第1239页。
③ 第1240—1241页。
④ 第1243—1244页。

到一年的时间里,为故宫博物院的文献档案开发和出版工作,做了很多具体的工作。他主持和影响下的这两种出版物,也取得了非常重要的成就,直至现在,仍然是相关研究中不可或缺的资料源。而这一切,其实只不过是他的兼职工作而已。

许宝蘅所做的很多具体工作,其实都可以通过他的《日记》予以复原,而《日记》中记录的一些初见档案时产生的疑问,也在后来刊行的《丛编》中,基本上得以解决了。如1927年12月16日《日记》:"到寿安宫,与庚楼商酌,先将已提到之书分四部,各置一室,以后随提随分,较为便利。分置后即编草目,以架为主。一时到同和居午饭,饭后复到宫。检阅旧档箱,有圣祖朱谕甚多。内有幸五台至宁夏时谕顾太监者数十条,或述行在风景,或述起居服食,称宫内为家里,与常人家信相仿。顾太监不知何名?必当时宫内总管也。又有高江村小奏折二件及放归后所上者,又有批年羹尧奏折一件,可见圣祖之信任极重,又有算命数纸。至五时后出,又到大高殿小坐。"[①]可见,在调阅档案时候,许宝蘅对于顾太监其人并不了解,但查第一辑所收《圣祖谕旨》正文前的按语:"按此谕旨皆寄顾太监者。顾太监名问行,为当时敬事房之总管,时亦呼为总首领太监。第一条为是年五台时寄,第二、三条为是年奉太皇太后避暑拜察时寄,第四条以下为康熙三十六年亲征噶尔丹时寄,末四条无年月可考,但皆寄宫内者,不预外廷事,故《东华录》《十朝圣训》皆不载。其中之白察即拜察,嘎尔但、嘎尔丹即噶尔丹,锅必即戈壁,译音无正字也。诸稿原藏懋勤殿洪字八〇八号箱内。箱面题记云:'此内(阙)为圣祖仁皇帝所交事件,雍正十三年十月二十日奉旨交本房收贮,非捧至御前,不可擅自开看。如违者,即行正法。'箱内满文谕旨、奏折为多,尚待翻译。汉文各件则陆续刊布。其李家沟一事,《东华录》载之,不及此详。许宝蘅识。"则当时的疑问都已经解决了。另外,关于这篇

[①] 第1218页。

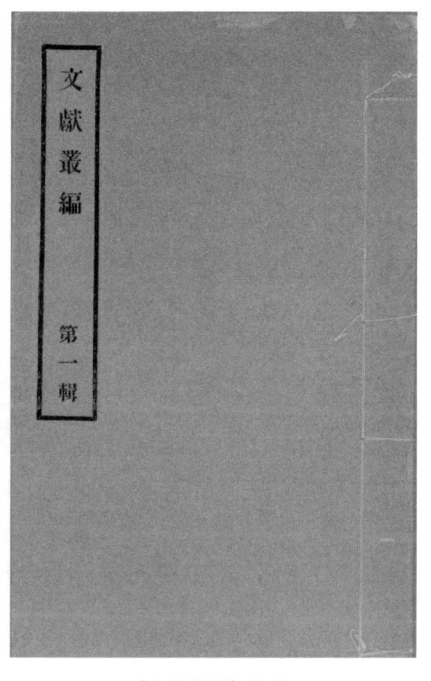

《文献丛编》启事　　　　　　《文献丛编》封面

文献的辑录经过,《日记》中还有一些记载,12月28日《日记》:"三时到故宫,检圣祖朱谕一百余件,交书记抄。五时后出,访沅叔谈。"[1]1928年1月14日:"作《圣祖谕旨》提要。"[2]又1928年2月11日《日记》:"二时半到故宫总务处会议,三时到寿安宫检阅洪八〇八箱,五时半出。"[3]而第二辑中所收《清圣祖谕旨二》,题名下缀按语道:"按此谕旨亦藏洪字八〇八号箱内,为《实录》《圣训》《东华录》所不载者,年月皆无可考,略以类排比之。"进一步交代了文献的来源和收录的缘由。

类似这样可以相互比照的文字,还有不少,如1928年1月10日《日记》:

---

[1] 第1220页。
[2] 第1223页。
[3] 第1229页。

"作《西征随笔》提要一篇。汪景祺文中有先少司农语,查《杭诗辑》,汪东川霂康熙己未举鸿博,授编修,官至户部侍郎,是景祺乃霂之子。又有汪受祺,字子寿,康熙己未进士。其行埒相同,当亦兄弟行也。惜当时惧祸不敢详载,遂不能叙其渊源,不知汪氏家谱中有无可考。"①《掌故丛编》第一辑中此篇的按语,则要详细得多:"按汪景祺号星堂,钱塘人(考《杭郡诗辑》,汪霂号东川,康熙丙辰进士,己未举鸿博,官至户部侍郎。汪见祺号无亢,霂子,康熙己丑进士,官礼部主事。汪受祺,字子寿,康熙乙未进士。景祺上年龑尧书有'先少司农'云云,则京祺当为霂之子,见祺、受祺之昆弟也),雍正二年游陕西,以书干抚远大将军年龑尧,著《西征随笔》二卷。三年,龑尧得罪抄没,世宗见此书有讥讪圣祖语,责(尧龑)[龑尧]见知不举。追廷臣会议上,遂定为龑尧大逆五罪之一。旋刑部议景祺罪照大不敬律,拟斩立决。十二月辛巳,奉旨汪景祺作诗讥讪圣祖仁皇帝,大逆不道,应当处以极刑。今大臣等定拟立决具奏,故从其请。着将汪景祺立斩枭示,其妻子发遣黑龙江,给与穷披甲之人为奴。期服之亲、兄弟亲侄,俱着革职,发遣宁古塔。其五服以内之族人,见任及候选、候补者,俱着查出,一一革职,令伊本籍地方官约束,不许出境。四年冬,因查嗣庭之案,谕旨中又屡连类及之。今检懋勤殿当时奉旨封锢箱中得见此稿,存上卷一册,下卷仅《功臣不可为》一篇。别有《秦中凯歌》十三首。上卷首叶世宗亲笔题云:'悖谬狂乱,至于此极!惜见此之晚,留以待他日,弗使此种得漏网也。'观其所作《遂宁人品》及《诙谐之语》二篇中有讥讪语,自序所云'意见偏颇,议论悖戾',可谓能自知者矣。乃身罹重辟,祸及宗亲,君子其亦知所鉴乎!至于游狎之作,更不足论。兹汇为一卷刊之。丁卯季冬,许宝蘅识。"两相对照,就知道许宝蘅为了撰写这些按语,曾经翻阅了不少文献。关于这一点,还有更直接的证据,如1928年1月11日《日记》:"到寿

---

① 第1222页。

安宫,检阅《宫史续编》。又到大高殿。……五时到富晋书社,购《宫史》《宋文鉴》《语石》三书归。作《宫中现行则例》提要。饭后访羹梅,以两稿嘱审定,谈至十一时归。整理《丛编》稿。阅《宫史》。"①再核《宫中现行则例》四卷的按语:"按《宫史》云,皇上以内廷现行典礼事例,命敬事房条录恭呈,钦定编为《则例》刊行。厘为十八门,上卷曰名号、曰玉牒、曰礼仪、曰宴仪、曰册宝、曰典故、曰服色、曰宫规、曰宫分,下卷曰铺宫、曰遇喜、曰安设、曰进春、曰谢恩、曰钱粮、曰岁修、曰处分、曰太监。乾隆七年校刊。《宫史续编》云,嘉庆十年重修,厘为四卷,首列圣谕、上谕,卷末裁汰岁修、处分二门,余如原书。此本为光绪初续修,首列训谕,盖沿嘉庆本之旧。岁修、处分二门则仍乾隆本之旧。又别增车舆、门禁及太监服色三门。依《宫史》所云,乾隆初,始经编定。此本所引康熙十六年五月谕旨,有'凡事俱照《钦定宫中现行则例》敬谨奉行'之语盖误(《宫史》载此谕旨作'俱照定例敬谨奉行')。敬事房者,康熙十六年设立,置总管、副总管,专司宫内一切事务,奉行谕旨,及承行内务府各衙门一切文移,乃首领太监办事之所在。顺治时名为乾清宫执事,乃十三衙门之一,犹明之司礼监也。此《则例》不由外廷修纂,故无进书表文及修纂职名。旧传外臣不得窥阅此书,光绪初荣文忠公禄奏事引据书中谕旨,致被孝钦显后诘责,由是出为西安将军云。许宝蘅识。"则知许宝蘅所以购置《宫史》一书,就是为了撰写这篇提要。

正如前揭凡例所言,许宝蘅并不是给每篇文献都撰写提要,而且所撰提要也是或长或短、或言相关人物、或考订事实、或解释来源,并不一律。如据1928年1月13日《日记》:"三时到寿安宫,到大高殿,五时归。作《英使觐见案》提要。"②此篇的提要则云:"按乾隆五十八年英国遣使佐治马戛尔尼、副使斯当东(《英使觐见记》译作'史但顿',此从原译)。当时俱加

---

① 第1222页。
② 第1223页。

'口'旁，不过表示译音而已）来京师，实为国际通聘之始。《东华录》仅载五十七年十月，两广总督奏报及五十八年八月觐见于万树园，又敕谕两道，而其他文书、礼节皆从省略。今年，马戛尔尼之日记始出，国人乃得稍知其事。兹从军机处档案中辑其始末文件，汇列刊布，亦可见当时将事之郑重矣。日记中所云小史但顿所写汉文亦尚存在，惟英皇之国书原本未知庋藏宫内何处？他日检得，当续刊之。许宝蘅识。"不仅考订人名，又揭示还有相关文献等待发掘。又1928年3月13日《日记》："三时到三所，检得顺治朝奏本二十一册，乃抄本，乾隆间发交懋勤殿藏，末册潮坏。又上传谕旨两册，乃顺治八九十年者，又有日讲讲义多件。六时出。"①其提要则云："按左录《世祖谕旨》，原藏懋勤殿，册面署曰'上传谕旨'，有敬事房题记'乾隆元年正月初十日，王常贵等交出世祖章皇帝上谕写本清、汉文各二册，奉旨收贮本房，不可擅自开看'云云。册内所载自顺治八年正月至十年六月谕旨，仅七十六道，并非全本。不知何时写进，何以有所拣选？兹采其不见于《东华录》者，著之于篇。其所为'捧出上传'，或'捧出圣谕'，或'钦奉圣谕'，月日之下，又纪以时，皆与后来程序不同云。许宝蘅识。"不仅交代了原本所藏地点，还指出当时谕旨与后来谕旨程序上的区别。

另外还有一些档案，在入辑之时，仅仅简单注明原档的贮存地点，如1928年3月4日《日记》有："辑《王锡侯案》付印。"②《王锡侯案》见于第一、二、三辑，第一辑题名下有小字注："此案由军机处档案辑出。"但并非每一份文献的选用，都会记录在《日记》之中，甚至包括一些标有小注的文献，实际上在《日记》中也未曾记录，如《杨璜议狱以弭天变本》后附"查处分窝逃例"，文末小字注："按此条系别纸所写，附于原本之后，当为雍正时由内阁查例奏上者。"《李秀成谕李昭寿文》条题名下小字注："按纸尾有印文曰'太平天国副掌率后军主将合天义李秀成'。"《太平天国文件》中的《苏

① 第1234页。
② 第1233页。

福省儒士黄畹禀》后有小字注:"原禀年月字上钤有篆文长方印一方,文曰'苏福省黄畹兰卿印信'。"这些文献在《日记》中都未曾记载。而与此同时,还有一些文献虽然见录于《日记》,但因在录入《丛编》之际,并未撰写提要,故而《日记》中所记,可以起到帮助理解这些文献的作用。如1928年3月9日《日记》:"二时到南三所检查旧档,得雍正元、二、三年年双峰奏折,又有世宗在雍邸时与双峰书。其积怨已久,而元、二年间相遇甚优,无事不咨。至二年末所批诸折已多隙矣。双峰不早自引决,以致有后来之祸,惜哉!"① 又3月14日《日记》:"二十半到大高殿,又到南三所,检阅上传谕旨,多见于《东华录》,不见者仅数条。又检得康熙时年双峰折一包,五时半出。"② 又3月16日《日记》:"三时到南三所,阅年羹尧康熙时奏折,又王炎折。"③ 又5月3日《日记》:"到三所阅雍正时折奏,六时出,即归。阅年大将军折,编目。阅雍正《东华录》。"④ 这里所述的年羹尧奏折,后来以《年羹尧折》的名义,分别刊入《丛编》第四至十辑,内容甚是丰富,是了解圣祖、世宗时期的政治情势以及世宗与年氏的交往的第一手材料。而这里所录的这些《日记》的内容,对于理解这批奏折的大致情形,无疑很有帮助。

《日记》中还有一些编录《丛编》的具体细节和时段的记载,也非常具有资料价值。如1928年1月9日《日记》:"刘儒林来,商酌《掌故丛编》第一辑稿本。"⑤ 1月12日《日记》:"整理《丛编》稿。"⑥ 2月1日《日记》:"瞿紫萧来,付以印书价百元。"⑦ 2月2日《日记》:"到大高殿……校阅《丛编》第二辑材料。"⑧ 2月7日《日记》:"二时半到故宫,总务处会议,向东方文化基

---

① 第1234页。
② 第1234页。
③ 第1235页。
④ 第1243页。
⑤ 第1222页。
⑥ 第1223页。
⑦ 第1227页。
⑧ 第1227页。

金会乞补助款项事。……校《丛编》两稿。"[1]2月8日《日记》："校《丛编》印稿。"[2]2月27日《日记》："校《丛编》第二辑稿两种。"[3]3月8日《日记》："瞿紫萧来，付以百元。……到大高殿，许文伯（同范）、叔伊（同莘）、江君（鄂城人）来访，仍商抄外交案卷事。"[4]3月22日《日记》："三时到寿安宫，又到大高殿，访桂辛谈，七时归。理第三期《丛编》稿。"[5]3月27日《日记》："二时，到寿安宫会商图籍部事，五时后出。……夜，整理第三辑稿。"[6]4月1日《日记》："紫萧来，取第二辑费。"[7]4月26日《日记》："饭后，出门到大高殿检阅档案，遂至五时后，不复到他处即归。夜阅徐述夔案并校稿。"[8]4月29日《日记》："九时到东华门内旧内阁，今为警卫队住所。遇内务部旧巡官导视汉本堂、满本堂、汉直房，均非旧观矣。候至九时三刻，刘儒林、单士元等同出，组人至，公同阅视大库。东库为实录库，楼上列柜数十，皆实录、圣训，楼下列箱数十，皆起居注，并有各种残稿。西库楼上下皆红本，自乾隆以至光绪皆在。又有各项诰敕册籍，尘封蠹积，殊无着手处。实录库内有高总跋史可法书，初以为原书，检视乃抄本也。检得招降唐通、马科两书，尚是原稿，影印一通。又将实录库摄影，然后封锁而出，已十二时矣。"[9]5月11日《日记》："瞿紫萧来，询以石印书价，四开者四元三角一页，套板加八角，均一千页计算。……二时入宫，出组到乐寿堂，提出徐用锡科场案小书二册，一为致李安溪信，一为小说四目，不知何人所作。又提圣祖谕旨一道、仁宗谕旨二道。三时半到大高殿，检阅乾隆时密记档，所载为议罪诸

[1] 第1228页。
[2] 第1228页。
[3] 第1232页。
[4] 第1233页。
[5] 第1236页。
[6] 第1237页。
[7] 第1237页。
[8] 第1241页。
[9] 第1242页。

巢雲日記 壬辰第一

光緒十八年臘月初一日辰初拜天地三跪九拜拜祖宗一跪八拜拜聖人如上拜司命如上自已家裡拜年又同人來拜康氏弟皋氽來署中例肯酒席三日中時打骨牌贏錢三千文晚亥初即臥陰小有雨

初二日爲 先母忌辰午初擺供唐雨丈諸人來打上大人牌晚薛復初推牌九于正方散早晴夜小雨

初三日辰擲骰子午後魏宏先袁範卿來拜年渠二人皆素服故以祭忌辰日出門耀南來中時薛復初鄧季簪推牌九輸錢六千文晴

初四日辰作馬大書江通寄午丙耀二兄來申刻通伯仲林

壯月初一日晴甚泠作欵使金與土同價見齊高論一首
二日晴先祖妣梁太恭人壽終宜寓南鎮街今十年矣
真一瞬息耳在藥王宮拜懺夜放猷口二嫂生晨
鈔史記菁華錄五葉
軒日記李實蓍中詩四十餘首韻師論燈始何時案
三日晴父期題為子曰君子懷德一章未作摘鈔味水
燈通作鐙始見祭統執體授之執鐙注云鐙豆下跗也
釋文說亦非今之燈義古惟連燎連燎之先注庭燎大燭也郊特牲
文同　　　　　　　　　　　　　　　　　　　　　　　　　　　
　　　　　　　　　　惟燭禮燭不見跋孔疏古未有見燭唯呼火炬為燭又燕禮宵則庶子執燭
差天子百必蓋五十　　　　　　　　　　　　　　　　　　　　　　　　　　　
侯伯子男皆三十　　曲禮燭不見跋孔疏古未有見燭唯呼火炬為燭又燕禮宵則庶子執燭作階上司宮執燭于西階上司人執大燭于庭賓執燭于門外賈疏古以荊
爇為燭木燃曰樵在
地曰燎執之曰燭　燭燈字始見楚辭蘭膏明燭華燈錯以下見於史傳

臣请缴赎罪银两案。"①通过这些记录，不仅可以得知当时编稿付刊的具体时间，也能知晓许宝蘅当时编稿发排的具体方式，而尤其值得一提的是，其中记录的石印书价格，同时也是宝贵的书籍印刷史数据。《日记》中提到的大部分文献，都已刊印于《丛编》之中，如以上所言的徐述夔案，见于第四至九辑；摄政王招降唐通、马科两书，均见于第五辑等。但也有些文献，应该也是许宝蘅当时打算辑录付刊的，但因时局变化，未能实施，故无论在《掌故丛编》，还是随后刊行的《文献丛编》中，都未见踪影。如徐用锡科场案，再如1928年1月7日《日记》所言的某人与允禵书："以满文折四件，交如山译，乃□□等与允禵书，末署'康熙六十二年'，时已为雍正元年矣，宜其不能相保也。五时归。"② 1月18日《日记》所言的某人旅行日记："杨伯平为译《新那喀尔至喀什喀尔旅程日记》。"③从这些零星的线索，也可以推知，如果当时不是政局的变化，许宝蘅还能继续执掌掌故部的话，故宫清宫档案的披露和刊发，想必更有一番盛况。但有一点也毋庸讳言，因为《丛编》基本上成于许宝蘅一人之手，所以其中也难免存在一些小的纰漏，如见于第四辑的《宫中现行则例》末段，为嘉庆十年正月二十五日的上谕，其文字至"朕前曾迭次降旨申严……"，竟然戛然而止，显然是在装订时漏了一页。当然，这种小问题不过是白玉微瑕，于《掌故丛编》和《文献丛编》的贡献相比，实在是微不足道。

综上所述，许宝蘅作为一名兼职人员，虽然不能常川驻院，但他在短短数月之中，亲力亲为，编辑并出版了若干辑的《掌故丛编》，并为日后《文献丛编》的刊行奠定了基础，无论是对于故宫博物院的档案开发和研究，还是对于整个清史研究的推动，都有着深远的影响。

原载于《传统中国研究集刊》第14辑，2016年

---

① 第1244—1245页。
② 第1221页。按，据1月3日《日记》："到故宫，团拜照像。到南三所，检得满文秘折数件，拟交松如山译。"这批满文文献是当日发现的。
③ 第1223页。

徐森玉先生与中国的文博事业

上海最重要的两所文化机构上海博物馆和上海图书馆今年都是建馆六十周年了，作为上海这座国际性大都市的文化标志，两馆的六十年发展历程，可谓是上海市文化建设的风向标。两馆的创设，都是当年的上海文管会一手促成并筹划的，而对于两馆的建设贡献尤巨的，则无疑是当年文管会的老领导、后来曾任上海博物馆馆长的徐森玉先生了。

徐森玉(1881—1971)，原名蒀，更名鸿宝，初字寂之，后字森玉，以字行，浙江吴兴（今湖州）人。曾经求学于江西白鹿洞书院，后转入山西大学堂，攻读化学，成绩斐然，曾与学友同编《无机化学》《定性分析》等书出版，被称作"奇才"。后来受到当时的山西学政长白宝熙的赏识，对他多有照顾垂青，徐森玉先生后来之所以谙习文献、精研古物，就是以此为起始点的。从山西大学堂毕业之后，先生历任奉天测绘学校及实验学校监督、清廷学部图书局编译员等职。中华民国建立之后，又先后担任教育部秘书、佥事等，同时兼任北京大学图书馆馆长、京师图书馆主任等职。1924年11月，先生参与清室善后委员会工作，后又任北平图书馆采访部主任兼善本、金石部主任，又改任故宫博物院古物馆馆长。1937年七七事变前后，参加主持故宫文物南迁。抗日战争时期，

徐森玉

多次往返香港、重庆、贵阳、上海等处，为保护搜集文物呕心沥血。如曾为保护运送居延汉简冒险往返京港等地，又专程至上海，协助文献保存同志会的郑振铎、张寿镛、何炳松、张元济、张凤举等先生为国家搜购珍籍善本，并陆续运出孤岛。中华人民共和国成立后，历任华东军政委员会文化部文物处处长兼上海市文物保管委员会主任、上海博物馆馆长、全国第二中心图书馆委员会主任委员、国务院古籍整理领导小组成员、中央文史研究馆副馆长，为第二、三届全国人大代表。森玉先生一生为国家征集鉴定文物无数，有"国宝"之誉，曾于1962年上海博物馆成立十周年之际，为文化部特别褒奖。"文革"中，森老被诬以"反动学术权威"之名，首当其冲，备受摧折，于1971年5月19日不幸含冤辞世，享年91岁。

森玉先生开始接触文物古籍等相关方面的古物，应该是从清末入学部编译图书局开始的，在这个时期，他与袁世凯次公子袁克文及文化界名流周肇祥、傅增湘、李盛铎、鲁迅、张宗祥等人的密切往来，无疑对于他的兴趣转向于古代文物，起到了极其重要的作用。自此而始，他的一生，都与中国的文博图书界的成长发展，紧密联系在一起。森玉先生曾在1956年中国科学院及中华人民共和国文化部联合召开的首次学术性考古工作会议上发言中说，他学考古已是30多年前的事了。根据他的这个自述往上倒推，其文博图书事业的开端，也与上述说法是吻合的。到了民国十年（1921），森玉先生参与了鹤山易孺（大厂）所组织的冰社。易任社长，金溪周康元（希丁）为副社长，同时会友尚有上虞罗振玉（叔言）、黄县丁世峄（佛言）、贵筑姚华（重光）、胶州柯绍忞（凤荪）、鄞县马衡（叔平）、闽县陈宝琛（伯潜）、山阴寿鉨（石工）、杭州陈汉第（仲恕）、山阴陈年（半丁）等。冰社每周聚会一次，各人都携带金石文物参加，一起考释文字、鉴别年代。这个组织的活动，使得北方金石篆刻之学一时蔚为风气。到了民国十二年七月，先生则与当时的北京大学研究所国学门考古研究室主任马衡同赴洛阳考察汉魏石经出土情况，并收得残石二百左右，由两人分购。这大概是徐先生亲自参与古物保护之始。

民国十三年（1924）十一月间，定州鹿钟麟（瑞伯）驱逐清末帝溥仪出宫，北洋政府当局与逊清方面共同组织了清室善后委员会，而森玉先生在这一委员会创立伊始，便曾协助参与其事，并于当年的十二月下旬开始，一起偕同点查原清宫所存物件。并参与故宫的维持与保管，随后又荣膺清室善后委员会顾问一职。对于清宫旧藏的保存与清理以及故宫博物院的成立，都有着重要的贡献。

民国十四年（1925）故宫博物院正式成立时，森玉先生正以教育部部员兼任京师图书馆主任，因而应该并没有过多参与故宫的日常事务。但到了次年的十二月，同属清宫范围内的古物陈列所成立了古物鉴定委员会，分书画、金石、陶瓷、杂玩四个鉴定组，古物陈列所所长周肇祥兼任委员长，聘请了森玉先生与上虞罗振玉（叔言）、怀宁萧悚（谦中）、美国福开森、徐宝琳、东莞容庚（希白）、闽侯陈承修（淮生）、铁岭庆宽（筱珊）、鄞县马衡（叔平）、合江陈时利（剑秋）、杭县陈汉第（仲恕）、杭州邵长光（裴子）、定兴郭葆昌（世五）、长白宝熙（瑞臣）、江浦陈浏（亮伯）、连平颜世清（韵伯）、海宁王国维（静安）、仁和王褆（福庵）、宛平袁励准（珏生）等十九人任委员，这件事情充分说明了先生对于文物文献的精鉴和眼光，已经得到了当时社会各界的认可与赞许。民国十六年三月，森玉先生参加了西北科学考察团理事会，担任常务理事，而日后他冒死深入敌窟抢救居延汉简的英勇之举，显然是与他自此担任的这一职务有关。该年六月，奉军张作霖于中南海就任大元帅一职，随后又取消了原来的清室善后委员会，并成立了故宫博物院管理委员会（奉方管理委员会）来负责故宫方面的事务。据当年12月3日的《世界日报》报道："故宫博物院自管理委员会成立以来，对于院务努力进行。闻该院业经聘任梁玉书、杨策、许福奎、李升培、孙树棠、马衡、俞同奎、袁同礼、徐鸿宝、许宝蘅、彭济群、张凌恩、张鹤、张允亮、陈宝泉、许藻镕、颜泽祺等二十四人为干事，助理一切院务。闻是项聘书，业于前日分别发出云。"而事实上，森玉先生在就任干事的同时，还兼任了故宫图书馆流传科主任一职，从此之后，徐先生与中国的文博事业的命运，便更加紧密地结合在了一起，也从此揭开了他在故宫博物院任职二十余年的序幕。

民国十七年（1928）五月，北伐军克复济南，驻守北京的奉军退出关外。先生及沈兼士、马衡、陈垣、江阴刘复（半农）、周肇祥、北京常惠（维钧）、霍邱台静农（伯简）、北京庄严（尚严）等组织成立文物维护会，以维持古迹安全，会址位于北京大学三院工字楼北大研究所国学门。六月初，北伐军进入北京。文物维持会随后解散。六月二十一日，国民政府接收北平故宫博物院委员、善化易培基（寅村）派遣代表与奉方管理委员会交接，管理委员会至此结束。六月二十四日，故宫博物院管理委员会发表先生及马衡、德清俞同奎（星枢）、铁岭彭济群（志云）、北京颜泽祺（旨微）、大兴恽宝惠（恭孚）、固始张玮（效彬）、谭祖任、张鹤、梁玉书（素文）、仁和许宝蘅（季湘）、袁同礼、丰润张允亮（庚楼）、沈兼士、陈庆龢（公穆）、孙树棠、天津陈宝泉（筱庄）、杨策、张凌恩、善化瞿宣颖（兑之）、吴兴李升培（子裁）、许福奎、凌念京、伦明等二十四人为干事，代表国民政府接收故宫，从此之后，故宫开始接受国民政府的管理。又该年的七月，孙殿英部盗掘东陵，次月下旬，森玉先生作为京中文化界代表，偕同清室代表一同前往遵化，实地查勘东陵被盗一事。虽然未能彻查此事，但对于善后及澄清相关事实，显然具有极为重要的意义。

自民国二十年（1931）"九一八"事变之后，日军入侵东北全境，华北告急。为了保证文物安全，故宫方面开始遴选精品文物，准备迁址储藏。至民国二十二年初，榆关告警，北平危在旦夕，经故宫博物院理事会决议并报国民政府行政院批准，文物开始分五批陆续南迁上海，分存于沪上天主堂街仁济医院旧址及四川路广州路口业广公司二楼两处仓库，同时设立驻沪办事处，以欧阳道达为主任。而正是这次为了保卫文物安全的空前大转移，导致了故宫博物院领导层的大换血，原院长易培基因受到盗窃文物的指控而被迫离职。七月，马衡继易培基为故宫博物院代理院长，聘请森玉先生代理秘书处秘书长。后于次年撤销秘书处后，转任古物馆馆长一职，直至民国三十八年（1949）二月，因反对文物运台而辞职。与此同时，就在民国二十二年（1933）的夏天，因范成法师在春间于山西赵城广胜寺发现《金藏》，森玉先生于是不惧艰辛，亲赴赵城鉴别这批意外的发现，认为确属《金藏》无误。又在周边民家广泛搜寻，计得五千七百余卷。同时，与广胜寺住持和尚明澈上人（即波罗和尚）订立借约，以赠送广胜寺影印《碛砂藏》一部及借资三百元为条件，选借可印之经，运至北平，于北平图书馆展出，供世人摩览，并于数年后成《宋藏遗珍》三辑。这个过程，当时人多有记录，如无畏居士《广胜寺发见北宋椠经卷纪略》中记录云："（范成）见藏经内多遗佚之著，为《碛砂藏》所未收者，函告徐森玉鸿宝。森玉研相宗极勤劬，于版本之学，尤所精究。不惮炎暑，千里再赴，穷一日之力，将古本遗佚者，选出一百余种，相约借印……"叶恭绰等《发行宋藏遗珍缘起》中也说："曩因摄印宋《碛砂藏经》，汲汲向全国征访阙叶。适闻山西赵城广胜寺有古藏秘守，乃嘱范成法师遄往度求，不恤日炙雨淋之苦。至则灵山云护，古殿香扃。启视经橱，凌杂破损。稽诸石刻，寺建自汉桓帝时，其藏经为卷轴式，则元太祖所印施者。承徐森玉居士续往检校，得五千四百余卷。惟依原编千文核之，应有七千卷之富。嗣求之近寺民家，有用以糊壁、夹针黹者，出赀收赎，又得三百卷附入，久嗟散失，终难完整……兹辑出四十六种，都二百五十五卷，亟用新法影印，分为上中下三辑，约一百四十册。海内耆硕力赞其成，巨著巍然重兴于世。岂非现代佛化事业中之一大因缘乎。同人谨溯所以，幸获发见之故，且愿凡读《碛砂藏》者增一副编，为立名目曰《宋藏遗珍》。"

故宫的人事风波直至次年二月正式解决，该月，国民政府公布《国立北平故宫博物院暂行组织条例》，以故宫改隶行政院，下设古物、图书、文献三馆及总务处。院长由行政院简任，不设副院长、副馆长。至七月十八日，经院长马衡提议,故宫博物院理事会第二次常务理事会议决,聘森玉先生改任古物馆馆长,同时各处负责者为:图书馆袁同礼、文献馆沈兼士、总务处王世铎(因事辞,张庭济继任)。

该年十月,行政院核准故宫文物赴英参加"伦敦中国艺术国际展览会",并交由教育部及故宫组织"筹备委员会"推动其事。筹委会由教育部长崇阳王世杰(雪艇)主持,森玉先生及马衡、专门委员郭葆昌、嘉兴唐兰(立庵)、吴县吴湖帆等为委员,负责征集、选拔参展文物。共计从故宫南迁文物中选定735件参展,其中青铜器60件、瓷器352件、书画170件、织绣28件、玉器65件、景泰蓝16件、剔红5件、折扇20件、文具16件、家具3件,占伦敦展品总数之77%。其余23%展品则分别来自中央研究院、国立北平图书馆、河南省立博物馆、安徽省立图书馆等机构。尤其值得一提的是,就在这一年,森玉先生与马衡等68人开始发起筹备中国博物馆协会。经过一年的筹备,于次年九月在北平景山绮望楼召开了成立大会,通过了《中国博物馆协会组织大纲》,确定协会的宗旨是"研究博物馆学术,发展博物馆事业,并谋博物馆之互助"。会员大会选举马衡为会长,森玉先生及袁同礼、开州朱启钤(桂辛)、沈兼士、翁文灏、李书华、松江钱桐、胡先骕、徐炳昶、叶恭绰、丁文江、慈溪严智开(季聪)、傅斯年等十五人为理事。还建立了专门委员会分工负责博物馆学术研究、博物馆建筑和陈列,审查出版博物馆学专著和论文,召开学术讲演会。该协会发展了团体会员30多个,个人会员120多人,对于中国博物馆事业的发展和壮大,起到了极其重要的作用。

民国二十六年(1937),震惊中外的卢沟桥事变突起,森玉先生随后曾赴南京述职,之后则辗转流寓长沙近四个月,直至十一月为抢救还存放于已为敌占区的北平的居延汉简而再度冒险返回北平,与北大助教、西北科学考察团干事沈仲章将原藏北京大学文科研究所之万余枚居延汉简设法运出,后经天津、青岛,辗转入藏香港大学冯平山图书馆。而本年的八月十四日,故宫文物西迁开始。十二月八日起，故宫及古物陈列所、颐和园、国子监等处沪存文物分五批经由京沪沪杭甬路局所备迁运专车转迁南京，至十七日迁竣。而日后文物的三路西迁，其出发点，便都在这次迁徙的目的地、当时的国民政府首都南京。

民国二十七年七月二十七日，森玉先生只身赴港，寓新华饭店。寓港期间，先生以西北科学考查团常务理事的名义向香港大学副监督史洛士(D. J. Sloss)借用港大主楼内图书馆之大波楼（即汉口图书馆特藏室，时称Room H），以便干事沈仲章从事汉简资料整理。此项工作包括拍照、剪贴、编号、排比、编写索引等事项，一直持续约两年之久。而在此期间，无论是文物的安全与整理、拍摄、出版的进程，还是这些活动所需要的经费、工作人员的薪水等事，全是由先生出面联络协调，并在傅斯年、胡适等人的大力协助之下完成的。这些珍贵的汉简得以完整保存，并及时出版，其每个过程，都倾注了森玉先生无限的心血。

汉简的整理渐上轨道之后，森玉先生为了协助院长马衡主持故宫文物南迁，便随即离开了香港，返回内地。春入蜀，夏入陕，秋入黔，冬入滇，奔波劳甚，不仅需要全面把握文物南迁西运，且曾亲自带队运送一批文物入川。其间艰辛备至，历尽险阻，终于将这些文物安全运达目的地。然而，就在文物安全运抵西南之际，森玉先生自己却因四处探访文物储存地点，在该年冬天于昆明白龙潭不慎车覆折股，不得不居昆明治疗长达五个月之久。次年初的一月十八日，西迁南路存贵阳文物起运，至二十三日抵达安顺读书山华严洞。森玉先生以身作则，于二月下旬亲身前往读书山，守护文物。马衡曾就此事赠森玉先生诗云："华严洞外华严寺，中有高人隐姓字。壁藏典籍效伏生，避秦宁与桃源异。山高虽逊蜀峨岷，亦有流泉声暗暗。苗夷村落杂三五，耕田凿井民情驯。山居几欲忘年载，扫地焚香观自在。谈玄坐上有庄生（谓庄严），时共披图读山海。昔君作赋似马卿，驰誉京华朋辈惊。于今恬退捐笔札，始信可名非常名。"对于先生恬淡冲夷的性情，有着极为写实的描绘。

实际上，文物西迁之后，并非完全封存，也会根据文物的情况，随时进行防霉、防潮等相应工作。不仅如此，还要配合展览，挑选相关文物参与其中，如民国二十九年一月，华严洞所藏文物中，就曾精选出一百余件运抵苏联莫斯科、列宁格勒等地参加"中国艺术展览会"。此举不仅是对中国传统文化的展示和宣传，更是借以表达中华民族不屈的精神和昂扬的斗志。至五月，先生以影印居延汉简事，离开华严洞赴港督办。在经多方筹措之后，汉简的保存与影印，均进展顺利。但为了节约资金，森玉先生在安排好相关后续事务之后再度离港，十二月十七日，先生奉教育部之命，由重庆至沪，寓居于其弟鹿君家中。先生此行，旨在与文献保存同志会长乐郑振铎（西谛）、鄞县张寿镛（咏霓）、金华何炳松（柏丞）诸人接洽，点收其所购诸书，并妥善运出。后复以时任中央图书馆馆长海宁蒋复璁（慰堂）之请，留沪协助文献保存同志会购书。如随后不久对于刘氏嘉业堂藏书的收购，就是其中之一。他与郑振铎连日至刘宅阅书，对刘氏所藏图书明版部分甚为满意，以为"佳本缤纷，如在山阴道上，应接不暇，大可取也"。最终，嘉业堂旧藏的这批明本千数百种、钞本卅余种，经先生及郑振铎鉴定评估，以廿五万元售归中央图书馆。这些深陷沦陷区的文化遗产，每时每刻都面临危险，亟需运送到安全的后方。而其中最珍贵的善本书八十多种，就是由森玉先生亲自于七月下旬带到香港，再由香港用飞机运载到重庆的。之后森玉先生虽然离开了文献同志保存会所在的上海，但他在后方重庆，依旧以自己的力量推动着沦陷区文物保护、抢救事业的持续发展。十月一日，先生由港飞渝，面呈教部文献保存同志会所临种种困难，并直接推动了对于吴兴张乃熊（芹伯）藏书的收购。

民国三十四年，中华民族最后取得对日战争的胜利。九月，教育部以蒋复璁为京沪特派员，于上海设立办事处，组织京沪区教育复员辅导委员会，蒋氏兼主任委员，以森玉先生及马叙伦、南昌张定璜（凤举）、德清许炳堃

（挺甫）、郑振铎、刘英士、叶誉虎为委员，研讨有关教育复员问题，以备参考。十月二十六日，"清损会"主任委员滁县杭立武本拟派遣森玉先生赴日调查战时失散古董，但先生则为了提携新人，以身体有碍而改派福州王世襄为替代。至十一月，上海市立博物馆复馆筹备委员会成立，森玉先生及盛泽徐毓麟（蔚南）、青浦杨宽（宽正）等均被聘为筹备委员。民国三十五年初，教育部清理战时文物损失委员会正式聘定先生任教育部京沪区教育复员辅导委员及该会京沪区代表之职。三月十三日，国立中央博物院于南京鸡鸣寺中央研究院召开第三届理事会第一次会议，新聘森玉先生等十五人当选理事。六月初，外交部派定森玉先生为盟国对日委员会中国代表团专门委员。也正是这一年，为调查各地文物损失情况，清理战时文物损失委员会于各省都设立了办事处，并敦请森玉先生出任京沪区（包括上海、江苏、浙江、安徽、江西、福建）代表，而先生主编，顾廷龙、谢辰生等参编的《甲午以后流入日本之文物目录》也大功告成，为我们清算日本侵略者掠夺中华文化的罪行，提供了坚实可靠的基础和依据。

森玉先生战后对于文物的保护，尤其值得一提的是对于毛公鼎归公的居中斡旋之功。民国三十一年十月，鼎主人叶恭绰携鼎由香港回到上海，生活十分艰窘。为了维持生计，将毛公鼎质押于银行，最终是通过森玉先生和张子羽、谢承炳的周旋努力，经由陈咏仁以巨资赎回，并依叶氏之愿捐献给国家，毛公鼎自此归国家所有，庋藏中央博物院。并在国民党败退台湾后，因"中央博物院"与台北"故宫博物院"合并，毛公鼎最终入藏台北"故宫博物院"。

民国三十六年十一月，中国西北科学考察团理事会复员后第一次理事会开会讨论理事会改组事宜，敦聘先生及胡适、马衡、徐炳昶、袁复礼五人为常务理事。三十七年三月初，行政院为审核接收敌伪逆财产部分有关历史性的文献艺术物品起见，特设置接收敌伪逆文物审核委员会主持办理，派定先生为主任委员，刘时范、蒋复璁、武进吴瀛（景洲）、张锡藩、闻钧天、吴兴吴宗济（稚川）为委员。而此时，国共之间的力量对比已经逆转，国民党接连失利，开始着手准备后路。十一月十日，行政院长翁文灏召集森玉先生及教育部长朱家骅、外交部长王世杰、中央研究院历史语言研究所所长傅斯年、中央研究院评议员李济、中央图书馆馆长蒋复璁、教育部次长杭立武会晤于行政院长官邸并达成共识：将故宫文物、中央图书馆藏书及文物、中央研究院历史语言研究所图书与文物一并迁台，推举先生及李济负责督运及照料文物。虽然是职务所关，不得不从命，但先生对于文物运台实际上并不赞成，在十二月十三日致友人台静农函中，森玉先生说道："衮衮诸公妄以台湾为极乐国，欲将建业文房诸宝悉数运台，牵率老夫留京十日，厕陪末议。期期以为不可，未见采纳。"可以看出先生对于此事的真实想法。但先生以区区一己之力，对这种政府行为显然是无能为力。据《"中央博物院"二十五年之经过》一书记载："本院第一批原选择移台文物，计有铜器四十五箱，四七三件；瓷器三十箱，五六六件；珐琅二十八箱，一八二件；字画（帝王像部分）十五箱，八十五件；共一一八箱，一三零六件。后因所交涉船只吨位有余，复补加铜器四十五箱，五七一件；瓷器三十八箱，九五四件；字画十箱，五六六件；漆器模型一箱，八件；共九十四箱，二零九九件。总计第一批运台文物二一二箱，三四零五件（另有办公用文稿器材杂件共三箱，因非文物性质，虽随同运来，但未列入）。十二月二十一日由南京下关码头装入中鼎号运输舰，本院随船押运人员为谭旦冏、麦志诚二人，中鼎号二十二日离开南京。此次运台文物除本院者外，中央研究院历史语言研究所、中央图书馆、故宫博物院、北平图书馆及外交部等五机关文物，均联合办理，同船运台。十二月二十六日安抵基隆。"三十八年一月十四日，中央博物院筹备处再次召开紧急理事会，出席者有先生及朱家骅、张道藩、闽侯萨本栋（亚栋）、傅斯年、胡适、翁文灏、杭立武等人。会议决定将尚存南京之四千箱文物全部运台，并聘请代理主任杭立武为中央博物院筹备处主任。森玉先生在奋力抗争无效的情况下，愤而辞职，并于二月交卸故宫博物院古物馆馆长一职,从此脱离故宫。到四月十四日,先生又与曾昭燏、奉贤王家楫(仲济)、高安吴有训(正之)、绍兴陶孟和、江宁周仁(子竞)等联合呼吁,将已运台湾文物回运大陆。虽然先生敢于冒天下之大不韪,屡屡抗议当局的作为,且不惜自毁前程,辞职抗议,但因先生宿著威望,四月十六日,中央博物院筹备处主任杭立武仍聘先生担任中央博物院顾问,而国民政府甚至已经预留机票,敦促先生随同赴台。

到了1949年4月23日,南京解放。5月27日,上海解放。9月7日,上海市军事管制委员会批准成立上海市古代文物管理委员会,属市人民政府高等教育处,会址设于霞飞路(今淮海中路)1708号。9月17日,上海市古代文物管理委员会召开第一次委员会议。聘先生及江津李亚农、丹徒柳诒徵(翼谋)、吴兴沈尹默、南汇吴仲超、尹石公、江都胡惠春(仁牧)、吴兴沈祖德(迈士)、吴瀛、海宁张宗祥(阆声)十人为委员。李亚农为主任委员,先生为副主任。前面已经说过,为了抵制文物运台,森玉先生不惜以去就争之。大概就是因此之故,想来在故宫方面,尤其是院长马衡心中,事过境迁,这一辞职根本就不能当真的,故在解放后不久,马衡就开始运动森玉先生来京复职一事了。但森玉先生以种种缘故,最终没能再次北上,从而彻底与其工作了二十余年的故宫博物院告别。

1950年1月20日,上海市人民政府批准市古代文物管理委员会更名为上海市文物管理委员会,隶属上海市人民政府。主任委员李亚农,先生仍旧担任副主任一职。3月,华东军政委员会文化部成立,先生任文物处处长,镇海唐弢为副主任。1951年2月,上海市文物管理委员会租定原上海跑马厅大楼为上海图书馆及上海博物馆馆舍,正式开始筹备两馆的建设。3月19日,上海图书馆筹备委员会成立并召开首次会议,由先生及顾廷龙、黄陂李芳馥(馨吾)、王育伊、吴江刘汝醴、顾颉刚七人组成筹备委员会。3月24日,上海博物馆筹备委员会成立并召开首次会议。由先生及沈迈士、常州谢稚(稚柳)、杨宽等七人组成筹备委员会。与此同时,上海文管会的工作则已完全步入正轨，全市乃至整个华东地区的文物鉴定、收购、捐献、保藏工作日益兴旺，为日后上海的文化事业发展，打下了坚实的基础。而森玉先生的关注点则不仅在于华东和上海，如1951年11月中旬至12月初，先生兄弟、父子三人曾偕同文化部社会文化事业管理局副局长霍邱王冶秋、故宫博物院院长马衡，经澳门辗转赴港，以48万港币赎回王献之《中秋帖》、王珣《伯远帖》。并于12月划拨故宫收藏。12月26日，成立上海市文物收购鉴别委员会。委员会下设古物、古籍、书画三组，延聘上海市文物管理委员会委员及会内专家为委员，先生任主任委员。到了1952年7月22日，上海图书馆于南京西路三百二十五号开馆，馆长李芳馥。12月21日，上海博物馆于南京西路三二五号正式开馆。设史前时代、殷商时代、西周、春秋战国时代、秦汉时代、魏晋南北朝时代、隋唐时代、宋元时代、明清时代及近代工艺品等陈列室，杨宽任副馆长（馆长暂缺）。两馆在业务上，均受文管委领导，而森玉先生对于两馆的成立以及建设，贡献尤大，从两馆的筹备、建设到成立，每个阶段都包含了先生的心血。甚至在上海图书馆脱离文管会的领导，归属上海市文化局管辖之后，森玉先生仍旧时时对其工作予以指导和建议。他的这种精神，无疑是他数十年来从事古代文物研究和管理的热情的积极反映，而正是这种精神和热情的驱使，使得上海文博事业在他的领导下日益壮大，光彩耀人。

1955年2月14日，上海市人民委员会第一届一次会议决定上海市文物管理委员会改名为上海市文物保管委员会，改由先生出任主任委员。1959年2月2日，中共上海市委批示同意建立全国第二中心图书馆，并成立中心图书馆委员会，隶属于上海市科学技术委员会，成员馆六所，上海图书馆为核心成员馆，负责日常事务。先生出任中心图书馆委员会主任委员，方行为副主任委员，另聘郭绍虞、应元岳、胡懋廉、薛绍清、任鸿隽、陈九洲、顾廷龙、李芳馥、荣绛蓉、孙宝琳、胡永畅、曹未风、洪范五、王龙甫等十六人为委员。1960年11月2日，先生以上海市文管会主任兼任上海博物馆馆长，沈之瑜副之。1962年2月21日，上海博物馆举行庆祝建馆十周年纪念会，文化部文物管理局局长王冶秋代表文化部授予上海博物馆及先生褒奖状，以表彰先生数十年来对于祖国文博事业所做出的卓越贡献。而尤其值得一说的是，先生晚年曾经代表文管会提出《我们对于保管古代文物的意见》，其中充满了先生对于文物保护工作方面的深思熟虑和真知灼见。此文的起草虽然出自他人，但森玉先生作为当时上海文管会的主要领导，这篇以上海文管会名义撰写的文稿，显然能够完全代表他对于当时文博事业的发展和走向的看法。这份材料，其实主要是针对当时文博事业发展的问题有感而发的，所以其指导意义尤其突出，非常值得重视，也充分反映了森玉先生对于新时期中国文博事业发展的思索和考虑。

一、关于人才培养问题。中国过去的传统，对于与体力劳动相关的工作，总是很轻视，以为是"劳力者"所为，完全不加重视。故而在文博界，尤其是考古方面的人才难得。对于考古方面的认识，自民国以来，随着西方考古界人士在华活动的增多，国人已经有所重视，但仍不能提高到应有的高度，以为不过是事务人员而已。而森玉先生则认为："我们既要保管古文物，即不能没有发掘和整理的人员。这种人员，与其说是事务人员，毋宁说是专家。"要将从事发掘和整理的人员，作为专家来对待，一旦需要，便可立即投诸应用，发挥应用的作用。而这样的人才培养，不仅仅是在考古从业人员一端，如对于古籍整理研究的人才方面，森玉先生也认为单纯地从图书专科学校毕业的学生，对于新的文献认识没什么问题，而对于古籍，则难免有着很多隔膜。对于研究整理古代典籍有着重要意义的目录版本学，如何避免人才断代，如何完成新老交替，都是需要郑重考虑的。

二、关于地主阶级及其收藏的文物问题。1950年，全国各地开展了轰轰烈烈的土改运动，这次土地改革的基本内容，是没收地主的土地分给无地少地的农民，把封建剥削的土地所有制改变为农民的土地所有制。在整个土改运动过程中，虽然目的是在于有步骤地有分别地消灭封建剥削制度，发展农业生产，但事实上，运动的扩大化几乎处处存在，对于地主阶层，很多地方不仅从经济上，还从肉体上予以彻底消灭。就在这个运动的高峰期，森玉先生代表文管委提出要注意区分地主阶层内的不良分子与"能读书而又好古"的群体，尤其是要注意区分他们的不劳而获和剥削农民的阶级属性与其保护古物的功绩。这些说法，在当时的社会氛围发表，无疑要冒着很大的风险，只有那些对于中华文化和文物充满了深情和热爱的人，才能提出如此充满辩证智慧的意见。他说："以前国家对于古文物是不过问的，除非帝王爱好，才会搜罗到中央，交给一班专家去整理。在地方上，则赖有地主阶级的收藏，替国家做了保管工作。地主阶级生活优裕，不事职业，其不良分子当然成了恶霸和游民，其能读书而又好古的则就利用了他的力量去搜集古文物，一代代保留下来，作为传家之宝。其搜集数量甚富的，也会聘请专家，加以整理，藏书的刊出一部书目，藏古物的刊出一部图录，表现他们研究的结果，作为他们对于社会国家的贡献。我们生于今日，所以能考究古代文物，差不多完全靠着他们堆积起来的成绩。"这是对于过去知识阶层的充分肯定与尊重，与那些不分青红皂白，将所有所谓地主阶层都一棍子打死的蛮横作为，完全不可同日而语。不仅如此，先生又进一步指出，在当时的社会环境下，既然原有的古物收藏者已经无力继续保有其旧藏，国家就应该出面收购，以免这些古物遭受厄运。他说："房屋既已分与农民，这些文物就失去了存放之处，而且木器家具是该分的，许多地主的书架书箱一被农民分去，文物更难存放。在这种情形之下，他们的收藏自有在短时间内大量毁灭之虑。报载近有大批图书卖给造纸厂作纸浆，就是这不善处理的结果。此事虽已由政府明令禁止，但地主家中既无存放之处，即不卖出亦终于摧残以尽，我们必须替他想一出路。我们想，或用寄存的方式交由各地政府代为储藏，或用半捐半卖的方式估价收购，作为将来各地图书、博物诸馆的藏物。这已是火烧眉毛不容再缓的事，应该即刻着手办理，庶可减轻毁灭的程度。"谋划之周全，正可见其关心之切、爱护之真。

三、关于文物保管的集中与分散问题。新中国成立之后，为了尽快地建立一个与新政权相匹配的文化大国的形象，曾在全国征调相关文物进京，来组建相应的博物馆和图书馆。但这一举措却经常受到地方的抵制，引起不少的纠纷。如郑振铎在致先生的一封信中讲道："此间（指北京）发现的东西很少。地方上出土的文物却极多。现时尚无办法集中。分散主义在文化工作者方面是最严重的。"推究其中的涵义，应该是主张各地要将文物集中于北京管理保存的。这种论调，在1951年9月陈梦家致森玉先生信中也曾提及，信中说："此次华东文化部之会议，各方主张办博物馆，自为正确。晚进京后，曾以山东决定明春设历史博物馆告文物局，而竟有人说，地方只管有地方性的古物，若历史展览，有了北京的历史博物馆即可矣。其说未免偏狭。"这里所说的"有人"，不一定就是指郑振铎，但也说明当时是有这样一种主张存在，对于各地文物工作者的积极性事实上造成了一定的伤害。针对这个问题，森玉先生以为："以中国之大，古文物遗存之多，如果太求集中，一地的工作人员必然不能敷用，保管工作也必然不能做好。这有几种原因。1.文物是具有地方性的，如果离开了这地方，也就减少了它的意义。例如泰山上的没字碑，在泰山上有它周围背景，很可表现出秦皇汉武迷信封禅的意义，倘移到北京，人们看来便成了一方顽石，有何印象？2.一地方的人对于本地的历史文物必然特别关心，因而了解较深，整理较易，如果离开了这地方，则保管者对他便因注意的淡薄，不易发见它的价值，而原来对它有研究的人，势不能都离开家乡，奔凑到另一地方，这就造成了'物与人离'的偏差。3.各种文物，有历史性超过地方性的，有地方性超过历史性的。前一种如毛公鼎、散氏盘、石鼓文等，可以从里边考出古代重要的历史，其应当集中以便利全国学者的研究自无疑义。后一种如西安碑林所藏，大抵是陕西的石刻，为研究陕西史或西北史的人所需要，其地方性较重，自当留在西安，便人阅览。如果二者混淆不分，以为任何古文物都该集中，集中地地点应在中央政府所在地，那么就把一座北京城完全改作博物院，恐怕还是盛放不了，何况全国人民是不是都能到北京参观，北京的保管人才是不是足够应用，各地方留不住一点地方性的文物，又如何能宣扬新爱国主义，培养人民的历史观念，在在都是问题呢。"出于这样的认识，森玉先生对此也提出了自己的解决方案，他说："古文物哪些应当集中保存，哪些应当就地保存，该集中的又如何做成模型放在当地，该就地保存的又如何选制副本放到中央及省会，这里边大有权衡轻重、分别办理的必要。在这上，各机关主管人员自当虚心听取各专家的意见，决不该用抢宝贝的方式求得一地的独占，以为快意的举动。"而正是在这样的指导方针的指引下，华东地区，乃至全国的古物的分配与保存渐渐地步入了正轨，较诸之前的一味先满足中央、先满足重点城市的做法，逐步形成了更加科学、更加合理的分配方案。这一观念，不仅影响到当时全国文博事业的发展走向，乃至对于现在全国文博事业的布局，都至关重要。这又可见专家意见之重要性。

到了"文革"时期，这份文件被人从森玉先生家中抄出之后，被人批注道："这份是徐森玉抛出的所谓《我们对于保管古代文物的意见》。这是一份向我党领导的工作进行恶毒攻击的黑纲领。徐森玉在这份《意见》里，大放毒箭，大肆污蔑我党的文物政策，公开歌颂地主阶级历来保管古代文物对国家社会'有功'，并替地主阶级在'土改'中被斗、被没收财物鸣不平。"这些评论无疑是当时造反派强加给森玉先生的不实之词，但正是这样的反面教材，更可反映出这份材料中所表达的意见的重要性，在那个年代，无疑是属于空谷足音。

今年是上海博物馆和上海图书馆建立六十周年，在这样的时候，我们回忆以徐森玉先生为代表的老一辈文博事业工作者的生平和他们对于中国文博事业的贡献以及他们的真知灼见，正是为了更好地继承和发扬先辈的事业。正是由于如森玉先生等人当年孜孜矻矻，筚路蓝缕，一点一滴的擘画与开拓，才奠定了我们今天文化繁荣的基础。

原载于《国学茶座》第七、八期，2015年

马衡与徐森玉

一百三十年前的这年,也就是光绪七年(1881),同前后的数年相比,并没有什么本质上的不同,但这年却诞生了两位日后对于整个中华文博界都举足轻重的人物,即马衡(叔平)先生与徐鸿宝(森玉)先生。这两位先生有很多相似之处,他们生于同年,都是浙江籍,却同在江苏成长,之后又因缘际会,前后开始其文博生涯,并于二十世纪二十年代同与故宫结缘,共同成为中华文物博物馆事业的奠基人,并在其发展壮大过程中,各自起到了不可替代的作用。

一、初相交时期

叔平与森玉两先生具体相识的时间,现在已经难于断言了,不过两人很有可能是在当时的首都北京开始结交并相知的。从宣统二年(1910)初,森玉先生即自东北赴京,就任学部编译图书局编纂,之后又继续在学部的后身教育部任职。至1914年3月,森玉先生以教育部统计科科长兼秘书的身份出掌北京大学图书馆。而在之前一年,马衡次兄马裕藻(幼渔)已受北京大学之聘,出任国文系主任。从情理上推知,很有可能马幼渔与徐森玉就在这时相识了(1919年6月底,为敦劝蔡元培复职教育部总长一事,森玉先生与幼渔先生曾相偕专程赴杭),而之后叔平先生与森玉先生的交谊,也应该就是通过这位马二先生而发生的。

1917年8月,在上海蛰居15年之久的叔平因马幼渔的推荐,北上京师,就任北京大学国史编纂处征集员,从此而开始了他后半生寓居北京的生涯。同年,叔平发表《论汉碑书体》一文,在金石学界露头角。森玉先生则对金石碑版向来兴趣极深，在其任职教育部期间，常常与当时的同事鲁迅先生相偕游览琉璃厂，搜集、购求相关文献。既然彼此兴趣相投，又是同乡同年，则此时两人即使未曾相识，也应该是闻声相思了。

现在有确切证据可知两人有交往的时间，是1921年。这年，森玉先生和叔平先生都参与了鹤山易孺（大厂）所组的冰社。冰社以易大厂为社长，金溪周康元（希丁）副之。其成员每周聚会一次，各自携带金石文物，一起来考释文字，鉴别年代。同时会友，尚有上虞罗振玉（叔言）、黄县丁世峄（佛言）、贵筑姚华（重光）、胶州柯绍忞（凤荪）、闽县陈宝琛（伯潜）、山阴寿鉨（石工）、杭州陈汉第（仲恕）、山阴陈年（半丁）等人。北方的金石篆刻之学，一时因此而蔚为风气。

到1923年7月，森玉与叔平两先生曾相偕同赴洛阳考察汉魏石经的出土情况，并费尽周折，辗转收得残石二百余块，两人分而购之。次年冬，森玉与叔平两位，再赴洛阳故城朱圪垱村考察太学遗址，以弥补之前未能实地考察的遗憾。而当年洛阳一地，盗匪横出，绝非善地，两位先生数次结伴探寻，不仅可见两人对于古代文物、传统学术生死以之的热爱之情，更可反映出两人深厚的友谊。而这次的中州之行，无疑也是中国乃至东亚传统的停留在书斋中的金石学向现代实地考古学转换的一个重要的里程碑。在得到残石的这年9月，为了纪念之前的洛阳所获，叔平特意为森玉先生治"徐森玉藏汉魏石经残字"白文方印一方，自己则先后篆刻了"凡将斋藏汉石经残字"和"凡将斋藏魏石经残字"两方朱文方印，以为纪念。汉魏石经对于复原古代经典，不仅在文字上可开豁鸿蒙，而且可以破除历代经学家在义理方面的迷障，另外，无论在书法上，还是在古代典制方面，都有着极其巨大的价值，所以此项数据整理工作的重要性自不待说。尤其可见两位先生精诚合作的，则是1927年春，大兴孙壮（柏恒）发起《集拓新出汉魏石经残字》之役，至次年成书，中收森玉先生所藏九十八石计三百三十六字、叔平先生所藏九十石三百六十七字。其后又编撰的《汉魏石经残石》两册中，也收有建德周季木、江夏黄伯川等人及两位先生的藏石。这些成果，不仅是学术方面的瑰宝，推进了对于石经研究的进程，也是两位前贤致力保存、传播传统文物的实证，更是两位友谊的见证。

1924年11月，定州鹿仲麟（瑞伯）逐末帝溥仪出宫，由政府当局与逊清方面共组清室善后委员会，森玉及叔平先生都曾参与此事，并于12月下旬始协助点查清宫物件。这大概是两人与故宫发生关系之始。1925年10月10日，故宫博物院正式成立，叔平先生出任古物馆副馆长，并担任第一任理事会理事。次年12月，古物陈列所成立古物鉴定委员会，分书画、金石、陶瓷、杂玩四鉴定组，古物陈列所所长会稽周肇祥（养庵）兼任委员长，森玉先生与上虞罗振玉（叔言）、海宁王国维（静安）等十九人任委员。从此之后，两位先生都将倾其后半生之力来从事文物的保护与保管工作。

1926年下半年，瑞典地理学家、探险家斯文·赫定博士（Sven Anders Hedin）来华，准备组织探险队前往甘肃、新疆等地进行探险考察活动。经过与当时北洋政府相关部门的联络和磋商，斯文·赫定获许组织考察队前往西北。而北京学术界在知晓这一计划之后，立即成立学术团体协会，集体反对此事。后经反复谈判，双方终于达成一致，由学术团体协会下设的理事会授权组织中瑞西北科学考察团，由斯文·赫定及唐河徐炳昶（旭生）分任中外团长，从而开辟了中外学术合作的新纪元。而这次能够一翻过去中外冲突时的那种丧失国权、损失国体的局面，其固然与当时的国际、国内大气候有关，但发起组织学术团体协会的北京大学研究所国学门和考古学会的沈兼士与马衡先生的功绩，尤其不容忽视。正是他们的登高一呼，唤起当时知识界的警觉，从而才得以最后签订这个"翻过来的不平等条约"，即"中国学术团体协会为组织西北科学考察团事与瑞典国斯文·赫定博士定订合作办法"十九条。这次中外学术合作的活动，森玉先生也自始至终都参与其中，该年3月5日，沈、马以北大研究所国学门和北京大学考古学会名义发起召请北京重要学术团体开会讨论相关各事宜的时候，森玉先生即作为京师图书馆的代表出席会议。而在理事会成立之后,更在众人推举之下,成为九名理事会成员之一。

1930年4月始,西北科学考察团的瑞典学者弗克·贝格曼(Folke Bergman)陆续于居延长城烽燧遗址发掘出汉代木简万余枚,此即闻名于世的"居延汉简"。次年5月,居延汉简被运回北平,保存在北京大学,并开始聘人整理。作为理事会成员,森玉先生自然全程参与此项工作的各种相关事宜。而作为北京大学考古学会的负责人,叔平先生在其中更多是提供专家意见,来推动此项工作。如1934年10月23日,中国学术团体协会西北科学考察团于沙滩二十一号北京大学召开第二次全体理事会,叔平报告居延汉简整理情形,并提议由溆浦向达(觉明)、乐山贺昌群(藏云)、长沙劳榦(贞一)、新河傅振伦(维本)四人偕同考释。此后的1937年11月,以汉简陷于日军横肆的北平,森玉先生不计自身安危,毅然潜行回平,与北大助教、西北科学考察团干事沈仲章将原藏北京大学文科研究所的这万余枚居延汉简设法运出,后经天津、青岛,辗转入藏于香港大学冯平山图书馆,并设法安排沈仲章对其进行整理、摄影。之后再经森玉先生及绩溪胡适(适之)、聊城傅斯年(孟真)等诸贤努力,汉简被运往美国保存,最终运至台湾。居延汉简的整理研究虽然至1941年即告一段落,但西北科学考察团理事会却在继续运作。1947年11月,中国西北科学考察团理事会复员后第一次理事会讨论理事会改组事宜,聘森玉先生及叔平、胡适、徐炳昶、袁复礼五人为常务理事。该理事会一直到1949年7月间,方才结束。《马衡日记》中曾言及其解散方案为:"以为应由在平常务理事请求高教会接管,将考古材料交北大整理,将地质材料交清华整理,方是正当办法。"从此之后,理事会终于消于无形,而从发起到解散,森玉、叔平两位,都能始终其事,可见两人对于文化事业的执着和钟爱。

1928年5月,国民党北伐军克复济南,驻守北京的奉军退出关外。为了维护动荡之际的古迹、古物安全,森玉先生与叔平先生及沈兼士、新会陈垣

（援庵）、江阴刘复（半农）、周肇祥、北京常惠（维钧）、霍邱台静农（伯简）、北京庄严（尚严）等，借地北京大学三院工字楼北大研究所国学门，组织成立文物维护会，自发为保护文物奔走。6月24日，故宫博物院管理委员会发表森玉、叔平先生及德清俞同奎（星枢）、铁岭彭济群（志云）、北京颜泽祺（旨微）、大兴恽宝惠（恭孚）、固始张玮（效彬）、南海谭祖任（篆青）、张鹤（挹霏）、梁玉书（素文）、广和许宝蘅（季湘）、徐水袁同礼（守和）、丰润张允亮（庚楼）、沈兼士、福州陈庆龢（公穆）、孙树棠、天津陈宝泉（筱庄）、杨策、张凌恩、善化瞿宣颖（兑之）、吴兴李升培（子栽）、许福奎、凌念京、东莞伦明（哲如）等二十四人为干事，代表国民政府接收故宫。到次年的2月，叔平先生再次出任国民政府方面的古物馆副馆长，实际主持工作，并兼任北京大学图书馆馆长。而后一职务，则是森玉先生曾于1914至1916年间兼任两年之久的。

二

1933年7月，叔平继善化易培基（寅村）为故宫博物院代理院长，上任伊始，即命森玉先生为秘书处秘书长。到次年2月，国民政府公布《国立北平故宫博物院暂行组织条例》，以故宫改隶行政院，下设古物、图书、文献三馆及总务处。院长由行政院简任，不设副院长、副馆长。至7月18日，经叔平提议，故宫博物院理事会第二次常务理事会议决，聘森玉先生改任古物馆馆长，同时各处负责者为图书馆袁同礼、文献馆沈兼士、总务处王世铎（因事辞，张庭济继任）。这一系列的任命，都可看出叔平对于森玉先生的重视，并从此开始了两人之后十余年的精诚合作，如1934年10月开始筹备的"伦敦中国艺术国际展览会"，如1937年8月14日开始的故宫文物西迁等。

随着中日战争的逐步升级，战火很快蔓延于中华东南各地，为保护文物安全，故宫同人自院长叔平先生以下，这数年间均席不暇暖、仆仆道路。以森玉先生为例，仅1938年一年间，春入蜀，夏入陕，秋入黔，冬入滇，奔波劳甚。乃至为了寻找合适的文物储存地点，竟然不慎跌伤，卧床昆明达五个月之久。1939年1月18日，西迁南路存贵阳文物起运，至23日抵达安顺读书山华严洞。森玉先生以守护文物故，于2月下旬迁居至此，每天与文物相守无间。其间虽然多次受命东奔西走，但只要返回后方，必定会回到华严洞查核文物的安全及贮存情况。在此期间，叔平曾有《七用寺字韵寄赠森玉》，不仅寄托相思之情，从中更可以看出他对于森玉的钦服之意："华严洞外华严寺，中有高人隐姓字。壁藏典籍效伏生，避秦宁与桃源异。山高虽逊蜀峨岷，亦有流泉声暗暗。苗夷村落杂三五，耕田凿井民情驯。山居几欲忘年载，扫地焚香观自在。谈玄坐上有庄生（谓庄严），时共披图读山海。昔君作赋似马卿，驰誉京华朋辈惊。于今恬退捐笔札，始信可名非常名。"

事实上，在全面抗战爆发之前，森玉与叔平两位先生的合作不仅仅止于故宫工作。如在1934年，两位先生及其他六十六人就曾共同发起筹备中国博物馆协会。到1935年9月，中国博物馆协会于北平景山绮望楼正式成立。会员大会选举叔平为会长，森玉先生及袁同礼、紫江朱启钤（桂辛）、沈兼士、鄞县翁文灏（咏霓）、昌黎李书华（润章）、松江钱桐、新建胡先骕（步曾）、徐炳昶、番禺叶恭绰（裕甫）、泰兴丁文江（在君）、慈溪严智开（季聪）、傅斯年等十五人为理事。这一协会的成立，不仅是中国博物馆发展过程中的里程碑，也反映了徐、马等老一辈文博人对于推动中华文博事业蓬勃发展所做出的努力和付出的心血。

1945年，教育部以海宁蒋复璁（慰堂）为京沪特派员，在上海设立办事处，组织京沪区教育复员辅导委员会，蒋氏兼主任委员，以森玉先生及杭县马叙伦（夷初）、南昌张定璜（凤举）、德清许炳堃（挺甫）、长乐郑振铎（西谛）、刘英士、叶凤虎为委员，研讨有关教育复员问题，以备政府参考。从此之后，森玉先生的工作重点就转向了抗战后的文物清点、接收、追踪等方向。1946年初，教育部清理战时文物损失委员会正式聘定森玉先生担任教育部京沪区教育复员辅导委员及该会京沪区代表。与此同时，北平故宫博物院院长叔平则兼该会副主任委员。但两人工作的重心所在，则逐渐有所不同。

1947年5月31日起，存放于陪都重庆之故宫博物院文物，陆续开始发运南京，历时半年之久。森玉先生因常居上海，因而对这次文物的回迁关注较多，如在5月中旬，森玉即曾亲赴南京，去处理文物迁运方面的相关问题。当然，作为故宫的院长，叔平对于这次文物的回迁也异常重视，也曾亲临京沪照料。至11月27日，西迁文物全部回迁南京，暂存朝天宫库房。但因时局关系，这批文物很快又面临着一次新的播迁。1948年11月，因徐、蚌相继为解放军占领，蒋复璁等人遂建议文物迁台。11月10日，国民政府行政院长翁文灏、教育部长朱家骅、外交部长王世杰、中央研究院历史语言研究所所长傅斯年、中央研究院评议员李济、中央图书馆馆长蒋复璁、教育部次长杭立武与森玉先生会晤于翁文灏行政院长官邸并达成共识：故宫文物、中央图书馆藏书及文物、中央研究院历史语言研究所图书与文物一并迁台，会上又推举森玉及李济两位负责督运及照料文物。但森玉先生虽然被命以督运及照料文物的大任，却并不以文物迁台为然，在12月13日致友人台静农函中，他说道："衮衮诸公安以台湾为极乐国，欲将建业文房诸宝悉数运台，牵率老夫留京十日，厕陪末议。期期以为不可，未见采纳。"可见森玉先生内心的真实感受。实际上，在文物迁台这一问题上，叔平与森玉两先生态度并无不同，蒋复璁在其《国立故宫博物院迁运文物来台的经过与设施》一文中曾经回忆到："徐（森玉）先生是我打电话至上海约来的，朱（家骅）又命我发电北平马衡前院长催请返京，他覆电因病不来。"叔平先生此时的病，显然并非真病，关于他对待文物迁台一事的态度，朱家潜先生在其同名画传中有更加详细生动的描写，此不赘。到1948年12月22日，故宫、中央图书馆、中央博物院筹备处存宁文物开始起运台湾。1949年1月14日，中央博物院筹备处召开紧急理事会，出席者有森玉先生及朱家骅、张道藩、闽侯萨本栋（亚栋）、傅斯年、胡适、翁文灏、杭立武等人。会议决定将尚存南京之四千余箱文物全部运台。森玉先生虽然极力反对此举，但人单力微，无力阻止。故至2月，即声明交卸故宫博物院古物馆馆长一职，与其曾性命相依的故宫脱离关系。不仅如此，4月14日，森玉先生又与湘乡曾昭燏（子雍）、奉贤王家楫（仲济）、高安吴有训（正之）、绍兴陶孟和、江宁周仁（子兢）等联合呼吁，将已运台湾文物回运大陆。但三处文物已经先后运出三批，共计四千二百四十二箱，至今保存于海峡对岸。不过虽然如此，在文物运台过程中，森玉先生因职责所在，不能不事实上参与其中，而正因如此，也招致了叔平先生的误解和不满。

三

1949年1月，北平解放。2月19日，尹达、王冶秋正式奉派接收故宫。之后马、徐两位的交往情形大概都可见于《马衡日记》中。1949年2月21日《日记》："访（和谈代表）……于六国饭店……随行严来者为潘伯鹰，为余言临行时森玉再三相托，谓文物运台彼实不赞成，故虽被派为专使而并未去台云云。此事森玉无能为力，余何尝不知。但十年来依附孟真、骝先而放弃故宫任务，视其地位实有不容宽恕者耳。"徐先生的剖白自然是事实，但叔平日记中又说道"（邵）力子与余座相接，固以运台事诘之。邵言'主持人意甚坚决，余虽知其不合理，而以势孤，恐非口舌所能争，故两次理事会均未出席'。是彼之主张正与余暗合"。正可看出叔平对于森玉不满的原因。而尤其让叔平感到不可容忍的，大概就是森玉先生与傅斯年、朱家骅的关系了。但事实上，从运送居延汉简，到协助文献保存同志会搜购善本，森玉先生在这十年间的种种举措，无一不与傅、朱两人的大力支持有关，以此相责，实在也是有些过苛。不过，叔平先生此意大概也是一时之激，这从后来他屡屡设法邀请森玉重返古物馆馆长之任的事情上就可明白看出。

前面已经说过，为了抵制文物运台，森玉先生不惜以去就争之。大概就是因此之故，想来在叔平先生心中，事过境迁，这一辞职根本就不能当真的，故在解放后不久，叔平就开始运动森玉来京任职一事了。《马衡日记》1949年7月7日："吴湖帆致书郭沫若，愿以所藏文物十余种捐献政府，郭以原书送高教会，冶秋以电话见询。余谓识其人并知此事。盖湖帆收得无款山水一开，审知为黄公望《富春山居图卷》之前段，骑缝印章各占其半。余前年在沪，与森玉往说之，劝其让与故宫，俾与所藏此卷复合。湖帆谓俟政治清明，当将一切财产献与政府。初以为搪塞之词，不甚信之。湖帆见余怀疑，乃略露其子不肖状。今果实践前言，是真出之诚意也。因将此项诺言签注书后，并请电沪军管会与森玉取得联络，接收后由故宫接受。冶秋允照办。下午往访郑西谛告以此事，请其函告森玉，借此北来……致念劬、森玉两书。"这里说的马、徐两先生同访吴湖帆于四欧堂，观其所藏黄公望《剩山图》的事情，可见于《剩山图》卷上的题识，云："三十六年五月，德清徐鸿宝、鄞马衡同观于四欧堂。"下钤"马衡"白文小方印。但这次吴湖帆主动提出的捐献，不知后来为何并未落实，此画后来经沙孟海的努力，最终于1956年让归浙江省博物馆。而这幅剧迹的流传其实并非叔平这段日记的重心所在，他的真实愿望是，让森玉"借此北来"。而让他北来的用意，就是劝说其重新回到故宫，复任古物馆馆长。8月13日《日记》："陈万里聘为研究员，在森玉未来前，令其暂代馆长。"可知古物馆馆长一职，是一直对森玉先生虚位以待的。9月13日："下午至东车站接森玉，由西谛等送至三时学会。赵元方邀至同和居晚餐，为森玉洗尘。"次日："森玉来谈。"这次所谈，应该就是两人对于森玉先生北上复职的具体沟通。这次谈话之后，森玉的态度大概一度有所回转，故而在9月16日《日记》中说道："冶秋约同访森玉，虽未允就，但谓必须返沪一行。"但仅仅三天之后，事情又有了变化，9月19日《日记》："归寓后森玉来，言顷与唐立庵、谢刚主在东安市场劝立庵脱离北大，就古物馆长，立庵已同意，彼不日仍返沪云云。使余无从置喙。"9月20日："访森玉劝驾，不得要领。午饭后访西谛、叔通，以此事告之。两君允为代劝，殊可感也。"直到10月5日："森玉来谈，仍欲赴沪。甚矣，妇人之败事也。"可见，劝说完全失败。至于此处所言的"甚矣，妇人之败事也"，不知何指。但可能是与森玉先生家室不愿北上有关。至此，森玉离开故宫基本上已成定局。既然如此，叔平也只能无奈接受现实，他在10月18日记到："森玉非回上海不可，不便坚留。闻已定廿一日车票矣。"至10月21日："森玉赴沪，余于晨九时诣其寓所，已整装待发。握手而别。"

劝驾虽然没有成功，但两公的友谊至此则已完全恢复，这从后来叔平让售所藏长物的诸般事情中可以看出。《马衡日记》1950年11月25日："赴文物局……晤西谛……并嘱将石经送去议价。"27日："以汉魏石经残石命谦儿送文物局。"12月1日："因电葱玉……云石经残石则依森玉之价三百万，允之。"这里所言的石经残石，应该就是当年马、徐两位一起从洛阳搜购而得的那批，而之所以售出，估计是为了填补家用吧。之后不久，又有托森玉代售之事：《马衡日记》1950年12月12日："以《天玺纪功刻石》托（谢）仁冰代交森玉，托其转售。"这一拓本，是清末显宦长白端方（匋斋）的旧藏，上有光绪丙午八月二十日自载泽、世续、那桐以下等厘定官制王大臣十五人题名，珍贵之至。但此物后来是否售出，则尚待查考。

叔平对于森玉的信任当然不止于私人经济交易方面，在随后回收"二希"这一行动中，更能体现出叔平对于这位老友的倚重。《马衡日记》1951年11月1日："下午冶秋来言，《中秋》《伯远》二帖经郭沫若于廿五日晚将余函批交阳翰笙处理，次晨即乘飞机出国。顷据翰笙通知，周总理以为国家未便办此交涉，拟仍请胡惠春出名，惟须保证其非赝品及安全送至国内。余谓此事可托森玉函胡惠春，冶秋以为然。六时，访森玉于三时学会，适葱玉亦在座，因以此事告之，森玉允候信办理。余以车送森玉登车。"可见，后来森玉先生参与其中，是因叔平推荐而成的。关于《中秋》《伯远》的回归故实，不仅已有多文记述，叔平先生日记中也有很翔实的实录，兹不赘述。而其中所反映出来的两公对于国事、对于文物的挚诚与忠忱，尤其值得我们后人景行。在此过程中，特别需要着重指出的是，正如我们俗语所云"打虎亲兄弟，上阵父子兵"，收购"二希"时，森玉先生不仅自己亲临一线负责联络，还动员其弟鹿君、其子伯郊一起为此奔忙，其中包蕴的对于流失文物的关爱，最能显示出老人的一颗拳拳爱国之心。这次的重金回购文物，自然如众所周知的那样，以大功告成落幕，《马衡日记》1951年11月26日："归来接伯郊电话，诸事办妥，'二希'已在中国银行库中。晚饭后阳翰笙电话，谓款已由南行长径汇香港，因以任务完成告之。"

1952年初，叔平因故宫"三反"运动牵涉，于2月28日至6月16日，前往白云观参加学习班，其间于5月22日被免去故宫博物院院长一职。后来虽然对他没做任何结论，但于11月11日开始，经文物局传达公安部意见，让他先到北京文物整理委员会上班，从此也便与曾相守二十八年的故宫诀别。此后他的生活工作详情，现在因数据所限，并不能尽知。不过，他与老友森玉先生的交谊，却也并未因此而中断。如在1952年9月下旬，森玉先生应文化部社会文化事务管理局之请，赴京审定书画时，即曾专程拜访叔平。《马衡日记》1952年9月21日："下午朱豫卿来，彼与徐森玉来自上海，乃社会文化事务管理局约来审定书画者。"9月24日："上午徐森玉来谈。"遗憾的是，他们当年到底谈了些什么，已经不可能知道了。而之后两人是否还有什么往来，现在也已无法得知了。

1955年3月25日，叔平在北大医院急诊室辞世。在其逝后，中科院考古所陈梦家等人将叔平在1952年赋闲在家期间完成的《汉石经集存》一书整理补遗，由其生前好友森玉先生题签，于1957年交由科学出版社正式出版。叔平先生晚年虽然遭受不公正待遇，但他并未就此沉寂，而是以其一贯的热情投身于新的工作岗位。故虽然被迫离开故宫，而仍能正常地工作。较之虽享高寿但却在"文革"中备受凌辱的森玉先生，其早逝，或许也是一种较好的解脱吧。

原载于《紫禁城》，2011年第12期、2012年第1期

赵万里与徐森玉两先生交游述略

据《赵万里先生传略》[1]记载，在1925年他20岁的时候，赵万里经其东南大学时期的老师吴梅先生介绍，提前半年离校，赴北平拜时任清华学校国学研究院导师的王国维先生为师，并担任王的助教。斐云后来所取得的各种成就，基本上就是奠基于这几年期间。到1928年斐云23岁的时候，"这年，经陈寅恪先生介绍，他离开清华国学研究院，到北平北海图书馆任中文采访组和善本考订组组长，并兼任编纂委员和购书委员会委员。从此开始了长达五十二年的图书馆生涯。当时的善本部主任是徐鸿宝（森玉）先生。徐鸿宝是当代著名的文物鉴定家，精于版本目录之学。在徐先生的指导下工作，他业务上更加精进，加之馆内又有丰富的善本收藏，他日日沉浸在宋元旧刻、精校名钞之间，汲取了宝贵的实践经验"。进入北海图书馆，不知是否徐、赵两位先生的初识，但无论如何，就凭徐森玉先生与王观堂和陈寅恪的交情[2]，他也不会不对这位好学上进的浙江同乡青眼相加的。两人从此之后几十年的交情，应该就是主要奠基在这一时期。次年8月，"北平北海图书馆并入国立北平图书馆。北平图书馆行政分为八部，善本部下设考订、写经两组，徐鸿宝先生任善本部主任，他任考订组组长，与徐先生共同负责善本

---

[1] 赵芳瑛、赵深编，胡拙整理，见《赵万里文集》第一卷，《芸香阁丛书》本，冀淑英、张志清、刘波主编，上海科技文献出版社、国家图书馆出版社，2011年，第1—22页。
[2] 徐森玉和王国维的交情，可参《许姬传七十年见闻录》（中华书局，1985年，第293—294页），该书中，许姬传回忆徐森玉曾同他谈论王国维著述的方法有三个字："博""专""细"。森老有次曾去王府拜访王国维，"静庵正在写《宋元戏曲史》，桌上、书架上摆的都是有关这部书的资料，其中还有一部分是从日本收来的善本。我们聊天时，他总把话头引到这部书上来，听取我的意见……有时提出问题和我们研究，如有相反的意见，展开辩论，最后得出的结论，他都记在笔记里……"他与陈寅恪的交情，则可参他1939年7月19日给女儿文绮的信："牛津大学已聘陈寅恪为教授（聘中国人为教授此是第一次），不识陈径就否？余即作函询之。如陈赴英，或可指导汝若干事也。"（原函复制件）

书的调查采购事宜,并主编《国立北平图书馆馆刊》"。赵万里与徐森玉的工作关系,还不止于北平图书馆一地。1924年11月,定州鹿仲麟逐末帝溥仪出宫,当局与逊清方面共组清室善后委员会,以清理清宫诸物。徐森玉先生于末帝出宫之初,即行参与故宫维持与保管[①],后并膺清室善后委员会顾问之职[②]。而在这之后不久,赵万里也被故宫聘为图书馆和文献馆的专门委员,从而使得两人的合作得到了进一步的延伸。

但遗憾的是,两人在这些共同的工作时段中,到底有些什么样的交往,现在已经无法知晓了。不过,现存赵万里给徐森玉的二十余通信件,虽然仅仅跨越短短二十年,但从中大致可见两人在后半生的交往状况,是研究两位生平及立身行事的不可多得的第一手数据。这批信件,大而化之,可以分为三个内容,即馆事,主要是涉及北京(北平)图书馆和上海图书馆的相关业务;书事,是双方为国收书的相关记录;人事,主要是双方私谊的真实记录。当然,这三部分并不可能绝然分开,而是你中有我、我中有你,所以分为三类者,只不过是为了叙述上的便利而已。

一、馆事

现存两人通信最早者,是1945年8月17日赵万里致徐之函。此信的主要内容是赵氏在北平光复后不久,向徐森玉报告日据以来,北平图书馆的种种状况及以后如何发展的问题,如他说道:"平馆自卅一年重开后,先以周知堂之无能,继以王古鲁之偾事,尽人皆知,无待赘述。卅二年春季,俞某以老官僚来领馆政,初时尚知爱惜羽毛,后即贪墨无度,馆款除同人薪金照发外,余款一概视同外府,举凡办公之文具、杂用之什物,均付缺如。会计

[①] 参庄严《前生造定故宫缘》所录照片,其下注云"监视神武门内军警检查之一部分人员:(自左至右,容希白、陈援庵、袁子元、马叔平、沈兼士、徐鸿宝、欧阳邦华、胡文玉诸氏。)十三年十一月八日。"《故宫文丛》本,紫禁城出版社,2006年,第22页。
[②] 参庄严《前生造定故宫缘》,第32页。

李君乃其内戚，庶务何某乃其子之密友，均其爪牙。而何某尤为跋扈，伙同木匠，将库存榆木桌椅及中海旧木料数万斤及其他电扇之类，连车取去，据为私物（后俞去任时，为同人举发，索还者仅一部耳）。今年春，俞被迫去职，将馆款作成种种报销，全数提空。何某亦连带去职。代俞者为粤人张煜全（张系孙洪芬之亲家，但与孙似无甚交谊），此君人尚稳健，亦时有倒行逆施处，但不如俞之甚耳。"①但固然有此种种不如意之事，平馆同人仍旧黾勉在公，斐云信中言及于此，也是充满自豪："总之，旧同人年来衣敝食粝，以求苟活，无负于馆而有损于己。至今平市文教界提及燕大、北大、清大图籍之散亡，无不痛惜，而于平馆图籍之获全（此指北平部分而言），独无謷言，洵非偶然也。"而之所以要向森玉先生报告这些事情的缘故，是因"吾公视馆事如己事，视馆中同人如伤，如能哀其遇而谅其衷，不胜幸甚"。森玉先生一生，历经数职，但无论身处何方，对自己正在及曾经工作之所，均存"尝侨是山"之意，故而赵函中有如是之言。而赵先生这封信最主要的用意，则在借以探问北平文化单位的接收人到底何人。他在信中说："此间春季有人传言，守和先生去年已被任为中央图书馆长，慰堂则改任中山文化教育馆长，未知确否（里细思恐不确）？如守公任中央馆，是否仍兼平馆？又守公现时想仍在国外，在未返国前，未知何人前来接收？又平馆与中基金会之关系是否仍如战前？目前王、顾二君曾联名去电促袁公早日返平，电由农林周贻春部长转，至今未得覆，可知袁公必不在渝也。又闻教部任沈三先生为华北文教接收专员，如此则平馆暂由沈公接收亦未可知。吾公新由渝到沪，必有所闻，乞不吝见示，以便转告同人，至盼至祷！如一时无暇作书，乞告谛兄便中代复。"北平图书馆留守诸人，战时不畏强权，委曲求全，以保存文化为己任，百折而不回。但复原之后究竟何去何从，终以心中无底而惴惴难安。但这种情况，非知者不可言，而之所以询诸森老者，一则可以反

---

① 上海博物馆藏原函。下所引者皆同。

映出徐赵二人的交情之深，再则也如上述赵函所言，可以反映出森老对于平馆的关心。北平的文化事业，后来正如赵函中所言，由沈兼士接收，平馆旧人也基本得到留用。赵氏一直以来为同人所担忧奔走者，也终于可以就此舒心。故而从下文所引之信件来看，仅仅一月之后，赵万里的工作已经恢复了正常，仍旧开始为平馆的馆藏建设而操劳。

到了五六十年代的时候，赵万里曾多次专程南下收书，且每次都得到了徐森老的盛情接待和全力的帮助。不仅如此，徐森老还会为赵万里介绍的一些当时的年轻人，尽力设法，以提供方便。如1954年10月23日的信中，赵氏在给徐森玉的信中介绍："北京图书馆组织南下参观团，共有团员十二人。今已启程去济南、南京转赴沪杭。善本部冀淑英担任善本编目工作有年，粗识版本，拟赴上海图书馆参观学习。顷已另函馨吾、凤起两兄介绍，并开列一书单（约十余种，麟麚写经、宋本《杜诗》、《东观余论》等），敢请先生电告馨吾、凤起两兄及其他有关同志，届时鼎力协助，无任感荷。"信中说到的馨吾，就是上海图书馆的馆长李芳馥，而凤起则是具体负责古籍工作的铁琴铜剑楼传人，都是参观学习时能够实施具体影响的人员。上海图书馆于1952年的7月22日成立于南京西路325号。徐森玉先生作为上海文管委的主要领导和上海图书馆筹委会成员，对于上图，自然也是感情深厚，不仅是在组织上对其有着管理方面的职责，业务上也给了很多的支持和帮助。这种为上图和兄弟单位之间牵线搭桥的事情，自然是他所乐于施以援手的。除此之外，徐森玉先生对于上图工作的一些具体事件也非常关注，比如1955年7月30日赵万里函中言："在沪时辱承厚贶，临行时复叨盛馔，感何可言。到京后，又值学习进入紧张阶段，未能早日致谢，深以为歉。上海图书馆收藏弘富，目录稍加修正，便可出版。宋刻本《汉隽》误作明刻（此承潘氏《滂喜斋目》而误），明黑口本误作元刻本，此等处亟宜订正。又一般版本如有批校，仍须注明原书版本。有明抄本，当有清抄本。能详者则详之，不能详者则略之，各以其是，不必强求一律。批校人一律称名，以求划一。分类虽以《四库》为准，然不妨稍有变动。如'史部·载记'可取消（其书改入'杂史'），'集部·词曲'可分家。以上所云，是否有当，乞加斧政。陈氏荀斋藏书，已于日前移送到馆，琳琅满目，美不胜收。庐山本《白氏文集》残本，疑是北宋本（字体宽博）。现正努力编目，大约明春可以告成。"所言都是关于上图和北图的具体业务。赵万里于上图观书一事，可见于坊间流传的上图当年的工作笔记《善本组周记》，关于这一段时间上图和赵万里的活动，沈津先生在其博客中曾经记述过，他说："实际上，早在1955/6/9至15的《周记》上，即有'北图赵万里阅览善本共55种395册'的记录了。"① 赵万里此信，就是这次在上图观书回京以后给徐森老的致谢。沈津文中又记述了当时上图善本编目的状况："1955/2/7至12：'重编善本书目经部初稿完成。'3/14至19：'重编善本书目史部初稿完成。'4/11至16：'重编善本书目子部初稿完成。'按，《上海图书馆善本书目》于1957年5月出版，初版窄十六开线装本，仅印二千部。书名为沈尹默先生题署。书目所收之书以1956年9月以前入藏者为限，计经部173种、史部639种、子部607种、集部987种、丛部64种，共计2470种。"显然，赵万里此信就是针对当时正在编纂的上图善本目录而提出的建议。另外信中提到的荀斋藏书，其回归是由森老长子伯郊一手经办，所以无论于公于私，赵万里函中将其编目进度奉告，显然就是因为这是徐森玉向来的关注所在。

　　二十世纪五十年代以来，政治运动影响所及，达于方方面面。如1958年5月2日赵万里函云："此间整风运动即将进入第四阶段，开会学习正忙。自从'厚今薄古'方针提出以后，上级虽无明文指示，但馆中对收购旧书已有缩手缩脚现象。中国书店营业清淡，近年罕有，即此一端，可反映购书人心理矣。以后三四千元收一部宋元本，一二千元收一部明版方志，恐怕无此勇气（事实上，可收之书已经非常稀少）。又北京图书馆机构问题，不久

---

① 见沈津《关于〈善本组周记〉》，《书丛老蠹鱼博客》，http://blog.sina.com.cn/s/blog_4e4a788a0102vsso.html。

馆中也要小组讨论。颇有人主张现在的三级制（即馆长、主任、组长），可改为二级制，由几位副馆长直接领导组长进行工作，所有阅览、采、编、善本等主任级可全部取消。如果实现，我从此可以从纷繁的行政事务中解放出来，作一普通馆员，做些编目工作，也比现在忙忙碌碌好得多矣。"又同年8月27日赵万里函："上月文化部将所属五十多个单位下放给地方领导，我馆和故宫博物馆、历史博物馆等四十多个单位，下放给北京市文化局领导。现在中央文化部文物局直接领导的单位，仅有文物出版社。文物局干部也减至十二人。王振铎下放到故宫，任研究员。葱玉和傅忠谟、王毅等仍在文物局。我馆虽然下放，但全国性性质未变，文化部仍旧可以行文来指示。以上各节，想公或有所闻也。"所有这些信息，都是对当时文化生态的第一手记录，其所言措施，虽然有些现在已经改正、有些根本未曾实施，但所反映出来的当时的文化政策和举措，却是值得深入研究的。

二、书事

赵万里与徐森玉交往中另外一个重要方面，就是对于善本古籍的搜求与发掘。如早在1945年9月9日，赵万里就曾写信给森老，谈及当时刚刚流失的东北货云："此次沈阳接收赏溥杰各书共九十二种（书目可向慰堂兄索阅）（十九系残帙），中有宋版《经典释文》，仅存三函十八册，较原目四函廿四册尚缺六册。近闻人言，估人赴东北者携归字画（闻有宋画数卷，已寄沪）（里亦有所调查，容后再告）、书籍，但秘不示人，百计追寻，始得见《经典释文》五册，系原书一至六卷，每册首尾，元崇文阁官书印、明文澜阁印、明万历三十三年朱记（孙能传编《内阁书目》时所钤，除陈澄中藏《梦溪笔谈》外，仅此一见）及各御玺赫然具在，以意度之，当系绛云楼故物，叶林宗据以影抄者也。乃不动声色，与之理论。初索五百万，再后落至二百。但回顾平馆，不名一文。王子访辈，又蠢然不知学问为何物。乃连夜求援于傅公孟真,渠亦称奇不置,由里手写借据,向北大借得现款,驰往交割,抱书归馆,为之大快!里所以作此紧急措置者,因恐平津有力者得知后,估人大索高价,吾辈更无法问津也(某君已先知有此书,追索甚急。迟一步恐连书也看不到)。"关于此事的详情,我曾有专文论述[1],此不赘。但从中可见当时赵万里为平馆收书的艰难,而他处事的勇于抉择,于此也可见一斑。而这种性格,也奠定了他日后不幸遭遇的基础。这封信写好尚未寄出,赵万里又遇到了新的一种天禄琳琅旧藏,但此书虽然甚佳,却并不能入得了斐云的法眼,他说:"此函未发,今日又有人秘密送阅程颐《易传》六卷(全书)(《天禄续目》经部宋本第一部),六册,一锦套,宋刻宋印,白麻纸,白口,刊工与《圣宋文选》相似,盖婺州本也。有传是楼印及各御玺。索八百万,里匆匆记行款后还之。此书不足动我心,然就书论书,亦宋刻上驷也,吾公以为何如?十日午刻又及。"赵万里选书眼光之高,由此可见一斑。而当时社会上丰富的古籍收藏及流通,于此亦可略见一二。

再如1956年5月9日,赵万里致徐森玉函云:"《淮海》《六一》如三千能成交,决不算贵(便宜之至)。《司马温公》想在王氏另一房手中,目前有希望否?顾氏书目,闻有黄跋书及宋元本多种。中有宋本《风雅遗音》(南宋人林正大所作词),案此书有明刻本(也很罕见),未知此宋本可靠否?顾先生如愿出示全目,不胜大愿。《淮海》《六一》,候示寄款不误。"这里所说的《淮海》《六一》,不知是何人所藏者,以这样的高价成交还以为"便宜之至",可见应该是宋元本之类。但到底具体指的是什么,现在也不好断定。以欧词单行本仅宋吉州本《醉翁琴趣外编》残本一种,现存台北"故宫"。而秦词单行本则存高邮军学刻《淮海居士长短句》一种,分存故宫及上海博物馆。显然与函中所述,并不相涉。信中所言顾氏,指的就是过云楼顾氏。其所藏的《风雅遗音》其实并非宋本,而是明本。[2]但正如赵先生所言,即便就是

---

[1] 《赵斐云致徐森玉函一通考实》,见于《中国典籍与文化论丛》,2011年第3期。
[2] 此点承同门师弟苏州博物馆李军博士见告,特此致谢。

明本,也是极其珍贵的。信中提及的《司马温公集》则尚有后话,1958年9月10日赵万里函云:"《温公集》得贵会和吾公协助,公私俱感。前日文化部在此举行苏联赠还珍贵图书展览招待会,西谛部长亦出席,谈及此事,渠云可请吾公全权办理,或先给价五千何如?至大米一千石之说,当然不足为训,未知公意云何?受大翁氏捐书最后一批,近由文物局移送到馆,《石林诗话》、毛校《山海经》确是好书,已为之重装做匣,珍袭藏之矣,知注特闻。"又10月11日函:"顷接惠电,得悉《温公集》前途落至六四〇〇元,当与杨殿珣、张全新两同志商议,佥意照目前形势,私人向公家出让书籍,似以稍低为是。五千元如果不能同意,可否稍增至五千五百元如何,请再倩人与老太婆折冲一番,一切请卓裁为感。西谛先生日即将出国访问,约年底返国。此间新收钱牧斋《武安王集》手稿(《读书敏求记》著录)三册,陈奂手跋,又得士礼居抄本《玉峰志》(从祝允明抄本传录),黄跋三段,皆佳。"这部《温公集》曾经清代著名的百宋一廛、艺芸书舍、铁琴铜剑楼、九峰旧庐,最终经王体仁未亡人之手入藏北京图书馆,现在已经收入了《中华再造善本》丛书之中,得以化身千百。

三、人事

新中国成立初期,故宫博物院院长马衡和文化部文物事业管理局局长郑振铎曾先后多次邀请徐森玉先生再次赴京任职,但终因种种缘故,并未成行。而赵万里与徐森玉两人的交谊,显然也并未因新政权的建立而有什么变化。事实上,现存两人书信大部分作于五十年代之际。1952年,全国开展"三反""五反"运动,赵万里因其过去的一些违规操作而受到了冲击。情急之下,他曾多次写信于森老,或为己开脱,或请其代为设法,如2月12日一函:"半月来,此间展开运动,有人提议善本列入重点检查。连日四五十人成一大组,将里严词讯问(今天将继续会讯):解放前如何?解放后如何？所问之话有极离奇者：如'接受回扣没有？''如不接受，真奇怪，在那时是什么思想？''不收钱，如要善本书，更可恶。''书铺送礼没有？''没有，一定用书来代。''历年同书铺勾搭事实，一一列举。''买私家书，听说要送书给你作为酬报。''私自囤积善本倒把。''袁同礼有哼哈二将，顾子刚大同书店已判明为馆产，把他打倒（此事经过另告，情形可怜）。赵某也要斗争他。他住房或许也是不义之财。'种种，不胜枚举。但里亦有白取之咎。一九五〇年秋冬间，舍弟北来养病，家父半身不遂，双目失明，小儿又患喘不止，曾托书店将自藏小种书开单卖给图书馆，以济眉急。此实变相贪污，失策之至。此事我数日前已坦白过，但他们绝不罢休，以致连日形势危急万状。伏念鸟为食亡，人为书亡，平生爱书如命，公家事看成自己事，今天落到如此地步，自非一死，不能以谢酉山之藏，以报我公教诲知遇之恩。连夕妻孥环泣，全家卷入生死边缘。西谛看此事甚轻，没有太大关系。但我觉得馆中人情莫测，不晓得他们将如何摆布我。写至此，已泣不成声，呼天抢地，生不如死。想公闻之，必不忍责我，转而怜我矣。我本意继公衣钵，将全国书藏，结一总账。乃罹此鞠凶，失去自存之路，他日我公莅京，恐不能与公相见矣。西谛与公与我交谊最深，我未了之事，想能为我帮忙也。盼公能立即快函西谛、冶秋，为我稍作恕词（昨晚晤冶秋，他提示我不要害怕，没有什么）。则我万一竟遭不测，或不致如他们所说那样坏到极点也。临纸涕泗，不知所云。"其中描绘的各种审查情形，虽然较诸其后尚属稍留脸面，但兴起于青萍之末的这一端倪，显然已经在昭示着后来更剧烈的风暴。而信中说到赵氏曾经因工作便利，将自己所藏售卖给图书馆一事，确实也是白璧之玷。但联系到从民国而来的这些图书馆从业人员的一贯行为方式，其实这个举动也不是不可原谅的。不过，斐云这种违规操作，并非个案，比如同年他在给徐森老的一封信中也说道："兹有一小事奉托：一九五〇年九月下旬，里在沪曾于某处购得《海虞文献备略》等八种，因原主返籍，遂由郭石麒代开发单。假如有人检查时，如以实情见告，必多意想不到之猜疑与麻烦。

为此，特托人转告石麒，云：'这批书乃徐二爷友人之书，二爷介绍赵君购之。'这样说法较妥，因那时石麒亦不知此为何人之书也。如以后有人或有函来向公询问时，亦祈以此话答复，期与石麒相符。叨在爱末，敢以此事奉渎，罪甚罪甚。好在石麒仅知为公友人旧藏，公见石麒，希将错就错，不必说破也。拜托拜托。"虽然并不牵扯经济问题，也是出于一片公心，为了国家收书，但这种不太光明的手段，显然也是不太合适。而正是这种某种程度上的不择手段，成为赵万里一生为人诟病的最大不足。如郑振铎在给徐森玉的信中就曾评价赵氏："斐云在南方购书不少，且甚佳，其努力值得钦佩。惟心太狠，手太辣，老癖气不改，最容易得罪人。把光明正大的事，弄得鬼鬼祟祟的，实在不能再叫他出来买书了。浙江方面，对他很有意见。先生是能够原谅他的，否则，上海方面也会提出意见的。"斐云平日里的这些作风，显然是造成他在"五反"运动中被批的原因，也是在他被批时，郑振铎不以为意的原因所在。赵万里在发出这些信件之后的一段时间内，实际上大概又经历了更加严重的事业危机，因徐森老在回复他后，久而未得回音，遂只能去函其北图同事爨汝僖打听其近况，而爨回信则说："有三以犯严重官僚主义，不可久留（因不常到馆，致大柄暗移）。子刚以大同书店产权问题，已全部交出，正在清理中。斐云以利用职权，掠取书商善本，又擅自作价，卖给本馆及北大等处，刻正穷追，认为坦白不够，曾于大会纷纷提供意见予以帮助，收获较少，想彼尚负隅，固无心函覆左右。"虽然如此，但事实上，这次风波很快就得到平息，应该是时隔不久，赵万里就再次恢复了正常的工作状态。

　　斐云的性格具有多样性，平时为人处世应该是桀骜不驯，敢闯敢拼的，这从他为了替国家收书，多方设法，恩威并用，使用多种手段上可以看出。但另外一方面，只要是稍有挫折，他又一蹶不振。以此信为例，固然当时身处高压，但当时的时代特色如此，他人同样处此恶境，而类似斐云这样动辄"泣不成声，呼天抢地，生不如死"，以为"全家卷入生死边缘"，以为"罹此鞠凶，失去自存之路，他日我公莅京，恐不能与公相见矣"的状况，却似乎不算多见。更何况，赵万里与当时文化界的主要领导郑振铎也有着几十年的交情，所谓"西谛与公与我交谊最深"，对方还当曾对他有所安慰，如信中所言"西谛看此事甚轻，没有太大关系"云云，但即便如此，赵氏当时还是惶惶不可终日，这就完全可以看出他在性格上的这种特点。大概就在前函写作的左近，赵万里还有一封给徐森老的信，信中说："连日昏迷困顿，达于极点，今晨觉明忽来开导，嘱里即速坦白，勿坐失时机。里如梦初醒，即在馆中交代。其实问题并不严重，为了面子，遂有轻生之念。前函所述各节，已如烟消灰灭。此后当努力工作，以求戴罪立功。惟累公吃惊不小，他日相见，当长跪请罪，借赎前愆也。闻唐兰在北大，问题不简单，为校方急电召还，已坦白过。梦家情况不明，有种种谣传，古董真害人不浅也。"稍遇挫折，即呼天抢地，痛不欲生；而偶得安慰，则又觉雨过天晴，处处光明。凡此种种，都可以看出斐云性格中的一些缺陷和不足。

徐森玉与赵万里的私教之笃，除了在上述信函中屡有呈现之外，再如赵1955年7月30日致徐函中说道："贱躯近日尚能支持，惟坐久即觉头眩，拟作针灸治疗，未知有效否？治喘药水，伯郊兄已寄到二瓶，已够用矣，感谢之至。"再如1964年2月29日函："里从十二月下旬起，忽患左面部神经麻痹证。左眼不能紧闭，影响视力。口部也歪斜不正，有异样的感觉。吃东西时，也不便。亟去中医研究院做针灸，又去北京医院进行烤电、照太阳灯、蜡疗、按摩，并吃中药、西药，打维Ⅰ、维Ⅲ针。在家休息，不上班已二个多月。现时已渐渐复原，口部、眼部已好转不少。大约再有三个月，便可全部复原。日前梦家兄来舍，知蒙关注，感激之至。吾公近时精神如何？腿部发肿否？晚上能安睡否？甚念之！天已转暖，诸祈珍卫不宣。"都是向徐森玉先生报告自己的身体状况等私人信息。这些内容，都非至交不可言。而另外还有一些信函中所言，则更是可见赵氏对于徐森老父子的关念，如1956年9月8日信中说："昨去文物局，无意中于傅晋生处得见伯郊兄二年前所寄出让书单，约二十种左右。大半已分批运抵北京。惟其中宋本《施注苏诗》、《宋元书影》、黄校本《东京梦华录》、天一阁方志二种等数书，尚未送到。如果不运到，也可照单解决。惟据说（极秘）伯郊兄过去收领文物局订件之款（港币），但到现在尚未交货（如谭敬老太太的朱子真迹）的数不在少。如果把这批书款和上述订款两消，深恐伯兄所入无几，无补于事。又这批书，如果让葱玉、晋生等估价，其价必相当低。伯兄开价为港币十五万，此价当然可以少一点，但不能过少。此中尺寸，乞即函告伯兄，从速定夺，以免久延（即这批书至少要售若干万，万勿客气，客气有时要误事的）。鄙意不妨将书单扩大一些，比较普通的旧抄明刻，也可列入。这样可多得一些价款，以济眉急。或者将需要之款数先行开明，再行配备书单也可。如果照现在书单估计，他们也可能将这批书款和前付订件之款两项抵消，就算了事。这样于伯兄极不利。因此特专函奉告，请郑重考虑后，函示办法，以便与谛公联系，谛公已表示可以解决，但不涉及具体办法。而上述一些情况，谛公似乎也未考虑到也。伯兄现时通讯地址，是否仍是铜锣湾怡和街66号，来示请告知，以便直接通信（只说请他把书单扩大一些，别的我不能说）。"这年的10月16日，又就此事写信给徐森老说："伯郊兄之书包括尊处寄来之书共二十一种（前寄书中有明刻《王梅溪集》，未计价。仍拟退还伯兄）。昨与西谛先生商谈，西谛嘱我和葱玉议价。初步决定，价为十二万五千元港币，日内由文物局王毅致函伯兄征求意见（伯兄与王毅通函时，切勿谈及公处与我通函一节，以免泄密）。我意：（一）如伯兄不同意，可提异议（即不到某数不卖之价），不必客气。如此，此间当可再作考虑。（二）如果认为此数不能解决伯兄实际需要数量，那可利用伯兄来沪机会，将存沪之书另开一单，俟我来沪时解决。此单之书，即由图书馆收购，惟不能支付港币，只能在上海支付人民币。此点不知伯兄有困难否？以上两点，请转告伯兄考虑后作覆为荷。我俟公覆函到后，再定行止（公函西谛时，不必谈及我南行事）。必要时，可提前南下，以便解决问题。以前我怕文物局方面有问题，所以希望伯兄加些普通抄本或刻本，现在这个顾虑可以打消了。"又10月17日信："昨寄一航函，想已到达。里来沪约在本月底，因馆中正进行改革工作，有些会议须参加。但必要时可提前来沪。又里南行以休假旅行为名，请公守秘为感。"从人情世故角度来说，赵万里的举动显然无可厚非。但结合当时的政治、社会形势，赵万里的这些言行显然极其不符合当时的主流价值观。也就是说，他的这些举措，如有泄露，显然会给自己带来极大的麻烦。而他之所以甘冒如此巨大的风险，来替徐伯郊筹措，完全可见他与徐森老之间交情的契合。

赵万里给徐森老的信中，牵涉的人物当然还有很多，比如1957年大约8月之时，赵万里曾给徐森老致函云："王育伊兄返沪后得癌病，形势严重，未知近况如何？系念之至！"而仅仅一个多月之后，在9月29日的赵万里函中，则已有噩耗传至："育伊兄竟尔长逝，为之震悼不已。上月来京时，同人曾约集觞于同和居，言谈犹昨，而今已隔世，人生如朝露，不胜叹息。……北京图书馆藏元本苏辛词（叔弢先生捐），上海古典文学出版社借去景印，想公已看到。此二书里曾作跋，出版社理应寄赠一部，但迄未收到（里曾两函刘哲民先生查询，亦未置答，以前刘先生来函甚频，最近忽又寂然），深以为奇。鸣放期间，不知伊有无问题（可能是近来忙于整风学习之故）？敢恳吾公就近（康平路距天平路很近）委托贵会一同志前去一问：（一）刘哲民先生近况如何（路工同志也很挂念他）？（二）关于辛苏词，及以后其他稿件联系，现在该社由那一部那一位同志负责，以便通函。琐琐渎神，感激不已。据张明善言，梦家事，尚未结束，正在交代中。向达是个右派分子，想公在《文汇报》上已见到。闻问题相当严重，北大已开会斗争多次。又闻今天下午和晚间，北大召开全校教职工大会进行批判，不知如何结束也（闻王有三在北大也有问题）。报载公宝刀不老，立场坚定，此间熟人，无不同声钦佩。"这里主要谈到的两位,一是王育伊,因患癌症,以五十之年,遽尔辞世;另一位则是与郑振铎有着深厚关系的刘哲民,他一直兢兢业业,以出版事业为己任,但因社会情势的冲击,竟然无法被友人所联络。再如,大概在1960年9月的时候,赵万里致徐森老函云:"今日张明善来谈,渠已被紧缩下来,希望公能设法为他另找工作。现在各机关都在缩编,想此事很难实现也。"张明善是著名的碑帖专家庆云堂原主人张彦生之子,在二十世纪五十年代考古所请徐森老主持全国石刻总录计划时,曾被聘为森老的助手,成绩斐然,但因当时人员缩编,而被裁撤,故需重新觅职。凡此种种,都有着极其浓重的时代特色。

现在留存的信札,最晚就是1964年的那通。但两人的交往,显然不止如此。比如该年赵万里当选为第三届全国人大代表后,曾与徐森玉先生一起向大会提案,建议举办"古籍装修培训班"。该提案后由文化部落实,培训班办了两期,后因"文革"起而终止。而"文革"既起,两人先后受到冲击,自此之后,恐怕就是音讯两茫茫了。这里所列出的这些信件,虽然并非现存两人通信的全部,但两人的交谊,已经大致可见。郑重先生在《徐森玉画传》中曾经描绘过两人的一件交往趣事,即为了宋龙舒郡斋刻本《王文公文集》的收购事宜,两人发生的一点小小的纠纷①:赵万里对此表达自己的意见说,"《王文公文集》要拿到北京去。徐森老,你一直是北京图书馆的保护神,这件东西一定要给北京图书馆"。而徐森老则对此颇不以为然:"听了这话,徐森玉一下子从椅子上站起来:'你放屁,你只知道什么都弄到北京去。做梦,绝对不行。'谢稚柳在旁边打圆场,说:'八字还没一撇,你们闹什么。森老,你坐下来。'徐森玉坐下来,赵万里跑到徐森玉身边,也坐下来,用手摸摸徐森玉的光头,说:'平平气,平平气,以后再谈。'徐森玉说:'没什

---

① 《中国文博名家画传》本,文物出版社,2007年,第164页。

么好谈的！'"郑先生的文笔流畅，写来绘声绘色，虽然究竟其事有无尚不可确认，但两人脱略行迹、亲密无间之状，已可跃然纸上。而两人为了文物图书事业的肫挚之心，也毕现无遗。也正是这种无私、忘我的高尚情怀，使得数十年之后的我们，依然感念他们，缅怀他们。

原载于《目录版本学研究》，第七辑，2016年

幕后的徐森玉

2016年中华书局出版的《掌故》第一集,据说加印了好几次,简直有洛阳纸贵的趋势了。可见,喜欢阅读这类文史性质浓厚而又有趣的文章,不仅仅是我个人的私好而已。也正是因为这个原因,所以第二集甫至,即迫不及待于返家途中拆开翻阅。作者除我之外,皆为一时之选,所关注的话题,也是与第一期一般,令人不忍释手。比如中有胡文辉大文《梁鸿志"三十三宋"钩沉》,说到梁鸿志引以为豪的"三十三宋"流传及下落,资料充足,论证严密,读来如春日赏花,有目不暇接之势。不过以我目力所及,关于"三十三宋",还有一些片段可以与胡文互补。在1957年12月25日郑振铎致徐森玉的信中,恰好也曾提及梁氏如夫人捐献"三十三宋"之事,他说:"前几天见到陈毅副总理。他说,梁的'三十三宋斋'中物,已由他的姨太太捐出,这是一个大好的消息!虽只存了'三十一宋',但有'辛稼轩'在内,乃是了不起的!后晤斐云,知道仍是由上海文管会收到的。我们都未见到这些东西,要等到毛主席看了之后,才能给大家看,也可能予以展出。"在同一封信中,郑振铎又说道:"刚写到这里,国务院陈毅同志约我去看'三十三宋',仔细地看了一下,兴奋得很!虽有几开靠不大住,但大体上是好的。"结合胡文中引到的本月16日郑氏日记,可知西谛给森玉先生这封信是分几次、持续数日才得以写成。当时知识分子之夙夜在公、不遑暇居,积极投身文化建设的情形,也于此可见一斑。另外,从这段话中,可以知道,梁氏遗孀最初是将这批东西捐给上海文管会的。胡文所言捐献一直由章士钊始终其事,或许是指从上海文管委而献诸中南海这一阶段吧?疑不能知。至于梁氏遗孀所以与上海文管会接洽捐献之事,除了就近原则之外,恐怕还有别的考虑。那就是当时的上海文管会主任徐森玉先生本系梁鸿志旧友,这次的捐献，应该是与幕后的徐森玉先生分不开的。以浅见所知，早在宣统三年辛亥（1911）正月二十二日，森玉先生就曾与梁鸿志、朱联沅同游京师之江亭。《爱居阁诗》卷二有《正月二十二日同徐森玉朱芷青登江亭》："平生积毁不成衰，作健还应有别才。二客风轩共言笑，一城寒色动惊猜。伤高怀远终何益，就寂辞喧信可哀。欲去长安宁不忍，此亭端欠百回来。"可以为证。但两人之相识显然还要在此之前。

梁鸿志早年求学于京师大学堂，光绪三十一年（1905）毕业之后，曾为奉天优级师范学堂教员。而徐森玉在这年的九月，以叶景葵之荐，为当时的盛京将军赵尔巽所聘，先后就任奉天测绘学校监督和奉天工业学校监督。则两人之相识，很可能就在此时的奉天。大概是在宣统年间，梁徐二人先后返回京中，交往非常频繁。如宣统三年的三月二十日，森玉先生还曾在梁鸿志座中与郑孝胥相识。据《郑孝胥日记》："午后，过梁众异。座间晤其友号森玉者，云颇攻内典。约余廿五日至象来街观音寺赴佛学会。森玉谓此间有江西李正纲，最有功夫，在图书馆，乃桂白华之戚也。次则蒯君，为俪卿之侄。"同年的五月三十日，当时的京师图书馆又延聘徐森玉及梁鸿志、胡玉缙、陈衍、饶叔光、杨裕芳六人同为名誉经理员。到了1927年，日方以庚子款项在京设立东方文化事业委员会，并聘请梁鸿志、柯劭忞、王树枏、日本服部宇之吉、王照、贾恩绂、王式通、江庸、胡敦复、杨策、日本濑川浅之进、李盛铎、傅增湘等人为图书筹备处评议员，另聘徐森玉先生为图书筹备处事务主任，负责征集图书。这些事迹都可见两人的活动范围大体相似。二十世纪三十年代以来，中日情势逐渐紧张，而梁徐二人一则以宦学二途，再则以政治立场之相异，也就渐行渐远了。但毕竟数十年之交情仍在，故而，在1942年10月18日重阳节这天，梁鸿志就曾将其己卯年第二次校印本《爱居阁诗》十卷签赠徐森玉。此书首册封面存梁氏手题："森玉先生吟定，梁鸿志呈。壬午重阳。"下钤"迂园叟"朱文椭圆印。但这次赠书，恐怕还不仅仅是意味着两位旧友之间以书存念，借志鸿泥而已。这时候的徐森玉，其实是作为重庆政府教育部的要员,前来上海协助当时的文献同志保存会鉴别和运送劫余的古籍善本的。据郑重先生《徐森玉画传》中所言,徐森玉此时曾借助梁鸿志之力,运送文物至后方。也就是说,梁鸿志之赠书,实际上是可以看作两人在此期间合作的一个纪念物。而正是由此种种因缘,梁氏如夫人在1957年才会将梁氏旧藏的"三十三宋"通过上海文管会捐诸国家。

这期《掌故》中,还有范旭仑先生大作《钱默存收女弟子》一篇,言及现在已经少有人知的何灵琰女士,曾因徐森玉之介,跟随钱锺书短暂学习。范先生博学多闻,以长于"钱学"闻名于世。对钱何之交往,考证周详,索隐入微,几无剩义。但千虑一失,他在文中于何灵琰与徐森玉究竟是何关系,并没有去深入探究。事实上,当时徐森玉之所以会介绍何灵琰从学于钱锺书,而钱也拒绝无力,是因为当时的何灵琰,是森玉先生即将过门的儿媳妇,也就是其长子徐伯郊的未婚妻。徐森玉先生是默存先生同意收录何灵琰女士为弟子的幕后推手。

伯郊与何氏的婚姻到底持续多久,现在还不能确知,但两位的婚礼是1947年6月28日在上海逸园举办的。何氏时年24,与伯郊年岁相隔13。或许是因为这个原因,故时日未久,二人即告仳离。也因此之故,数十年后何灵琰在其名为"擦肩而过"的博客中回忆这段历程时,只是含混其词地说:"家父对我的教育是新式的,即'女子德才要双全'。为了让我的英文不要成为留学的障碍,便四下里托朋友,给我找一位高水平的英文家庭教师。一位长辈和家父说,给大小姐(就是我)找到了一位家庭教师,这位家庭教师是从英国回来的,有相当深厚的英文和中国文学功底。我的这位长辈是当时故宫博物院古物馆馆长徐森玉,对这位年轻人相当推崇。父亲接受了徐老伯的提议,没有两天,这个年轻人来到了我的家里,做了我两年的家庭教员,他竟是我的大学英文教师钱锺书。听徐老伯说,当时钱先生曾婉言谢绝了他的提议,但是在徐老伯的再三请求之下,钱先生勉强同意了。"这段婚姻虽然未得令终,但当年伯郊与何灵琰的婚礼也曾异常盛大,在刘国柱编著的《古今中外名人轶趣》一书中，曾说起过何氏之父何竞武的发迹史，其中也曾言及："他在上海嫁女，虽然比不上杜宅做寿的排场，但也够轰动一时，非同小可。杜月笙对他也称兄道弟，趋贺临门。这在上海滩上，算得是风头十足了。"

这桩短暂的婚姻在几十年后，已经知者甚罕。而我所以有所耳闻，则是因为在数年之前，我曾就此事分别询问过文堪先生和森玉先生外孙女王圣思教授，而王教授在2011年10月19日来函告云："我与美国的亲友联系了，他们告知伯郊大舅的前妻应该叫何灵琰，他们有的在美国曾和她一起唱过戏，她并没有改过名字。看来森玉外公填表是根据字音而误写了，我以前听母亲提起时也听成何灵瑗，yan和yuan，读音较近，就混淆了。特告此事。"而随后不久，文堪先生又来信告知我何女士的博客。也正是因为在这里读了何灵琰的文章，我才知道，原来这位女士，还曾经森玉先生介绍，问学于钱锺书。

原载于《文汇报》，2017年5月16日

徐森玉先生轶事

我生也晚，肯定是无缘领略过徐森玉先生的风采。不但如此，甚至在师友中，除了他的几位至亲之外，曾经亲闻森老謦欬的，也不过只有上海的沈津先生和苏州的沈燮元先生两位罢了。沈津先生大概有三五次，曾经对我提到过他的遗憾，他说："六十年代初，他（徐森玉）有时会来上海图书馆，那时，汪庆正是森老的学生，也是秘书（后任上博副馆长，2006年不幸去世），每次来之前，就会打电话来通知，说'森老要到上图，请顾馆长准备'。顾馆长即是顾师廷龙先生，我的老师。于是，我马上通知门口传达室，森老的汽车一到，马上告知我。森老的汽车是一种老式的小车，上海滩上很少有的，那个年代里，一般领导干部是没有专车的，森老是例外。上博在河南中路16号，上图在南京西路325号，都在黄浦区，小车一开，十分钟就到。所以，顾师即早早率潘师景郑、瞿师凤起先生、吴织和我马上出办公室，到三楼口的电梯旁列成一排恭候。不一会，楼下便会传来森老那中气十足、声若洪钟般的声音。森老胖胖的身躯，拄着拐杖，在我们的办公室不会待很久，一般也就半小时而已。但每次讲的是什么内容，全都不记得了。"所以，关于徐森老的故事，沈津先生也讲不出许多了。另一位曾与森老有过交往的，则是沈燮元先生。老沈先生是在一次电话中跟我偶然说起这事的。他说，他曾经在1952年作为苏南文管委的工作人员，陪同森老等人一起去苏州的西山游览过。而在游览的过程中，还曾发生过一件意外。因为与当地村委没有事前接洽，一行人被当地人怀疑来路不明，竟然在晚上被村民持渔枪等物团团包围，历经盘查之后，确认并非当时尚存的湖匪，这才消除了误会。乍闻之下，我便觉得沈燮元先生所亲身经历的这事极有趣味，就撺掇他赶快写下来。可惜的是，老沈先生生性萧散疏旷，一生闲云野鹤，时至今日，我已催促了他好几次，他老人家总是说不急、不急。但这件事情的真实性，却实在是无可怀疑的。因无论是沈燮元先生，还是我，手头都有当时游览的照片留存。不仅如此，当时偕同出游的，还有大名鼎鼎的顾颉刚先生。在顾先生的日记当中，对于这次苏州之行，其实也有比较详尽的记述：

十一月十二号星期三（九月廿五）：森老、仲章自上海来。文管会同人邀至味雅晚餐……今晚同席：森玉先生、仲章、伯庸、予（以上客），何人骏、徐沄秋、沈燮元、朱犀园、彭功甫（以上主）。

十一月十三号星期四（九月廿六）：七时，与森老、勤庐、仲章、燮元、李协和同上车，到胥门洋桥西山轮船码头，进茶点，八时上船……十时许到木渎，上岸，到石家饭店吃饭，晤石家元小姐。十一时上船。船出胥口，立船舷望太湖，风浪大，无他舟。到鼋山、后堡均小停。到镇夏上岸，步至包山寺，晤罗昌慧和尚，看《径山藏》。宿大云堂。睡后，村干部偕民兵来质问。

十一月十四号星期五（九月廿七）：六时起，游静善堂。回，吃粥……游寺内各部，看叶誉虎藏书、陈子清壁画松及寺内所藏书画。九时出，至灵佑观，入林屋洞。十时许，至镇夏饭。雇舟到石公，游归云洞，在禅院茶。上山至来鹤亭。下，至关帝殿、夕光洞，在石公石婆处照相。三时上船，返镇夏。以无代步，森老行缓，抵包山已天黑矣。在寺晚饭。饭后谈约一小时即眠。

十一月十五号星期六（九月廿八）：六时起，即束装。森老、仲章乘小轮返苏……森老十余年前在昆明白龙潭跌坏一腿，数年前又在南京跌坏另一腿。昨去西山走路稍多，遂不克任。本拟游东山，今日只得分手矣。以极好游之人，竟不如愿，甚哉，老之可畏矣！

徐森玉（右二）、顾颉刚（右一）等游西山

有意思的是，一般来说，这种乌龙事件偶然发生一次，也就罢了。可其实就在一年之前，徐森老竟然已经遭遇了一次类似的场景。2012年12月23日的《东方早报》之《上海书评》版中，发表了蒋炳昌先生的《亦师亦友郭若愚先生》一文，中间说起了他亲耳闻听于郭若愚先生的一桩趣闻。文中说道："1950年森玉先生得知安徽寿县李家集出土了一批楚国青铜器，很有兴趣去考察，要亲自到当地去。1951年，徐森玉先生由谢稚柳、吕贞白和郭若愚诸先生陪同前往。为了保障此行安全，他们一行到蚌埠后，由蚌埠市政府派一名干部和三名武装警察沿途保护。行至寿县途中，当地民兵看到他们头戴瓜皮帽，身穿皮大衣，误以为是逃亡在外的地主恶霸，密切监视。当天晚上到了寿县，住进旅社后，由于在联系工作上稍有疏忽，跟当地的公安部门发生误会，而被搜查缴械、审问，后与上海有关部门联系后，才得以解决，一夜未睡。第二天一早，徐森老心情大坏，天明就起程折回申城。这件轶闻郭老告诉我有十余年，至今印象深刻。"这个事情，显然不假，不仅有蒋先生这篇对于当事人郭若愚的谈话的记录,郭若愚本人,在他的著作《落英缤纷:师友忆念集》中所收的《怀念文物工作的先驱者徐森玉先生》一文中也说:"1950年得知安徽寿县又有大批青铜器出土的消息,他(徐森玉)坚决要亲自去一趟。最后决定由谢稚柳、吕贞白和我三人陪同前往。为了保护森老的安全,我们到了蚌埠,再由蚌埠市派了一位干部和三名武警战士沿途保护。这次行动,因为在联系工作上稍有疏忽,在寿县和政府公安部门发生了一些小误会。"这里说的"小误会",无疑指的就是上面蒋先生所说的这事。另外,在郑重先生的《谢稚柳系年录》中,也曾经记录到这件趣闻。为了落实消息来源,我曾特意致电郑先生询问,据他说,这事的经过,他是得自谢稚柳先生所言的。也就是说,这件事情是两位当事人都曾有所记述的,其确切性是无疑的。

这两次事件,现在记述起来,颇觉有趣。但对于当事人来说,恐怕并非什么甜蜜的回忆。而其中反映出的那个年代的社会风貌,也实在值得我们留意。

原载于《东方早报·上海书评》,2013年2月24日

博物馆古籍收藏特点及整理研究

博物馆是征集、典藏、陈列和研究代表自然和人类文化遗产的实物的场所，并对那些有科学性、历史性或者艺术价值的物品进行分类，也是为公众提供知识、教育和欣赏的文化教育的机构、建筑物、地点或者社会公共机构。从广义的角度来说，博物馆拥有古籍收藏、展示古籍收藏，也是它的职能之一。但正如大家所知，现阶段文博系统的古籍收藏及整理研究状况，并不乐观。而在博物馆内进行公开的、专门的古籍展示，更是异常罕见。对于公众而言，文博系统的古籍，还是养在深闺人未识。

那么，我们首先要了解，文博系统究竟有没有古籍收藏？这些收藏，对于博物馆而言，到底意味着什么？

2007年起，开始了全国范围的古籍普查工作。到2008年，国务院公布了第一批国家重点古籍保护单位，共51家，其中文博机构有5家。2009年公布第二批国家重点古籍保护单位共62家，文博机构6家。2010年公布第三批国家重点古籍保护单位共37家，文博机构9家。2011年公布第四批国家重点古籍保护单位共16家，文博机构6家。2016年公布第五批国家重点古籍保护单位共14家，文博机构3家。五批共计180家国家重点古籍保护单位，其中文博机构29家，占了近1/6的份额。鉴于国家重点古籍保护单位的评选标准，文博系统的古籍收藏，至少从质量上来说，还是相当不错的。

但从内容上来讲，文博系统的古籍收藏，其实存在很大的问题：

1. 所藏古籍是作为资料购藏，而非藏品。首先，这些古籍是作为工作人员的知识储备来源；其次这些古籍是作为展览的资料来源。不是藏品，所以缺乏展示的平台，也缺乏研究的动力。

2. 将古籍文献作为艺术品收藏，而非古籍本身。这个方面，比较典型的例子如手稿、信札，文博系统中，主要取其书法属性。再比如版画，在文博系统中主要作为绘画的参照物来收藏。因为定性不同，所以导致了对待这些文献的方法有所不同。

3. 文博系统的古籍收藏，并非有意搜购，随机性比较强。如上博所藏古籍，有很大部分是随同捐赠者的其他物品，作为附属物一并收入的。因为是作为附属品进入收藏系统中，所以也导致了两点，一则是囚其附属品的标签导致不受重视，再则不成系统。

对于以上问题，其实需要我们注意的就是，要时刻留意区别作为艺术品附庸的古籍文献与作为自足系统存在的古籍文献本身两者的区别与联系，以及在不同场合中的转换与鉴别。

再从古籍本身的特点来看，古籍的展示也有其特殊性。对于文博系统收藏的其他藏品而言，展示重点在于其形象及工艺。但对于古籍来说，不仅要展示其物理形态，更要展示其内容，且后者更为重要。而现有的展陈手段，必然导致古籍的陈列存在以下问题：

1. 只可远观，无法仔细观赏和触摸。
2. 只能展出局部，无法呈现整体。
3. 主要展示其物理形态（版式、装帧等），对其内涵基本无法揭示。

而要弥补古籍文献展陈的这个先天不足，就要从不同层面上来采取一些措施，以尽量使得馆藏古籍文献为大众所知，从而也能为大众所用。大概而言，我们可以从以下几个方面入手：

1. 加强文献建设，争取壮大古籍收藏，增强实力。古籍文献在文博系统之内，一定是非主流。但如果在资源建设这方面能够增加空间，那足够大的体量，一定会使得它的地位和境遇有所改善。

2. 要做好编目等基础工作。完整、全面、方便的编目检索系统，是揭示包括古籍在内的文献的基础。基础工作做好，才能使得古籍的基本面貌得到展示。

3. 做好推广、普及工作。可以采取个案研究的方式,将特定古籍文献加以深入介绍与研究。也可以通过图录、书志等方式,将馆藏古籍的基本特征揭示出来,展现给大众。

4. 整理出版。尤其是对于流传较少的、内容比较重要的古籍文献而言,通过整理标点的方式,将其内容揭示出来,方便快捷且可以以低廉的价格传递给读者,是一个比较可行的方式。但缺点在于不能展示其物理形态。

5. 影印出版。对于一些比较珍稀的版本,一些有着特殊形式或内容的文献,可以采用影印出版的方法,将其展现出来。但这种方法相对成本较高,且对于一些特定的古籍研究而言,如纸张、修补甚至装帧等方面的研究,仍不能满足需要。

6. 传统展览。这种方式最大的优点就是可以看到古籍本身,一目了然。对于古籍版本研究而言,这种亲见,是其他方式所不能替代的。但古籍研究,显然远远不止版本研究而已。内容的揭示,对这种展示方式而言,也是个极大的软肋。且即便是版本研究,隔着展柜的传统展览,也不能够全部满足。

7. 数字化上网。这是一项方兴未艾的古籍展示方法,目前正在逐渐推广。相对来说,这是现阶段最好的文献展示方法,无论是内容还是其物理存在方式,都能得到较好的展示。但缺点仍在于成本、设备,以及一些需要接触到古籍本身的特定研究方面的不足。

8. 数字化展出。数字化展示可以将所有需要展示的细节,多角度、多类型地展现给观众或读者,与前面所言的数字化上网不同,它是一种多维度的展陈方式。但缺点也在成本过高,且需要展陈人员具备极高的专业素养,否则仍不能够满足所有需要者的要求。

综上所述,对于文博系统的古籍文献收藏而言,因为其先天的不利条件,再加上古籍文献本身的特点,使得收藏、揭示和研究,都存在不少障碍。但文献的价值,就在于利用,所以仍然需要相关从业人员通过各种方法的综合利用,尽可能地将其揭示给大众。让文献活起来,实现其固有价值,是我们文博工作者的职责所在。

原载于《中国文物报》,2017年12月5日

附录 "有万憙"说

"有万憙"这三字出自汉瓦当，是西汉中期出现的一种吉语。但"有万憙"瓦当存世量很少，天津市艺术博物馆藏一方汉有万憙瓦当砚，径16.1厘米，高2.6厘米。瓦当呈圆形，瓦面图文为"有万憙"三字。著录者称，此种瓦纹至为少见，有旧拓本题跋称："此汉瓦中之变文，完者绝不可得。"这一件瓦砚，为清代改作，颇拙朴古雅。所称引的旧拓题跋，不知是何人所言，说"完者绝不可得"，稍嫌夸张，但这是汉瓦中的变文，存世极少，确是事实。清钱泳《履园丛话》卷二"有万憙"条："钱别驾于汉城得一残瓦，惟'万憙'二字。后申大令在长安市亦获瓦半片，惟一'有'字。合而观之，上下文藻相合，实'有万憙'三字耳。汉碑'憙''喜'二字通用。"可以为上述佚名题跋佐证。所以相对而言，比起当时同类的吉语瓦当如"长乐未央""长生未央""万年未央""富贵无极""万年无极"等，"有万憙"要少见得多。但一则因其所言甚为讨喜，再则因其较为罕见，所以更易于受人关注。

这个"憙"字缘起甚早，在东周时期就已可见（下页图），其字形演变轨迹，大概可见于《字源》所列之表。

从下表可知，此字实际上是个形声字，从喜从心，以"心"表意，形则或作"喜"，或作与"喜"同源的"壴"，说明此字的来源的不同。但无论如何，"憙"其实就是"喜"的异体字，从心，无非是标明从心而乐。从它的构字方式上来说，《说文解字》对其意思的解释应该是可靠的："说也。从心从喜，喜亦声。"不过段玉裁认为："'口'部'嗜'下曰：'憙，欲之也。'然则'憙'与'嗜'义同，与喜乐义异。浅人不能分别，认为一字。'喜'行而'憙'废矣。"但从"憙"的使用实例来看，段说很是可疑，可以不论。

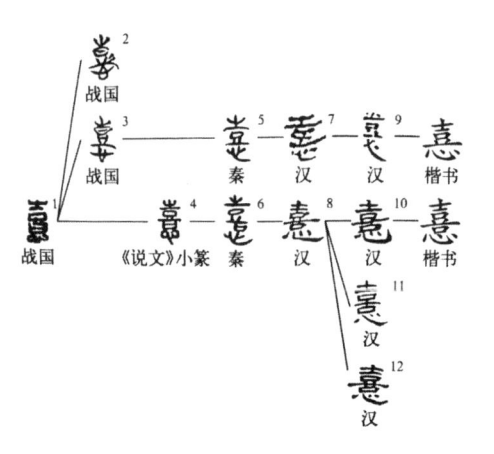

1.《战文编》308页。2、3.《包山》73页。4.《说文》101页。5、6.《睡甲》71页。7.《马王堆》97页。8、10、11.《甲金篆》310页。9.《银雀山》77页。12.《隶》347页。

也就是说,"有万憙"其实就是"有万喜"而已。

不过,这个本来不需要多说的问题,清代著名的金石学家赵之谦却有着不同的看法,他在给其友人傅以礼题写斋名"有万憙斋"时,特别附注题识云:"节子十一丈索书此三字,且云《说文》云'喜,乐也''憙,悦也'。《汉书》喜悦字多作'憙'。按《春秋元命苞》云:'两口衔士为喜,喜得明;心喜者为憙,憙天心。'宋均注:'心为天王布政之宫,万物须之乃盛,所以为喜也。'有万憙'当从纬义,若云'万乐'固非,'万悦'亦未允。同治丁卯八月,赵之谦书并识。"这里赵氏显然是在纠正傅节子对于"有万憙"的理解,他以为"憙"应该依据纬书之说,理解为"憙天心",而非单纯的"喜"。细绎赵氏之说,显然,他是将"憙天心"理解为"憙者,天心也",意思是"憙就是指心宿当天之辰"。但悲盦这个说法似乎有点问题,《春秋元命苞》原文是这样:"心三星,五度,有天子明堂布政之宫。两口衔士为喜,喜得明;心喜者为憙,憙天心。(宋均曰:'心为天王布政之宫,万物须之乃盛,所以为喜也。今于口间士移一画直者,于字体安也,是为两口士也。喜得明,明得所喜也。')"可见无论是《春秋元命苞》原文还是宋均的注文,都

"有万憙"额

东周陶片中所见憙字

是将"憙"理解为"喜",并非特指赵之谦所谓的"憙天心"。所谓"憙天心",就是"喜天心"而已。更何况,《春秋元命苞》一书成于西汉晚期,较诸"有万憙"瓦当出现的西汉中期,还是有一定距离的。

"憙"字在秦汉时候应用较多,现存很多当时的人名印章或封泥中都可见此,这些人名的取义,显然只能是"喜",而非其他。另外,晚清的著名金石学家吴大澂在其所藏"有万憙"瓦当拓片上题识云:"余在关中三年觅此瓦未得,还京后,友人购此见寄,憙何如也!"又云:"憙与喜同,汉竟文往往有之。"从他这段话可知:一、该瓦当极其罕见;二、吴大澂以为"憙"就是"喜";三、汉镜中多有"憙"字存焉。事实上,早在乾隆年间,曾任陕西巡抚的毕沅就曾注意到这些汉镜,他在《山左金石志》卷五"汉日有憙镜"条中著录道:"右镜径五寸七分,蟾蜍钮,篆文铭十二字,曰:'日有憙,宜酒食。长贵富,乐无事。'何元锡拓之于德州,钱可庐大昭定以为汉镜。

何以明之？古'喜'字亦作'憙'，《说文》'憙，说也'，《史记·周本纪》'无不欣憙'，《汉书·郊祀志》'天子心独憙'，颜师古读'憙'为'喜'。《刘宽碑阴》'河东郡闻憙'，班氏《地理志》、司马氏《郡国志》并作'闻喜'。此铭明作'憙'字，故定为汉。"可见，在毕沅看来，"憙"字可以作为判断汉代文物的依据，是汉时的特有用字。同卷中，毕沅还著录了另一汉镜："右镜径五寸，形制与前镜不同，铭文亦异。前是方列，此是圜旋，篆文二十七字，曰：'日有憙，月有同。乐毋事，常得意。万人亨，□瑟侍。贾市礻，万物平，老复丁。'惟'日有憙''乐毋事'与前镜同，因连模拟附。乾隆乙卯孟冬，潍县令庄述祖拓寄，云可与《急就章》'老复丁'相证佐也。"事实上，汉镜铭文中有此"日有憙"者不止于此，如西汉中期有"日有憙，宜酒食，长富贵，愿相思，久毋见忘"。"长贵富，乐毋事，日有憙，宜酒食。""常贵富，乐毋事，日有憙，宜酒食。""长富贵，乐无事，日有憙，常得所喜，宜酒食。""常富贵，乐无事，日有憙，美人侍。""日有憙，月有富，乐毋事，常得意。美人侍，竽瑟侍，贾市（程），万物平。""日有憙，月有富，乐无事，常得意。美人侍，竽瑟侍，贾市程，万物平，老复丁。""日有憙，月有富，乐毋事，常得意。美人侍，竽瑟侍，商市程，万物平，老复丁，复生宁。""日有憙，月有富，乐毋有事宜酒食，居而必安毋忧患，竽瑟侍，心志欢，乐已茂兮年固常然。"显然，这些镜铭中的"憙"，只能解作"喜"，而在瓦当之中，又有"清凉有憙"，显然也只能解作"喜"，而与什么"憙天心"毫无瓜葛。除此之外，在陈介祺所编《十钟山房印举》中，也有一方"日有憙"的朱文圆印。可见，"憙"就是"喜"，不仅见诸瓦当，更可与印章、铜镜等文物互相印证，可以说是毫无疑问了。

另外在《秦汉瓦当图》一书中，也收有"有万憙"瓦当一图，其下方有毕沅题云："龙门有言，天心独憙。曰万有亡，胡不克纪。德至八方，祥风庆止。"《秦汉瓦当图》虽为光绪戊戌间东人所刊,但其成册甚早,这一点,观其卷前翁方纲题字及毕沅题词即可知。但需要明确指出的是,毕沅的"天心独憙"与赵之谦的"憙天心"只是貌似而神不同。毕氏题词中,龙门是指司马迁,所谓"天心憙",是指马迁所作《史记》卷二十八《封禅书》有"天子心独憙"之句,就是"喜"。而题词之末两句,则见于班固《白虎通》卷五《封禅》引《孝经援神契》:"德至八方则祥风至,佳气时憙。"也只是强调"喜"。

据陆增祥《八琼室金石札记》卷三:"'有万憙'瓦,冯晏海读为'万有憙'。案,'宜富贵'当瓦中列'千金'二字,此作'万'者,其意正同,不与'有憙'连缀成文也。"冯晏海指的是通州的冯云鹏,曾撰《金石索》,陆增祥所指即出此书。但事实上,并非只有冯云鹏一人才有这样的看法。据叶昌炽《缘督庐日记》丙戌闰三月二十四日:"为人跋瓦当文字,共十六种。其文有曰……'万有憙'……"这里既然是为人作跋,则所见应该是拓片而已,并非瓦当原物。但叶氏显然也是认为应该释读为"万有憙"。结合上文提及的汉镜铭文中皆作"日有憙",再加上"清凉有憙"瓦当的实例,则这个类型的瓦当究竟该如何释读,可能还需要进一步研究。

又有可说者。大概在同治八九年之际,赵之谦曾为其友人武进孙憙篆印多方,其中有"孙憙之印",边款为:"同名汉印,为欢伯摹。㧑叔。"孙憙字欢伯,名中所用之'憙',其实取义也在于喜悦,而赵之谦显然对此也并无异议,不知是因其系姓名用字所以理解不同,还是对其三四年前的观点进行了修正?但无论如何,傅以礼父子对于"有万憙"这个斋号,应该是颇为喜爱,不仅曾请赵之谦撰写此额,还请他以此斋名篆印一方。傅以礼本人后曾将所撰之石刻跋文,辑为《有万憙斋石刻跋》。而在他逝后,其子傅栻又继承了这一斋名。傅栻曾辑赵之谦所篆印为《二金蝶堂印谱》,流传至今的

愙斋砖瓦录著录瓦当

秦汉瓦当

十钟山房印举所收印

赵之谦篆印

有万憙

日有憙镜

日有憙镜拓片

清凉有憙

傅栻有万熹斋本《二金蝶堂印谱》

这一钤印印谱的版心之下，都镌有"有万熹斋辑"字样。

这册小书的名称"古有熹"，就是来自以上所言的"有万熹"瓦当及"日有熹"汉镜。或言"有万熹"瓦当出自甘泉宫旧址，虽不可确考，但为长安故物无疑。而"日有熹"镜则也是西汉遗存。炎汉自高祖定都关中，绵延二百十年之久，为华夏一族得名所由，且三秦又系乡邦所在，故以为名，亦所以纪所出也。

本文撰写之际，承复旦大学眭骏研究馆员多方攻错，又承西泠印社张钰霖女士代为搜罗赵之谦"有万熹斋"之图，特此致谢。

274

后　记

这册小书之所以能够面世，完全是个意外。从正面来讲，责编梁鑫磊先生可谓是此书的催生者，没有他的引导与鼓励，我完全不曾想到来编这么一册旧文集。我在某个周五上午拟就目录，午间寄给梁先生，他下午便敲定要将此书列入《煮雨文丛》第四辑，并于下一个周一就将合同寄示于我，效率之高，实在令人钦佩。而从另一方面来讲，此中文字的好坏、观点的正误，全由我一人负责，这也是一定需要来指出的。

此书所收，主题、文字均没有一定之轨，可以说是个大杂烩。写作时间跨度也很大，从2000年左右的《老韩》，到2017年岁末的《博物馆古籍收藏与研究》，前后相距几近20年。其间，我的兴趣多次发生转移，由六朝逐渐下移至于近现代，这些文字，几乎就是这个历程的记录，故而虽然所言之事或由新知而为旧闻，但于我而言，却总是有些敝帚自珍的味道。

不贤识小，相对而言，我更擅长小问题的考订与阐述，从"二宫"等三词的释义，到有关徐森玉先生的几篇，都是如此。但此书之中却收录了一篇讲述康熙时期学术发展的小文，可谓我作文中的异类。这篇其实是本书所收另一篇讲述《古今图书集成》的文章的姊妹篇，那年承友人、浙江大学的杨雨蕾教授代邀，赴首尔大学参会，先出后文，以不合论题而另撰前文应命，此次一并收入本书，以见当时思绪之纷乱。其他收入本书的，尚有我所整理点校的几本书的前言。当然，我所整理之古代文献远不止此，但只有这几篇前言较为详明，言之有物。还有四篇文献提要，则是应2017年出版的《金石学稿钞本集成》第二辑所撰，其性质与那几篇前言相似，都是古代文献解题的现代变体。

徐乃昌旧藏拓片两种，本是我原打算要做的另外一本书中的内容，但时过境迁,意兴阑珊,遂收入此中,作为收束。2018年,是我在上海博物馆工作的第13个年头,其间工作业绩也算不少,但上年应河北博物院之邀而做的一个关于博物馆古籍收藏的讲座,是与博物馆工作本身最为契合的一次。借此之故,我将讲座的中心内容归结为一篇短短的文字,作为自己对于文博事业的粗浅认识,发表于《中国文物报》上,并收入此书,以示敬职敬责,不忘本分。

总而言之,这本小书中所收,大都只是自己读书时的一些笔记而已,实在是卑之无甚高论。但既然觍颜面世,总归希望读者能够喜欢。书中所用的图片,除了我自己搜集的之外,尤其要感谢友人艾俊川先生,出自己的且居所藏供我使用。还要感谢中华书局的俞国林、李世文、国家图书馆的马学良、中国社科院的马忠文、复旦大学的眭骏、清华大学的刘蔷、南京师范大学的苏芃以及老友万年春等诸位先生,他们不厌其求地给予了我所要的各种图版,使得这本小书的色彩异常丰富。还要感谢山东大学的杜泽逊教授,不仅在《古艳遇》出版时曾为赐序,这次又在我"一事不烦二主"的借口下,百忙之中,再次结此文字因缘。

最后需要解释一下本书的名字"古有熹",其实意思非常简单,就是"古有喜",典出汉瓦当"有万熹"及汉镜"日有熹",我不过是稍变其意,以表示自己对于古代文化的热爱。但因此之故,特意作《"有万熹"说》一文,作为本书的附录,也顺便表达一下我对于这些出自家乡的文物的喜爱之情。挚友汪亓,虽非秦人,但他一直衷心热爱陕西,且工书法,故请其挥毫题签,以为小书增辉,谨此致谢。

2018年6月11日于上博